法律监督视野下的
涉案企业合规改革

FALÜ JIANDU SHIYEXIA DE
SHEAN QIYE HEGUI GAIGE

李小东 ○ 主编

中国检察出版社

图书在版编目（CIP）数据

法律监督视野下的涉案企业合规改革／李小东主编. —北京：中国检察出版社，2023.6
ISBN 978-7-5102-2902-2

Ⅰ.①法… Ⅱ.①李… Ⅲ.①企业法-研究-中国 Ⅳ.①D922.291.914

中国国家版本馆 CIP 数据核字（2023）第 096120 号

法律监督视野下的涉案企业合规改革
李小东　主编

责任编辑：葛晓湄
技术编辑：王英英
封面设计：龙　惠

出版发行：中国检察出版社
社　　址：北京市石景山区香山南路 109 号（100144）
网　　址：中国检察出版社（www.zgjccbs.com）
编辑电话：(010) 86423784
发行电话：(010) 86423726　86423727　86423728
(010) 86423730　86423732
经　　销：新华书店
印　　刷：北京联兴盛业印刷股份有限公司
开　　本：710 mm×960 mm　16 开
印　　张：21.75
字　　数：329 千字
版　　次：2023 年 6 月第一版　2023 年 6 月第一次印刷
书　　号：ISBN 978-7-5102-2902-2
定　　价：68.00 元

检察版图书，版权所有，侵权必究
如遇图书印装质量问题本社负责调换

序　言

李小东[*]

党的二十大报告强调，高质量发展是全面建设社会主义现代化国家的首要任务。新时代，如何实现检察工作高质量发展并以检察工作高质量发展助力经济社会高质量发展，是检察机关必须直面的重大课题和重点任务。近年来，在最高人民检察院统筹部署下，检察机关依法能动履职，推出了一系列服务高质量发展的举措，其中涉案企业合规改革无疑是最重要的措施之一。从2020年3月全国六个基层院开始首批试点，到2022年4月全国全面推开，短短两年多的时间，检察机关涉案企业合规改革各项制度机制逐步健全，企业依法合规经营的社会共识加速形成并逐渐深入人心，企业合规建设的成效受到各界广泛关注和高度认可。实践证明，涉案企业合规契合当下法治化营商环境建设和社会治理现代化的需要，顺应高质量发展的时代要求，有着强大的社会向心力和制度生命力。

深圳市检察机关全程参与了涉案企业合规改革试点，试点中积累了较为丰富的办案经验和实践样本。这与深圳涉案企业合规改革所具有的独特优势有关：一方面，深圳经济活跃，民营企业众多，但仍有诸多企业存有合规意识不强、合规机制不全等法律风险，企

---

[*] 广东省深圳市人民检察院党组书记、检察长，最高人民检察院法治前海研究基地理事长，法学博士。

业合规的现实需求非常强烈。特别是深圳外向型经济特征明显，面临日趋严峻的全球贸易环境，深圳的一些大中型企业首当其冲，企业合规的法律需求进一步放大。另一方面，深圳当前正处于"双区驱动""双区叠加"的黄金发展期，国家对深圳企业合规建设寄予厚望，中央全面依法治国委员会《关于支持深圳建设中国特色社会主义法治先行示范城市的意见》提出要把深圳打造成企业合规示范区。同时，深圳自身"大合规"的氛围已然形成，深圳"十四五"规划等重要文件对企业合规工作进行了部署，全市企业合规工作进入快车道。在此背景下，深圳检察机关涉案企业合规改革两年来进展迅速、成果丰硕，形成了以一个专门工作机构、一套工作制度、一批典型案例、一个宣讲团、一个全链条工作机制为主要内容的"五个一"工作模式。

通过试点，涉案企业合规的制度价值充分凸显。一方面，通过个案合规，有效助力了企业健康发展。试点期间，深圳检察机关共办理企业合规案件110余件，通过企业合规建设，不仅最大限度避免"案件办了、企业垮了"现象的发生，而且助力企业获得新生。如办理的某集团走私案，该企业是水果行业龙头企业，年营收超过40亿元，员工5000余人，因涉嫌走私被移送起诉，企业经营陷入困难，但经过合规整改，公司不仅走上发展正轨，被评为辖区首批合规建设示范企业，其后又积极参与抗疫扶贫，被评为全国新冠肺炎疫情防控重点保障企业。再如某上市公司违规披露重要信息案，该公司及其5家子公司均为国家高新技术企业，拥有2个博士后工作站、1个国家级实验室，因违规披露重要信息，公司董事长等主要高管被移送起诉，企业经营陷入困境，但通过合规建设，企业逐步正常运转，并恢复了市场形象和资信水平。另一方面，通过行业合规，有效推进市域社会治理。检察机关在办理个案过程中，发现行业共性问题，并据此发出检察建议促进行业整改，实现企业合规建设效能的最大化，这也是深圳涉案企业合规改革试点的一个重要经验。如办理的某钻石走私系列案，黄金珠宝是某区支柱产业，全区经营单位超过1万家，创造就业岗位超过10万，年交易总额1200多亿元，但经营中走私等违法犯罪行为也大量存在，严重破坏了行业正当竞争秩序。办案中，深圳检察机关针对大量中小微企业涉案的情况，在对4家规模较大企业开展个案合规的同时，向行业协会发出检察建议，推动出台《深圳市钻石行业反走私合规管理指引》，有效促进钻石行业健康发展。又如办理的走私打印机喷头系列走私案，打印机喷头应用行业近年来发展迅猛，深圳占据全国很大的市场份额，行业内有着"世界喷墨看中国，中国喷墨看广东，广东喷墨看深圳"的说法。但我国打印机喷头应用行业面临国外品牌的技术壁垒和价格垄断，一些高新科技企业被行业潜规则、恶性竞争裹挟参与走私，企业经营外部竞争环境恶劣，"劣币驱逐良币"现象十分突出。2021年，深圳海关对走私打印机喷头系列案展开查缉行动，多家企业被移送起诉。办案中，检察机关在对其中8家企业开展合规建设的同时，多方合作出台了《打印机喷头应用企业进出口业务合规建设指引》，并与相关行业协会签署了《打印机喷头应用企业进出口业务合规建设框架协议》，促进建立行业合规管理体系。

涉案企业合规改革作为一项新生事物，需要坚实的理论引领与支撑。我们欣喜地看到，近年来学界尤其是法学界关于企业合规的研究随着涉案企业合规改革的推进而欣欣向荣，为改革向纵深发展提供了源源不断的智力支持。深圳检察机关在推进涉案企业合规改革试点过程中，始终注重发挥理论的支撑作用，依托鲜活的实践经验，形成了一批富有开拓性、建设性的理论研究成果，并尝试介绍、引入了一种立足实际、更加符合公共利益的涉企犯罪治理之策。例如，关于风险刑法下的企业合规与第三方监管机制、量刑从宽激励与涉案企业合规本土化等问题的研究，认为应当适当调试企业犯罪刑事政策，不仅要考虑报应，而且要考虑预防，更要考虑究竟什么样的处遇方式能够达到办案"三个效果"的有机统一；又如，关于涉案企业合规的"一案一议"模式的研究，积极探寻涉案企业合规模式的不同类型，认为有针对性地选择适合的合规模式，有助于大大提高涉案企业合规的质效；再如，关于涉案企业合规附条件不起诉制度的研究，切中涉案企业合规建设中的短板，为完善国家立法、实现刑法功能，提出了建设性意见……将试点工作中的这些思考汇集成册，对深圳检察机关而言是一个总结回顾，对涉案企业合规改革而言是一个经验参考，对企业合规理论研究而言是一个实践素材。

党的二十大报告指出，实践没有止境，理论创新也没有止境。作为一项崭新的改革探索，涉案企业合规理论研究也注定是一个未竟的话题。我们深知这些思考还有许多不完善、不成熟的地方，特别是早期的一些思考和实践不可避免存在局限性，但这正是改革试点的重要特征，记录了深圳检察机关一步一个脚印的摸索，印证了"敢为天下先"的特区精神。试点本身就是一种试错，不完善的地方能够为改革沿着正确方向前进提供教训，因此也具有积极意义。期待未来深圳检察能紧密结合实践，产出更多更具建设性的企业合规理论成果，为企业合规改革行稳致远，为实现企业善治、助力法治中国建设贡献更科学更合理的检察智慧。

是为序。

目 录

001 / 涉案企业合规建设"深圳模式"的探索与实践　　　　　　　　李小东

013 / 涉案企业合规改革的检察维度
　　　——以不起诉为视角　　　　　　　　　　　　　　　　　吴澍农

044 / 涉案企业合规改革实证研究
　　　——以深圳市龙华区人民检察院为例　　　　　　　　　　杨时敏

055 / 论企业合规命题下检察权的运行张力与辐射界限
　　　　　　　　　　　深圳市福田区人民检察院（企业合规）课题组

073 / 企业合规建设的"一案一议"模式
　　　——基于深圳市南山区人民检察院的经验
　　　　　　　　深圳市南山区人民检察院、深圳大学合规研究院联合课题组

092 / 涉案企业合规第三方监督评估机制的实践探索与完善路径
　　　——以深圳为样本　　　　　　　　　　刘山泉　李梓　张明月

113 / 涉案企业合规刑事立法的完善　　　　　　孙伟　林婷　吴豫骁

127 / 论合规不起诉案件中有效合规的基本标准　潘雪芹　司晓磊　蒋一可

153 / 企业附条件不起诉制度研究　　　　　　　　　　　李书勤　吴妙纯

162 / 量刑从宽激励与企业合规本土化　　　　　　　　　　　　黄美华

192 / 风险刑法下的企业合规与第三方监管机制　　　　　　　　王德明

220／企业合规改革下单位犯罪刑事归责的理论检视与完善　　　　　　鲁冰婉

233／检察视界中的企业合规附条件不起诉制度的构思
　　　——以深圳市检察机关办理的企业合规案件展开　　陈　娜　付艋舟

246／涉案企业合规第三方监督评估的实践难题与破解路径　　　　　刘　倩

260／涉案企业合规改革实证研究
　　　——以深圳涉案企业合规改革试点为视角　　　　　　　　　　李　梓

278／涉民企犯罪审前羁押制度的反思与重构
　　　——以涉案企业合规为切入　　　　　　　　　　　刘　倩　胡聿琦

287／论涉案企业合规中检察机关的主导作用　　　　　　　　　　　向心悦

299／涉案企业合规从宽制度之初构
　　　——以涉案企业合规制度的深圳探索为蓝本　　　　　　　　　孙　正

311／浅论涉案企业合规不起诉　　　　　　　　　　　　张仕东　冉凌初

323／涉案企业刑事合规立法研究　　　　　　深圳市南山区人民检察院课题组

涉案企业合规建设"深圳模式"的探索与实践

李小东[*]

摘 要 深圳市检察机关在推进涉案企业合规改革试点工作过程中,初步探索出了"五个一"的工作模式,改革成效初步显现。对于理论和实践中企业合规激励对象范围、合规激励手段、合规有效性标准、第三方监控人职责定位及经费保障等问题,试点中都进行了探索并给出了可行方案。在下一步改革的路径选择上,应探索推进激励机制建设,明确第三方监控人的介入条件,构建多元化的涉案企业合规工作模式。

关键词 企业合规建设 深圳模式 探索改革

2020 年 3 月,最高人民检察院(以下简称最高检)选取上海浦东、金山,江苏张家港,山东郯城,广东深圳南山、宝安等 6 家基层检察院开展涉案企业合规改革第一期试点工作。试点取得初步成效后,2021 年 3 月,最高检启动了第二期涉案企业合规改革试点工作,进一步扩大了试点范围,涉及北京、上海、广东等多个省、直辖市,其中深圳市两级检察机关均被纳入试点范围。涉案企业合规改革的核心要义是通过检察履职,落实民营经济平等保护政策,激励企业建立健全合规经营制度,减少和预防企业犯罪。在全球贸易摩擦加剧、我国开启向第二个百年奋斗目标进军新征程的大背景下,最高检推进涉案企业合规改革,既是落实习近平法治思想、促进社会治理体系

---

[*] 广东省深圳市人民检察院党组书记、检察长,最高人民检察院法治前海研究基地理事长,法学博士。

和治理能力现代化的重要举措，也是检察机关贯彻能动司法理念、促进营造法治化营商环境、服务经济社会高质量发展的重要方式。

深圳市检察机关作为涉案企业合规改革试点的全程参与者，开展涉案企业合规改革有着强烈的内生需求：一是深圳民营企业健康发展的需求。截至2020年底，深圳共有企业主体超226万户，其中民营企业占比超过96%，中小企业占比超过99%，[①] 不少企业存在合规意识不强、合规机制不健全、应对法律风险能力不足等问题。从检察机关办案情况来看，仅2018年以来，深圳市检察机关就受理审查起诉涉企犯罪人员3247人，涉罪企业156家，企业合规的现实需求强烈。特别是在全球贸易形势日趋严峻的情况下，外向型经济特征明显的深圳又进一步加大了企业合规的需求。二是深圳城市发展战略的需求。当前，深圳正处于"双区驱动、双区叠加"的黄金发展期，中央全面依法治国委员会《关于支持深圳建设中国特色社会主义法治先行示范城市的意见》提出要打造企业合规示范区，深圳"十四五"规划等重要文件对企业合规工作进行了部署，全市企业合规工作进入快车道。同时，深圳市检察院根据最高检要求，努力创建中国特色社会主义检察制度示范院，涉案企业合规改革是示范院建设的重要抓手。深圳市各个层面对企业合规工作都非常重视，市人大常委会出台《关于加强新时代检察机关法律监督工作推动法治城市示范建设的决定》对企业合规工作进行了专门强调，深圳市相关机关、行业协会也积极响应检察机关的改革，在短时间内配合检察机关建立了第三方监督评估机制管理委员会，可以说，企业合规工作在深圳市受到非常大的重视和支持，全市"大合规"的氛围已然形成。在此背景下，深圳市检察机关成功办理了一批涉案企业合规案件，初步建立了涉案企业合规工作制度机制。笔者将对深圳前期涉案企业合规改革试点工作进行阶段性总结，分析改革中遇到的一些难题，并尝试对下一步的改革方向进行展望。

---

① 参见《2020年12月份商事主体统计报表》，载广东省深圳市市场监督管理局官网，http://amr.sz.gov.cn/xxgk/qt/ztlm/sjfb/tjfx/tjbb/content/post_8518657.html。

一、深圳市检察机关涉案企业合规改革试点的主要做法及特点

（一）主要做法

深圳市检察机关致力打造企业合规"深圳模式",从理论、机制、制度、办案等维度进行全方位的探索实践,初步形成了较为完善的"五个一"工作模式。

一是成立一个专门的企业合规工作机构。深圳市人民检察院（以下简称深圳市院）参照设立知识产权检察办公室的做法,挂牌成立了企业合规办公室,统筹协调全市检察机关企业合规工作开展,建立了统一协调、分工负责、上下联动的运转格局。企业合规办公室由检察机关内部整合,没有增设机构,也不增加编制。

二是构建一个覆盖事前、事中、事后全链条的涉案企业合规机制。深圳市检察机关将合规的"触角"向前后两端延伸,形成了全链条、全流程的合规机制:事前,建立合规预防宣讲制度,通过分批次、大规模对全市企业开展合规宣讲、培训,加强企业犯罪事前预防工作;事中,探索合规激励机制,借助第三方专业力量,对诉讼中的涉案企业提供精准合规指引,督促企业进行合规整改,堵塞管理漏洞;事后,对已开展合规建设的企业进行跟踪指导与服务,同时对案件已办结且有合规必要的企业有针对性地发出检察建议,督促其开展合规建设。

三是建立一套完善的企业合规工作制度。深圳市院制定出台《深圳检察机关企业合规工作实施办法（试行）》,并会同市司法局、财政局等出台《企业合规第三方监督评估机制管理委员会及第三方监控人管理暂行规定》《企业合规第三方监控人名录库管理暂行办法》。通过上述制度,明确开展涉案企业合规工作的条件、程序、方式等事项,建立了具有深圳特色的第三方监督评估机制管理委员会和第三方监控人制度,搭建起涉案企业合规改革工作的基本制度框架。此外,深圳市检察机关还将涉案企业合规改革工作纳入检察官考核,有效调动检察官开展涉案企业合规改革工作的积极性。

四是办理并发布一批涉案企业合规典型案例。截至 2021 年 10 月,深圳

市检察机关共办理涉案企业合规案件 48 件,从中筛选出 8 个典型案例并公开发布,接下来将以此为基础逐步建立涉案企业合规典型案例库。这些案例涵盖了走私普通货物、虚开增值税专用发票、逃避商检、对非国家工作人员行贿、非法经营、侵犯知识产权等多个领域,具有较强的代表性。

五是成立一支企业合规宣讲队伍。深圳市院建立了企业合规讲师团,讲师团以检察人员为主,特聘一批专家学者和资深律师参加,依托讲师团对全市有需求的企业开展合规宣讲,提升企业合规意识,加强涉企犯罪预防。同时,为提升合规宣讲的效果,针对企业经营中常见的刑事风险编纂了一套企业合规案例教材,配套讲师团使用。

(二) 主要特点

第一,突出检察机关主导作用。主要体现在:一是合规程序启动上的主导。合规监督考察启动分为检察机关依职权启动和依申请启动两种,但不论哪种方式,是否启动的最终决定权都在检察机关。二是合规程序运行中的主导。检察机关可以自行对涉案企业合规承诺和执行整改任务情况进行监督考察,也可以启动第三方机制进行考察,两种监督考察都在检察机关的主导下进行。三是第三方监督评估机制管理委员会日常管理和第三方监控人选任上的主导。根据《企业合规第三方监督评估机制管理委员会及第三方监控人管理暂行规定》,第三方监督评估机制管理委员会日常工作由检察机关负责,第三方监控人名录库名单由检察机关会同司法行政机关提出。四是监督考察成果运用上的主导。由检察机关对涉案企业提交的书面合规整改报告、第三方监控人提交的书面合规考察报告进行审查验收,作为检察机关办案的参考,是否合格的结论由检察机关最终作出。

第二,拓展涉案企业合规不起诉的适用范围。囿于我国刑法对单位犯罪实行双罚制,之前的试点工作中,涉案企业合规不起诉的适用对象主要是自然人犯罪法定刑在 3 年有期徒刑以下的案件。但实践中多数涉企犯罪都是 3 年有期徒刑以上的案件,特别是一些大中型企业涉罪往往较为严重,这部分企业又最需要进行合规建设,因此,如果合规不起诉仅限于轻罪案件,那么涉案企业合规改革的效果就会大打折扣。有鉴于此,《深圳检察机关企业合规工作实施办法（试行）》将自然人和企业进行分别处理，明确对行为人可能被判处 3 年以上 10 年以下有期徒刑的企业犯罪案件，经涉案企业合规监督考察合格的，在对自然人提起公诉的同时，可对企业作出不起诉决定。此外，试点中还将企业合规的对象从涉罪企业扩展到涉案企业，如对于作为被害单位的企业，如果在办案过程中发现系因企业存在明显制度漏洞而引发犯罪的，在充分尊重其意愿的基础上，也可以指导其开展合规建设。

第三，创设第三方监控人制度。深圳市检察机关在第一期改革试点中就率先探索了独立监控人制度，由独立监控人对涉案企业履行合规承诺和执行整改任务情况进行监督考察。在第二期改革试点过程中，根据最高检等九部门《关于建立涉案企业合规第三方监督评估机制的指导意见（试行）》，深圳市检察机关进一步建立了具有深圳特色的涉案企业合规第三方监督评估机制管理委员会和第三方监控人制度，明确第三方监控人是第三方监督评估机制管理委员会选任、对企业合规进行监督考察和指导的机构，第三方监控人的合规考察报告是检察机关认定涉案企业合规有效性的重要参考。需指出的是，与《关于建立涉案企业合规第三方监督评估机制的指导意见（试行）》不同，深圳第三方监控人名录库由司法局负责日常管理。建立第三方监控人制度具有特殊价值：一是程序制约价值。其在程序上做到了监督考察（由第三方监控人进行）和结果运用（由检察机关进行）相分离，增强了检察机关开展涉案企业合规改革工作的客观公正性。二是决策参考价值。企业经营范围千差万别，对专业性要求很高，加之检察官进行合规监督考察精力有限，引入第三方监控人制度，对企业进行合规考察并提交报告供检察官参考，可有效弥补专业的局限和人手的不足。

第四，预设附条件不起诉制度。开展涉案企业合规改革试点的重要目的之一，就是在总结试点经验的基础上提出建立涉企犯罪附条件不起诉制度的立法建议，推动相关立法修改。但由于立法的限制，目前还无法适用附条件不起诉制度，最高检也一再明令禁止突破现行法律。2021 年 5 月，中央全面依法治国委员会出台了《关于支持深圳建设中国特色社会主义法治先行示范城市的意见》，明确指出要探索完善附条件不起诉适用范围，这给深圳率先探索涉案企业合规附条件不起诉提供了契机。深圳市检察机关结合中央文件，对企业犯罪附条件不起诉制度进行了超前设计,但也明确要按程序报请授权后再试行。

第五,突出以个案合规促进行业合规。个案合规聚焦于企业内部治理,而行业治理则强调优化外部营商环境,两者意义都非常重大。深圳市检察机关积极开展行业合规探索,建立了行业合规机制,即针对具有行业犯罪风险的合规建设事项,对相关企业进行整改验收后可向相关行政主管机关、行业协会发出检察建议书,建议其对同类型企业开展检查,并参照涉案企业整改方案进行整改。

第六,推动构建内外协作、上下联动的"大合规"工作格局。一方面,注重加强与相关部门的沟通配合,积极将改革试点纳入"大合规"格局中来推进;另一方面,加强市、区两级检察机关联动,协同推进涉案企业合规建设工作。

第七,借助听证强化对涉案企业合规的监督。推进涉案企业合规改革,监督不能缺位。深圳市检察机关在涉案企业合规改革试点工作中引入听证程序,明确对开展涉案企业合规监督考察的案件进行验收,一般应当在作出决定之前组织听证,让涉案企业合规在阳光下运行。

二、深圳改革试点取得的成效及存在的困惑

深圳涉案企业合规改革试点工作取得了较好成效:一是有效扶持了民营企业健康发展。民营企业是深圳最重要的经济主体,截至2021年10月,全市检察机关办理的共48件涉案企业合规案件,全部为涉民营企业案件,通过企业合规建设,不仅最大限度避免"案件办了、企业垮了"现象的发生,而且助力一些企业获得了新生。二是有效增强了检察人员的司法能动性。开展涉案企业合规建设工作要求检察人员主动介入、评估筛选符合条件的案件,并对合规建设工作进行动态监督,客观上倒逼检察人员由机械办案转向能动司法。三是有效推动社会治理模式优化升级。企业合规改革在促进企业建立现代公司治理制度的同时,反向推动行政机关优化执法模式,促进提升社会治理能力。四是有效增强了企业合规意识。通过试点和宣传,企业逐渐认识

到合规建设在防控法律风险、稳定经营发展上发挥的重要作用，实现从"要我合规"向"我要合规"的转变。

虽然涉案企业合规改革试点工作取得了上述成效，但囿于工作处于起步阶段，缺乏明确的法律适用依据与考核评估标准，相关配套运行机制也不健全，实践中仍面临诸多疑惑和挑战，主要包括以下几点。

（一）关于激励对象范围的界定

一般认为，企业合规"不单纯属于公司治理的一种方式，而更属于一种刑法激励机制"[1]。激励形式包括实体处理上的从宽，如不起诉、从轻或减轻处罚等，也包括程序上的优待，如不予逮捕等。但这种刑法激励机制的效力范围仅限于涉嫌单位犯罪的企业，还是应当包括就企业犯罪承担刑事责任的企业负责人、高级管理人员等自然人，目前存在一定争议。有观点认为："即便说企业出事后准备建设有效的企业合规计划，但这种计划的效果也只能及于企业自身，而不能及于其中的自然人。"[2] 理论上，开展企业合规建设可以看作是涉罪企业认罪悔罪的一种表现，其特殊预防作用主要针对涉罪企业，因此"放过企业但不放过自然人"有其理论上的正当性。但在实践中，需要开展合规建设的以中小企业居多，大型企业切割企业和自然人责任比较容易，中小企业则难度较大。特别是很多中小企业都是家族式企业，自身经营规模不大、内部权力结构单一，没有建立现代企业制度，企业的正常运转对企业负责人往往具有高度的依赖性，如果合规激励不能及于自然人，那么企业开展合规建设的积极性、合规效果就会大打折扣。

相比于大型企业，中小企业的合规建设更为迫切，这是我国的国情，也是开展涉案企业合规改革始终无法绕开的一个问题。深圳市检察机关在试点工作中虽然也对企业责任和自然人责任进行了切割，规定"可以先行起诉自然人，对涉罪企业的处理视合规考察验收情况另行决定"，但在办案过程中，必须正视我国企业和企业家高度相互依赖的现实情况，在区分责任的同时，

---

[1] 陈瑞华：《企业合规基本理论》，法律出版社2021年版，第47页。
[2] 黎宏：《企业合规不起诉：误解及纠正》，载《中国法律评论》2021年第3期。

兼顾对企业和企业家的保护，综合运用相对不起诉、认罪认罚从宽制度，依法处理好每一个涉企案件，做到"真严管、真厚爱"，实现办案政治效果、社会效果和法律效果的统一。

（二）关于第三方监控人的职责定位与履职费用承担

第三方监控人仅负责对涉案企业合规进行超然中立的监督考察，还是可以对涉案企业合规进行具体指导、提供帮助？实践中有观点认为，合规指导是企业内部的事情，企业应当自行聘请专业机构进行合规指导，第三方监控人介入指导会损害其中立性。《关于建立涉案企业合规第三方监督评估机制的指导意见（试行）》对第三方组织的定位是监督考察。笔者认为，第三方监控人的职责应当包括指导和帮助，主要理由是实践中进行合规建设的多为中小企业，由第三方监控人进行指导，企业无须另外聘请专业机构，可显著节约成本，增强企业进行合规改革的意愿，在现实中更有可操作性。因此，深圳市检察机关对第三方监控人的职责定位，包括监督考察、合规指导等。对此，除了经济性考量外，也是为了兼顾效率并更好地体现检察机关的主导作用。

在第三方监控人履职费用的承担上，试点过程中形成了不同做法。一种做法是由涉案企业支付，这在法理上是自恰的，但缺点在于第三方监控人直接从企业获得报酬，双方具有利益牵连关系，合规监管的客观中立性难以保证。另一种做法是由财政统一支付，这可以保障第三方监控人自身履职的独立性，但费用标准往往较低、可持续性不强，且在法理上面临着对涉罪企业过度激励的诘难。此外，理论界还有一种费用合理分担的声音："尤其是在中小微企业的合规监管过程中，从承担社会治理职责的视角来看，由执法机关分担一部分合规监管费用是合理的。"[1] 对此，笔者认为，企业犯罪不能由纳税人买单，由企业承担合规监管费用可以起到惩罚和警戒的作用，因此，《深圳检察机关企业合规工作实施办法（试行）》明确由企业承担合规监管费用，并由司法局负责费用的监管。

---

[1] 马明亮：《论企业合规监管制度——以独立监管人为视角》，载《中国刑事法杂志》2021年第1期。

（三）检察机关推进合规建设的制度空间不足

第一，激励手段不足。一般认为，涉案企业合规以不起诉为激励，其典型模式是附条件不起诉，不过由于缺乏法律依据，实践转向适用相对不起诉，但这是存在疑问的。一方面，这里的从宽处理与其说是合规激励的结果，倒不如说是刑事司法政策的结果。另一方面，相对不起诉有其法定适用条件，而合规并不是法定从轻、减轻或者免除处罚的情节，将其作为相对不起诉的考量因素，可能会引起合法性的争议。目前，实践中试图通过在认罪认罚从宽制度中嵌入企业合规制度来解决这一问题，但也引发了一些争议。例如，有观点认为，"合规考察制度和认罪认罚从宽制度可谓风马牛不相及，实践中将这两种价值导向完全不同的改革加以混同、错误嫁接的做法，引发了法学界和司法界的争议"[1]。目前，深圳在试点中合规建设激励主要有三种方式：一是刑事程序上的激励，包括羁押必要性审查以及相对不起诉等；二是刑事实体上的激励，包括提出轻缓处理的量刑建议等；三是行政处罚上的激励，即在不起诉后以公文形式提出从轻、减轻或者免除行政处罚的建议。但较适宜的合规激励方式仍有赖于附条件不起诉制度的建立。

第二，期限不足。充足的时间是有效合规的基本保证，开展涉案企业合规建设少则几个月，多则需要几年，需视企业规模和合规复杂程度而定。目前检察机关开展涉案企业合规建设，受到审查起诉期限的限制，时间显然不够，特别是一些针对中大型企业的合规建设，涉及事项繁多，检察人员仅熟悉企业的基本运作就需要较长时间，这种情况下即便在短时间内完成了合规建设，其效果也未必理想。对此，深圳在试点中主要采取三种办法来争取时限：其一，用尽两次退回补充侦查、三次延长审查起诉期限等手段，尽可能延长审查起诉期限；其二，以取保候审换时间的办法，通过对自然人取保候审，以此将审查起诉的期限延长至 1 年；其三，通过介入引导侦查的方法，将涉案企业合规建设的阶段前移。但不论使用哪种方法，期限最长都在 1 年

---

[1] 陈瑞华：《企业合规不起诉改革的八大争议问题》，载《中国法律评论》2021 年第 4 期。

左右,对于一些重大合规事项而言,时间远远不够。

(四) 关于企业合规有效性的标准

什么是有效的合规体系?以什么标准判断企业建立的合规体系是有效的?这是开展企业合规建设必须要解决的问题。在刑事合规程序中,虽然由第三方监控人监督企业按照协议开展合规建设,但是,一方面,有效的合规应当建立在一些客观的评价标准基础之上,而不是第三方监控人随意评价的结果;另一方面,第三方监控人的合规考察报告虽为检察机关作出决定的重要参考,但检察机关最后仍然需要依据一定的标准对合规的有效性作出判断,以防止出现企业再犯罪的情况。因此,有必要制定一套涉案企业合规有效性的标准体系,以防范随意评价带来的风险隐患。

深圳在试点过程中也明确规定,检察机关可以联合相关行政主管机关、行业协会在涉案企业合规建设体系基础上,共同制定行业刑事合规标准。在具体操作中,注意把握以下几点:首先,合规标准应当分行业,即针对不同行业及其主要犯罪类型制定不同的合规标准。其次,合规标准应当分等级,即针对不同规模、不同性质的企业制定分级合规标准,"合规是有成本的,不同规模企业的有效合规标准应当有所不同,应当根据比例原则鼓励企业量力而行,进行不同程度的合规"[1]。最后,在个案中,合规标准应当体现一定的个性化,检察机关推进企业合规建设是有限的合规,即结合企业所涉罪名针对性整改,而不是全面合规,合规验收是建立在共性标准之上的个性化评价。

三、涉案企业合规建设的改革路径选择

下一步,深圳市检察机关将在创建中国特色社会主义检察制度示范院的总体框架内,在巩固前期试点工作成效的基础上,不断探索涉案企业合规改革新机制,努力打造涉案企业合规建设"深圳模式"。

一是探索建立涉案企业合规附条件不起诉制度。附条件不起诉是涉案企

---

[1] 李玉华:《有效刑事合规的基本标准》,载《中国刑事法杂志》2021年第1期。

业合规改革的重点方向，可以一举解决合规激励机制不足和时限不够的问题，而且能够最大限度调动涉案企业的合规意愿。"附条件不起诉模式不仅在我国未成年人犯罪领域已经具有多年的制度运行经验，其形式上也更加接近于域外的暂缓起诉模式，符合国际惯例，其激励效果在域外企业合规实践中已经得到反复证明，是企业刑事合规中最重要也是最有力的程序激励措施。"[①] 前已述及，检察机关开展涉案企业合规改革试点工作的一个重要目的，是为完善国家立法、建立涉企犯罪附条件不起诉制度积累经验。当前，深圳市检察机关已取得完善附条件不起诉适用范围的先机，这为涉案企业合规改革提供了广阔空间。下一步，深圳将以批量清单申请的方式，积极向全国人大常委会争取授权，率先进行相关探索，为领导决策和完善国家立法提供相关经验。

二是第三方监控人的介入以必要性为前提。对于通过检察建议等进行的涉案企业合规建设，自然不需要启动第三方监控人进行合规监督考察，但对于启动合规监管程序的，是否全部需要第三方监控人介入，这涉及效用与效率之间的平衡问题。在效用上，第三方监控人作为检察履职的一种制约，原则上应当最大限度地介入合规监督考察；但在效率上，第三方监控人开展合规监督考察又是一种成本支出，"案无巨细"地引入会增加社会成本，这又要求第三方监控人最小限度地介入。笔者认为，鉴于目前涉案企业合规建设的对象涵盖了大中小微企业，全部启用第三方监控人没有必要也不现实，特别是对一些简单合规案件启动第三方监控人，从"成本—收益"角度看甚至会起到负面效应。因此，启用第三方监控人应当遵循必要性原则，具体可以分三种情形：首先，对小企业或者简单的合规案件，尽量不启动第三方监督评估机制，由检察机关依职权自行进行合规监督考察；其次，对小企业或者简单的合规案件，有社会风险或者专业性较强，确有必要启动第三方监督评估机制的，可以随机抽取单个第三方监控人进行合规监督考察；最后，对中大型企业以及专业性较强的合规案件，才由律师事务所、会计师事务所等机构共同组成第三方监督评估组织进行合规监督考察。

三是构建多元化的涉案企业合规工作模式。附条件不起诉是涉案企业合

---

① 杨帆：《企业合规中附条件不起诉立法研究》，载《中国刑事法杂志》2020年第3期。

规工作的最重要模式,但这并不妨碍其他合规模式的共存,未来检察机关推进涉案企业合规,可能是多种合规模式齐头并进的格局。其一,检察建议模式。对一些合规要求简单的案件,检察机关可在办案的同时发出检察建议,督促涉案企业进行合规整改。其二,相对不起诉模式。对一些轻微的刑事案件,有开展合规监管必要的,可以启动合规监管程序,并将涉案企业合规建设情况作为是否具有刑事处罚必要的情节来考量,综合决定是否起诉。其三,量刑建议模式。对不符合不起诉条件的涉案企业,可以将其合规建设情况作为认罪悔罪态度的考量因素,以决定是否提出从宽处理的量刑建议。其四,附条件不起诉模式。将涉案企业开展合规建设作为不起诉的适用条件,在自然人和企业分别处理的情况下,甚至可以对一些涉嫌重罪的企业不起诉。

涉案企业合规改革的检察维度

——以不起诉为视角

吴澍农[*]

摘　要　涉案企业合规具有特定的语境性,是检察机关与企业共同参与社会治理的新型方式,需要从"一种转变、两个维度、多方主体"三个方面进行结构解析。将涉案企业合规内嵌于认罪认罚从宽制度是较为合理的制度设计,但仍存在受限于现行法律框架等问题。检察机关应充分利用现有资源,通过用足用好不起诉权、刑事合规工作前移等方式积累实践经验,探索责任适度分离的途径,联合多方主体参与涉案企业合规,提高合规成效。

关键词　企业　刑事合规　不起诉　主导作用

引言

(一) 企业合规的全球化趋势

企业合规从字面含义(遵守规定)发展为全球企业普遍重视的公司治理方式,走过了一段"漫长"又"迅速"的道路。"漫长"是因为中国古代就有类似"炮制虽繁必不敢省人工、品味虽贵必不敢减物力"的行业自律,而"迅速"指的是从1906年美国部分企业将合规视为企业运营的一部分开始,

---

[*] 广东省深圳市宝安区人民检察院党组书记、检察长,二级高级检察官。

经历了短短的一百多年，企业合规就由一国的区域实践衍变为全球流行的大趋势：由具体领域合规发展为全面合规；由被动合规发展为主动合规；由任意合规发展为强制合规；由个体合规发展为行业合规；由国内合规发展为全球合规。概括来说，企业合规不仅成为企业的一种义务、一份责任，更是国家力量介入市场经济、参与社会治理的一种新型方式。

（二）中国企业合规化的探索进程

对企业进行合规管理，避免企业因法律风险遭受巨大损失，已成为西方企业治理的重要方式，而我国企业合规起步较晚但发展迅速，大致可分为四个阶段：第一阶段是改革开放到2000年，以"反腐"为核心的刑事、行政监管为主，此时尚未出现"合规"的概念，企业体系建设处于混沌状态。第二阶段是2000年到2016年，银行、保险和证券三个高风险金融行业率先建立起比较完善的合规体系。第三阶段是2016年到2020年3月，"大合规"的概念被提出，开始注重全行业全面合规体系建设。① 特别是2018年《中央企业合规管理指引（试行）》《企业境外经营合规管理指引》的相继出台，表明中国企业的合规建设进行了规范性时代，2018年被称为中国"合规元年"。第四阶段始于2020年3月最高人民检察院启动企业合规改革试点工作，将自主性的企业合规纳入社会治理范畴，在国内掀起一场波澜壮阔的合规风暴，将检察履职与行政执法、行业治理、信用建设等有机结合在一起，企业合规开始从民间及个别行政机关的视野扩展至全社会。

刑事领域的合规是企业进行合规管理的催化剂，而我国的企业合规起步较晚，尚处于企业内部自查自纠以及聘请律师协助防范法律风险的阶段，检察机关参与不足。刑法中涉及单位犯罪的罪名有100多个，占刑法罪名较大比例，但检察机关处理单位犯罪的手段单一，未曾涉及企业合规事宜，制裁有余而预防不足，效果欠佳。构建符合中国特色的企业合规体系，迫在眉睫。国外检察机关参与企业合规的时间较长，实践经验丰富，将企业的合规情况

---

① 参见刘相文、王德昌、刁维俣、赵超：《中国企业全面合规体系建设实务指南》，中国人民大学出版社2019年版，第51—61页。

作为不同处理的依据，如暂缓起诉或者从宽处理，已是较为成熟的做法。观察、解析、转译这些经验做法，将其转为中国企业合规的内生动力，需要我们持之以恒的努力。

尽管中国的企业合规已迈入体系化的发展阶段，但针对企业合规的探索，仍处于初级阶段。从查找的有限资料来看，1986 年就已出现有关合规的文章，但仅是从审计的角度来讨论合规的问题。从 2003 年开始，研究的内容逐渐从审计过渡到企业内部控制。此后，我国学者对于合规的探讨大多集中于民商事及行政领域，包括企业管理、内部控制、审计制度、法律风险、合规文化等多个方面，涉及的主体从银行、证券公司扩大为国有公司、民营企业。伴随着 2016 年"中兴事件"的发生以及 2018 年"中兴事件"的升级，涉案企业合规迅速进入中国学者的视野。学者、律师、研究机构、司法机关开始以企业合规为视角探索中国企业发展、检察制度改革的新途径，从借鉴国外经验做法扩展至探索本土化的可行方式，研究的内容从企业管理延伸至网络规制、大数据管理、人工智能、P2P 平台借贷等。经梳理相关资料，学者及实务人员对于企业合规的探讨具有一定的同质化倾向，具体可分为三个层面：第一个层面是论述刑事合规的重要性，第二个层面是介绍国外经验做法，第三个层面是有限度地提出改进建议。涉及企业合规的文章数量迅速增长，但从检察维度来探讨检察机关参与企业合规的意义及方式，仍具有理论及实践意义。

（三）选题内容及研究意义

本文旨在以检察职能为切入口，以深圳市宝安区的实践情况为延伸点，创新提出检察机关通过不起诉的方式来参与涉案企业合规，进一步丰富检察权的内涵，探索检察机关在社会治理、服务保障经济高质量发展中的角色和作用。本文内容主要分为以下几个部分：一是阐述涉案企业合规的概念、本质、特征、意义，初步展示涉案企业合规的面貌与实质内涵；二是从涉案企业合规的结构出发，论述涉案企业合规的检察属性，明确检察权运行的边界与着力点，以构建符合中国特色的涉案企业合规制度；三是通过涉案企业合规内嵌于认罪认罚从宽制度的利弊分析，明确在制度设计的过程中，检察机关应当关注的问题;四是以宝安区人民检察院(以下简称宝安区院)试点工作的情况来阐释探索涉案企业合规过程中出现的问题,并有针对性地提出解决方案,为企业犯罪相对不起诉制度的全国推行作出有益尝试。

一、涉案企业合规概述

(一)涉案企业合规的概念

企业合规是企业识别、控制、处理相关风险的内部机制,以减少或预防企业、关联企业、员工以及第三合作方等主体对外输出风险,属于企业自我管理的一种模式。涉案企业合规是企业合规在刑事领域的衍生概念,与之对应的还有行政合规、行业合规,与企业合规有所区别又密切联系。涉案企业合规是特定情景下的概念,具有独特的表面特征与实质内涵,强调国家力量的介入以及所产生的影响,涉及的主体不仅包括企业及实际控制人、经营管理人员、关键技术人员,也包括行政执法机关、公检法等多个单位。

概括来说,涉案企业合规是指对涉嫌犯罪的企业,赋予其风险管理的一种积极义务,并根据企业合规建设情况作出肯定性或者否定性的刑事评价及相应处理。单从"刑事"考量,刑事合规确实容易让人产生误解。有学者认为应当厘清企业合规术语:"'刑事合规'是一个容易引起误解和误导的表述。一方面,'刑事合规'会让人误解合规的'规'仅指刑事法规,合规的激励措施只有刑事处罚从宽;另一方面,对于企业来说,建立合规计划绝不单纯是防止刑事犯罪,而是包括预防违法行为甚至不道德的行为,而且给企业戴上一顶'刑事合规'的帽子会产生不好的'标签效应'。"[1] 也有学者认为企业合规首先应从刑事领域开始,强调刑事合规并无错误:"现代企业对于犯罪行为的敏感性决定,'合规'之'规'的核心即是刑事实体法规范。从这个

---

[1] 李勇:《企业合规需要重塑治理模式》,载最高人民检察院官网,https://www.spp.gov.cn/spp/llyj/202110/t20211014_532130.shtml。

意义上讲，刑事合规是企业合规制度的核心。"①

回归涉案企业合规这个概念，有几点需要明晰：一是刑事合规是企业合规的一种表现形式，强调刑事合规是为了与行政领域、行业领域里的企业合规相区别。二是检察机关必须要在执法办案环节中针对企业涉嫌具体犯罪开展企业合规工作，而不是贬损企业信誉。从最高人民检察院《关于开展企业合规改革试点工作方案》中关于"企业合规"的概念来看，②亦是强调检察机关要结合执法办案，督促涉案企业作出合规承诺并积极整改落实。三是要求企业针对刑事风险进行合规整改是最低限度的标准，不排斥企业根据企业体量、经营模式等情况进行全面合规整改，"企业合规的本来含义就是要推动企业治理结构的变革，建立从商业伦理到民事、行政、刑事规范的全面合规"。四是刑事领域的企业合规本土化探索时间较短，尚有一些问题有待解决，而理论及实践一旦取得突破，将会对其他领域的企业合规探索产生重大影响。鉴于上述情况，为行文方便，本文将继续沿用涉案企业合规这个概念。

（二）涉案企业合规的特征

在检察机关的参与下，赋予涉案企业合规具有以下特征：

一是被动性。检察机关是通过办理案件的方式参与刑事合规，具有被动性，检察机关与涉案企业并非常规情形的管理与被管理的关系，不能以行政监管的方式去处理两者之间的关系。检察机关不能通过日常监管的方式督促企业开展合规建设，因而检察机关仅是一段时期内推动企业针对管理漏洞进行整改，具有明显的阶段性。当然，这并不排除检察机关经审查后依职权对涉案企业适用刑事合规，也包括行刑衔接过程中承接前面环节进行的刑事合

---

① 李本灿：《我国企业合规研究的阶段性梳理与反思》，载《华东政法大学学报》2021年第4期。

② 根据《关于开展企业合规改革试点工作方案》，开展企业合规试点改革工作，是指检察机关办理的涉企刑事案件，在依法作出不批准逮捕、不起诉决定或者根据认罪认罚从宽制度提出轻缓量刑建议等的同时，针对企业涉嫌具体犯罪，结合办案实际，督促涉案企业作出合规承诺并积极整改落实，促进企业合规守法经营，减少和预防企业犯罪，实现司法办案政治效果、社会效果、法律效果的有机统一。

规。需要注意的是，即使是行刑衔接，也要建立在案件办理的基础上，否则有越位之嫌。另外，检察机关要充分发挥沟通协调作用，推动行刑衔接工作顺利开展。

二是协商性。首先，检察机关虽然处于优势地位，但是否愿意加强合规管理，仍取决于企业的意愿，这源自于检察机关对于强大追诉权的自我约束。其次，是进行全面合规还是做专项合规，整改期是6个月还是1年，这些因素都会影响企业合规的效果，需要检察机关与企业在协商的基础上予以确定。从美国的合规实践来看，检察机关亦允许企业针对合规监察官先提出3名人选，然后双方再协商确定最终人选。最后，检察机关经过充分听取意见以及协商，有利于避免职务风险。如要求企业充分披露相关材料，但对于哪些材料涉及商业秘密，需要披露到何种程度，这就需要检察机关与企业充分沟通协商。

三是功利性。刑事合规作为激励机制，是企业进行合规管理的催化剂，具有明显的功利色彩。[1] 加强涉案企业合规管理，避免"水波效应"，对企业、社会、国家而言，是一种利益兼得的选择。从广泛意义来说，企业合规是刑事政策的一种外在表现，通过不起诉等措施激励企业合规经营，实现激活企业自我监管、提高外部监督的有效性、维护公共利益的多重效果。[2] "刑事诉讼法学科视角下的刑事合规制度，主要讨论如何建构旨在推动组织体自我管理的外部程序性激励机制。不管是程序性激励机制，还是实体性激励机制，对于企业合规而言，都是一种外部视角，更确切地说，都是站在国家视角探索如何推动企业合规的问题。"[3] 从国家视角出发，推动企业合规向前发展，需要检察机关在此过程中发挥程序上的主导作用，以及思考如何尽可能实现企业发展与公共利益的平衡。

---

[1] 参见陈瑞华：《企业合规基本理论》，法律出版社2020年版，第32页。
[2] 参见陈瑞华：《论企业合规的基本价值》，载《法学论坛》2021年第6期。
[3] 李本灿：《我国企业合规研究的阶段性梳理与反思》，载《华东政法大学学报》2021年第4期。

（三）检察机关参与涉案企业合规的新型意义

检察机关参与涉案企业合规，既有预防和惩治犯罪、丰富法人归责理论、服务保障经济高质量发展等传统性意义，也具有以下几方面的新型意义：

第一，有助于增强参与社会综合治理实效性。履行好"四大检察"职责，推动社会治理现代化，是检察机关面临的重大课题。检察机关通过不起诉的方式，督促企业在合规经营的同时，有助于企业积极发挥创新精神，履行好社会责任，如鼓励企业制定行业标准，促进行业健康规范发展；[①] 做好用户信息数据的保护工作，防止公民个人信息外泄；等等。

第二，有助于实现多层次高质量的公平正义。一方面，区分企业与责任人员的不同责任，解决企业因责任人员而未能获得从轻处罚的问题，这是公平正义的一种体现。另一方面，检察机关对犯罪企业适用不起诉，用足用好不起诉权，有效实现程序分流，将更多资源投入到"四大检察"工作中，推动检察工作全面、协调、充分发展。

第三，有助于检察机关打造新时代检察队伍。"打铁仍需自身硬"，检察机关参与涉案企业合规，对检察工作提出了更高的要求。检察机关要加强队伍建设，在落实严格执法责任、完善检察官业绩考评等方面多下功夫、多出成绩，培养铁一般的理想信念、铁一般的责任担当、铁一般的过硬本领、铁一般的纪律的"四铁"检察官，努力在实践中追求、实现司法为民的最佳效果。

二、涉案企业合规的结构解析

单从涉案企业合规的概念、特征着手，还不足以清晰、完整地认识涉案企业合规，也就谈不上发挥制度的优越性。要构建符合中国特色的涉案企业

[①] 参见最高人民检察院 2020 年工作报告中关于"积极作为促创新"的论述。浙江一企业创新研发的"平板走步机"因尚无国家标准，被误以生产、销售伪劣产品罪立案。检察机关主动商请产品质量监管部门研究，国家市场监管总局由此确立走步机国家标准。该案依法不起诉，推动了行业创新发展。

合规制度，需要对涉案企业合规进行结构解析，明确检察权运行的边界与着力点，提升合规质效。对涉案企业合规进行结构解析，应从三个方面着手，即"一种转变、两个维度、多方主体"。

（一）一种转变

企业具有法律拟制的人格，依法享有民事权利，承担民事义务，自主经营、自负盈亏、自担风险。实践中，我们往往习惯以"人"的角度去看待企业，容易出现企业与个人财产混同等问题。构建我国涉案企业合规制度，必须转变固有观念，真正从企业的角度来思考和处理问题。

一是尊重企业的主体地位。一方面，企业是重要的市场主体，对于一些企业历史上曾有过的一些不规范行为，要以发展的眼光看问题，在法律允许的范围内讲政策、给出路。另一方面，与传统的对抗式诉讼相比，企业合规需要检察机关与企业通力协作，双方更像是合作的关系。无论是对于检察机关依职权还是依申请审查，都需要充分告知进行合规整改可能带来的风险以及其他事项，充分听取企业的意见，促使涉案企业更全面了解企业合规，并积极配合检察工作，使企业合规更好落到实处。

二是注重改进办案方式方法。检察机关要提高政治站位，充分认识依法服务和保障民营经济健康发展的重大意义，不断强化服务和保障责任意识，正确把握法律政策界限，改进办案方式方法。严格贯彻落实最高人民检察院《关于充分发挥检察职能服务保障"六稳""六保"的意见》等相关规定，将涉案企业合规与办理涉民营企业案件执法司法标准相结合，坚持查办案件与依法监督并重，坚持依法办案与保护企业合法权益并重，减少司法活动的不当干预。

三是平等保护各类企业。要牢固树立平等保护、主动服务的检察理念，坚持诉讼地位与诉讼权利平等、法律适用与法律责任、法律保护与法律服务平等，主动适应非公有经济发展的司法需求，不以企业性质、企业规模作为保护与否的标准。对于实践过程中遇到企业不懂如何开展合规、经济支撑较弱等情形，要增强服务的主动性与责任感，通过提供专项资金、安排专业人员进行指导等方式解决中小微企业的合规困难。

四是适度区分企业与相关责任人的责任。原则上，企业责任与关联人员责任应能分尽分，不能因为责任人的犯罪情节较重，而放弃对企业作从轻处罚处理。实践中，惩治企业与惩治责任人并不能有效分离，这是企业合规改革过程中需要解决的重要问题。有学者认为涉案企业合规应遵循"放过涉案企业，但严惩责任人"的国外普遍实践，"如果继续将企业责任与自然人责任捆绑在一起，将合规考察的案件局限在那些自然人可能被判处三年有期徒刑以下刑罚的单位犯罪案件，那么，企业合规不起诉改革的空间将会小之又小，甚至与我国固有的'相对不起诉'没有本质区别"①。该观点是以企业合规的适用范围进行论证，却忽略了具体的实践情况，具有一定的局限性。"从我国经济社会发展阶段看，一是社会上缺乏一个经理人阶层，企业管理专业人才的储备不足；二是企业管理方式和治理结构现代化程度总体上不高，许多企业特别是民营企业还没有发展到公司制的运营机制，企业的生存、发展与企业家紧密联系在一起。一旦企业家出事了，企业就面临灭顶之灾。我们要挽救一个涉案企业就要充分考虑这个中国国情，不能简单地照搬照抄西方国家的经验和规则。"② 因此，对于两者责任的区分应根据情况，作不同处理。

五是适用不同程度的合规标准。大小企业合规的标准应区分不同阶段、有所差异，适用符合企业状况的合规标准，有助于提升企业加强合规管理的积极性，给予企业成长的空间。同时，作为学者及实务人员的关注点，合规标准是判定合规有效性的重要依据。针对不同的企业适用不同的合规标准，也有利于解决"纸面合规"的问题。有学者认为，不同领域、不同涉案阶段、不同规模、不同历史发展阶段，均有不同的合规标准，而有效刑事合规基本标准应包括合规制度、合规组织机构、合规文化、合规培训等核心要素，并针对境内境外企业、央企、大中小企业适用有梯度差的合规标准。③ 该观点具有一定的合理性，没有任何两个企业适用同一的合规标准，但这不代表无法找到可统一适用的合规基本要素，在这些基本要素的基础上进行加减适用。

---

① 陈瑞华、高景峰、孙国祥、李勇、李本灿：《关于企业合规制度争议焦点的讨论》，载《民主与法制》2021年第40期。
② 谢鹏程：《企业合规改革的九大问题》，载"民主与法制周刊"微信公众号。
③ 参见李玉华：《有效刑事合规的基本标准》，载《中国刑事法杂志》2021年第1期。

（二）两个维度

涉案企业合规是一个复杂的系统工程，原因在于刑事合规涉及两个维度，即企业内部治理与刑事诉讼。这两个维度在某些方面既重合又分离，且这种重合、分离处于动态变化中。如何将两者进行有机结合，发挥"1+1＞2"的效果，是一个崭新的命题，有许多值得探讨的地方，如企业内部调查得来的证据能否作为刑事证据使用、行政合规标准与刑事合规标准是否具有同一性等。

第一，检察机关的介入具有阶段性、表面性、形式性。企业合规按照企业主动开展合规与否，可区分为"以市场竞争为导向的合规"和"以危机处理为导向的合规"，[①]简单而言就是日常性合规工作与出问题后的应急处理。检察机关在企业违法犯罪后，通过合规不起诉等从轻处罚的举措，给予企业改过自新的机会。而合规是动态持续的过程，企业要"活下去""发展好"，在被不起诉之后依然要时刻绷紧合规这根弦。另外，企业要防范的不仅是刑事风险，而是广义上的法律风险，还包括违规风险、欺诈风险、操作风险等。法律风险包括防控内部员工实施损害公司利益的违法犯罪。检察机关要在短时间内达到整改效果，较好的选择是通过第三方主体进行监控考察评估，而第三方主体也只是浅层次的介入。

第二，企业进行有效的刑事合规是获得从轻处罚的重要前提。企业合规是涉案企业在认罪认罚基础上更高程度的自我要求，正因如此，才有获得更轻缓处理的价值，这也是两个维度有效结合的节点。从国外的司法实践来看，大体上已将企业合规作为检察机关适用暂缓起诉或不起诉的重要条件。以美国2005年至2010年暂缓起诉及不起诉协议数据为例，检察机关在作出暂缓起诉、不起诉的同时要求企业进行合规的比例逐渐升高，在2010年签订暂缓

[①] 参见陈瑞华：《论企业合规的基本价值》，载《法学论坛》2021年第6期。

起诉协议、不起诉协议共 30 份，其中涉及合规经营措施就有 28 份，占 93.33%。① 涉案企业合规从宽具有正当性和公正性，"这不仅给涉嫌犯罪的企业和企业家一个完善自身治理体系，实现治理结构现代化的机遇，而且在使经济社会免受不必要的冲击的同时，实现违法犯罪预防机制的企业化。于民于国于法，它都是合理的、正当的"②。

第三，涉案企业合规效果的实现具有层次性、现实性、灵活性。与刑事合规意思相近的通俗词汇是"整改"，整改是手段，合规是目的。对于检察机关而言，合规整改是对企业犯错后的一种要求，对于企业而言则是一种自我调整，而这种调整不一定能达到完美的效果，最完善的不一定是最优选择。简单举例，排污超标的企业要进行合规整改，最彻底的方式是完全更换全套落后的生产设备，但所需要的费用超过企业能承受的范围，企业可能无法继续经营。退而求其次的方式是更换现在出现问题的部分设备，同时加强监测及应对处理。在权衡利益之后，企业一般情况下采用的都是次优级合规计划，这也体现了两个维度结合的韧性，需要检察机关根据实际情况进行灵活选择。

（三）多方主体

刑事合规虽是企业内部治理的一种方式，但企业仍要与外界接触，使得涉案企业合规具有一定程度的开放性、兼容性。合规是一个多维度的概念，是内生性与外部性的统一。一方面，从企业角度来说，是企业内部治理的一种模式、手段，具有内生性。另一方面，企业合规也具有外部性，离不开大环境，"合规"跟"合规监管"密不可分。行政机关、司法机关督促企业加强合规管理，也是从监管以及服务的角度出发，是在企业出现或者可能出现

---

① 参见李本灿等编译：《合规与刑法：全球视野的考察》，中国政法大学出版社 2018 年版，第 186 页。美国 2005 年签订暂缓起诉协议与不起诉协议共 11 份，其中涉及合规经营措施 6 份，占 54.55%；2006 年签订两协议共 20 份，其中涉及合规经营措施 9 份，占 45%；2007 年签订两协议共 40 份，其中涉及合规经营措施 31 份，占 77.5%；2008 年签订两协议共 19 份，其中涉及合规经营措施 17 份，占 89.47%；2009 年签订两协议共 23 份，其中涉及合规经营措施 18 份，占 78.26%。

② 谢鹏程：《企业合规改革的九大问题》，载"民主与法制周刊"微信公众号。

问题时的一种纠偏、一种引导、一种服务,并且通过减轻、减免行政处罚或刑事处罚等方式激励企业合规经营。从我国海关总署风险管理司的具体职责来看,[①] 这种外部性力量对于企业的健康发展非常重要。

在多方主体共存的情况下,设计合理的合规模式对于刑事合规的开展十分必要。在设计合规模式的过程中,我们需要考虑以下问题:哪些主体是必须参与的;参与的方式、时间如何确定;是顺向衔接还是逆向衔接;以谁为主导以及这种主导作用是否有阶段性;程序的设计有无可供参考的模板;等等。依据参与主体的数量、不同主体之间的关系、功能等要素的变化,涉案企业合规可形成不同的模式。

1. 线条模式

仅有检察机关与企业两方主体参与,这种模式关系简单,通常发生在企业规模较小、风险点较为简单的情形。检察机关可通过制发检察建议的方式要求企业加强合规管理,并对其合规整改情况进行跟踪考察。企业可外聘律师、注册会计师等主体来构建自身的合规管理体系,也可以交由企业内部合规组织来开展工作,或者内外结合。对于是否要求企业必须聘请专业人员来协助企业加强合规建设,需要检察机关根据具体情况确定。如果需要,检察机关还要对协助主体是否胜任工作进行考察。这要求检察机关具备合规方面的专业性,在人员不足的情况下,操作较为困难,同时对检察机关的中立性也造成一定影响。

2. 三角形模式

这种模式是在检察机关与企业相互关系的基础上,加上行政监管主体的参与,行政监管主体亦是监督考察主体,其所作出的意见对于检察机关作出决定具有重要的参考意义。通过这种方式,可增加监督考察力量,形成监管压力,督促企业积极整改,同时解决检察机关专业性及力量不足的问题。这

---

① 参见中华人民共和国海关总署风险管理司官网 http://fxs.customs.gov.cn/,该司工作职责具体包括:拟订海关风险管理制度并组织实施,承担组织海关风险监测工作,建立风险评估指标体系、风险监测预警和跟踪制度、风险管理防控机制。协调开展口岸相关情报收集、风险分析研判和处置工作,研究提出大数据海关应用整体规划、制度、方案并组织实施,定期发布口岸安全运行报告,指挥、协调处置重大业务风险和安全风险。

种模式的问题在于，行政监管主体的参与依赖检察机关企业合规工作的推进，主动性及积极性不足。

3. 网状模式

在三角形模式的基础上，依据诉讼流程及参与主体之间的相关关系，增加了公安机关、法院、监察机关、行业组织等主体。同时考量监督考察效果，在上述外部主体与企业之间增加第三方监督考察主体，形成隔离墙，既可减少行政司法活动的不当干预，提高透明度及公信力，也可增强企业合规整改的效果。这种模式的难度在于合规标准的制定与对接、具体流程的设计与运行、第三方监督考察主体的选任、多方主体之间的沟通与协调，以及参与合规的积极性保障等，其中第三方监督考察设计在整个刑事合规中起到关键作用。对于第三方模式的选择，有两种基本思路，一是由检察机关作为管理主体，第三方接受检察机关的监督管理，这种模式以破产管理人制度为代表；二是检察机关将监督管理权限赋予多机关参与的共同主体，采用这种模式的好处是减少风险成本，同时凝聚合规力量。最高人民检察院于2021年6月联合司法部、财政部等8家单位颁布了《关于建立涉案企业合规第三方监督评估机制的指导意见（试行）》（以下简称《指导意见》），从《指导意见》的相关规定来看，采取的是多机关组成联合体共同管理第三方的模式。第三方方式的基本思路是以企业自查为主，突出监督属性，行政监管机关、检察机关、第三方组织对企业的整改情况进行督导检查，第三方机制管委会又对第三方组织的履职情况进行巡回检查。在上述思路的基础上，影响第三方的重要因素（也是研究重点）包括：人员组成及管理、费用承担、运行规则（包括冲突规则）、责任追究。

《指导意见》并没有强制要求适用第三方监督评估机制，采取哪种模式，需要检察机关经过充分评估后确定，但从保证企业合规的效果出发，网状模式是较优选择。然而无论采取何种模式，都需要回归到检察权本身，明确检察机关在涉案企业合规中的角色与作用。从诉讼程序以及刑事合规的参与主体来说，检察机关都应当发挥主导作用。首先，涉案企业合规作为刑事诉讼的一部分（两个维度重叠的部分），相关程序的启动、衔接、程序推进均由检察机关决定。其次，新时代检察职能的重塑要求检察机关更能动履职，积极回应社会关切。最后，检察机关在涉案企业合规起主导作用，需要与其他主体协同作战，而这种协同要求检察机关真正承担起责任、主动作为。

三、涉案企业合规的检察属性

如何在涉案企业合规的结构中，挖掘检察机关参与刑事合规的深层次价值，需要回归到检察权的本质上，明确检察机关在参与涉案企业合规中的职能边界，针对性运用不起诉权，防止涉案企业合规流于形式。明确涉案企业合规的检察属性，需要从两个基础问题出发。

（一）检察机关的角色冲突

在涉案企业合规中，检察机关究竟是"运动员"还是"裁判员"，抑或是"监督者"，是我们所需要解决的第一个基础问题。关于检察机关职权的划分，一直是理论界与实务界讨论的热点问题。检察权是一种复合型权力，因此检察机关进行某项活动（如追诉犯罪嫌疑人）实质上是多种权力耦合行使的结果。应当明确的是，检察机关作为监督者，其本身不是裁判员，企业进行合规整改是否达标，应交由客观中立的第三方进行判断，第三方所作出的监督评估意见可作为检察机关作出相应处理的重要参考。从两个维度出发，检察机关可以是"既作监督者、又作运动员"[①]。这种定位离不开"以办案为中心""在办案中监督、在监督中办案"。这是检察机关承担多重职责的一种体现，并非角色冲突。实践中认为检察机关存在角色冲突的观点，实质上涉及的是检察权的行使问题，认为检察机关追诉心理过重，反而弱化了法律监督等职责，这也是检察机关在参与涉案企业合规的过程中应当极力避免的问题。

（二）检察权的积极属性与主导作用

在明确检察机关定位及权力属性的基础上，如何看待检察权的积极属性，

---

① 李元端：《检察权多重属性的辩证分析——从法律监督的概念界定出发》，载《检察研究》2018年第2期。

有助于我们探索检察机关在参与涉案企业合规过程中应当起到什么作用、如何起作用,这也是我们需要解决的第二个基础问题。"纵观世界刑事诉讼发展史,随着有罪必罚的报应刑理念让位于预防主义的刑罚理念,随着犯罪的'高涨'和诉讼经济思想的勃兴,检察机关的自由裁量权都呈扩大之势"①,检察官的传统角色已发生了明显的变化,检察官变成了"法官之前的法官"②。从最高人民检察院就防治校园性侵等向教育部发出"1号检察建议",到探索建立食品安全民事公益诉讼惩罚性赔偿制度,都释放着检察机关积极参与社会治理、提供优质检察产品的信号。检察权的积极属性与检察机关在刑事程序的主导作用是相辅相成的,主导作用是以检察机关的自由裁量权为基础,自由裁量权的灵活运用保障主导作用得以体现,而主导作用的效果又能给自由裁量权提供正当性依据。权力与责任共存,对于检察官角色的转变,意味着检察人员应承担更多的责任,无论是"检察机关是刑事错案的第一责任人"③还是"检察机关是错案追究的第一责任人"④的观点,都在诠释检察机关要以更高站位、更高标准来严格要求自己,以"求极致"的态度履行检察职能。

从企业合规改革近两年的运行实践来看,大多数案件集中于中小企业犯罪,案件仍以处理相关责任人(包括企业高管、关键技术人员等)为主要做法,涉及行业类合规的案件以及民事行政公益诉讼类合规的案件较少。假若将合规案件局限于刑事案件范畴(当然也不能仅限于不起诉案件),那么企业合规的发展会受到较大阻碍,无法发挥合规激励效应。国外特别是美国的合

---

① 朱孝清:《认罪认罚从宽制度对检察机关和检察制度的影响》,载《检察日报》2019年5月28日,第3版。

② 熊秋红:《域外检察机关作用差异与自由裁量权相关》,载正义网,http://www.jcrb.com/xztpd/ZT2019/201904/kllgiy/slg_66582/32546/201904/t20190430_1996693.html。

③ 娄凤才:《检察机关是刑事错案的第一责任人》,载正义网,http://www.jcrb.com/xueshupd/gd/202003/t20200312_2129205.html。

④ 边瑞鹏:《检察机关应是"错案追究的第一责任人"》,载《检察日报》2020年3月15日,第3版。该作者认为错案的形成决定了"第一责任人"这个角色是动态的,在我国不是"检警一体化"的体制之下,检察机关当然地不能成为"刑事错案第一责任人",而检察机关的法律地位决定了检察机关应该天然地成为"错案追究的第一责任人"。

规实践证明，多机关联合多维度执法能起到很好的辐射效应，这也为检察机关参与诉源治理提供了思路。一方面，企业的发展离不开行业这个大环境，企业与行业是一荣俱荣的关系，因此检察机关通过类案对行业民营企业刑事犯罪现状及成因进行分析，有针对性提出防范对策，推动企业及行业形成良性循环的健康发展。另一方面，民事、行政公益诉讼是检察机关履行检察职能的重要抓手，大量的案件涉及涉企行政执法行为以及社会综合治理，检察机关应依托办案，积极查找线索，探索检察履职与企业合规结合的有效路径，提高执法监督力度，把诉源治理做深做实做细，助力优化法治化营商环境。

四、涉案企业合规内嵌于认罪认罚从宽制度的制度设计

（一）涉案企业合规内嵌于认罪认罚从宽制度的缘由与反思

将涉案企业合规内嵌于认罪认罚从宽制度，并以不起诉作为突破口，是一种较为合理的尝试。首先，涉案企业合规蕴含的是恢复性司法理念，其与认罪认罚从宽制度在理念上是相容的。其次，不起诉是检察机关参与涉案企业合规的突破口，既能有效激发企业生存欲望，督促涉案企业合规，又为检察机关参与涉案企业合规积累经验，由不起诉过渡到起诉，多种方式妥善处理企业犯罪案件。最后，企业承认刑事指控并配合检察工作，符合"认罪"的实质内涵，而不起诉是企业有效刑事合规的结果，属于对企业"从宽"处理的范畴。如果企业中途反悔，检察机关亦可依法撤销原不起诉决定，依法提起公诉，这无疑是督促企业合规经营的"达摩克利斯之剑"。因此，从司法理念到具体制度，涉案企业合规与认罪认罚从宽制度可以较好相容，具有可操作性。

对于涉案企业合规内嵌于认罪认罚从宽制度这种尝试，有学者质疑，以高额罚款、重建合规计划来换取司法机关的轻缓处理，与罪刑法定原则难以兼容。[1] 也有学者担忧，"刑事合规计划与认罪认罚从宽制度在立法定位、功

---

[1] 参见陈瑞华：《企业合规视野下的暂缓起诉协议制度》，载《比较法研究》2020年第1期。

能目的、制度设计等方面均有所不同",需要"从立法上赋予检察机关更大的自由裁量权,建立一套适用于我国企业犯罪的附条件不起诉制度,为检察机关办理企业犯罪案件铺就一条新道路"。① 上述质疑在一定程度上具有合理性,也是我们在构建我国企业犯罪不起诉制度时所应当考虑的问题。

第一,企业承担刑事责任的方式与自然人并不一样,自然人因犯罪情节较轻而被相对不起诉,但不代表犯罪情节一般或较重的企业不适宜作不起诉处理。如果严格限制不起诉的适用条件,既不符合司法实践中对企业轻缓处罚的情形,也与涉案企业合规作为刑事激励的初衷不相符。

第二,认为与罪行法定和罪责刑相适应原则不兼容的底层逻辑,实质上是从大企业的角度出发。从美国对大型企业给予"优惠政策"所带来的弊端来看,检察机关对于各类市场主体应当坚持平等适用原则,才能发挥涉案企业合规的优越性。

第三,认罪认罚从宽制度要求快诉快审,提高司法效率,但也具有坚韧的生命力与兼容性,这需要我们对认罪认罚从宽制度进行适度的变通,赋予其新的内涵,如效仿2019年10月"两高三部"《关于适用认罪认罚从宽制度的指导意见》中关于未成年人的规定,不适用速裁程序。

(二) 检察机关在内嵌型制度中的主导作用

从我国认罪认罚从宽制度的相关规定、司法实践来看,检察机关在刑事诉讼中的主导作用得以进一步体现,"检察机关在办理认罪认罚案件中应当履行的主导职能集中在教育转化、平等沟通具结协商、量刑建议、保护被害人权益、程序把关等方面,发挥制度适用的主导者、诉讼程序的分流者、诉讼权利的保障者、公正司法的监督者等作用"②。要求检察机关发挥好主导作用,应当做好以下几方面工作:一是涉案企业合规作为刑事诉讼的一部分(两个维度重叠的部分),相关程序的启动、衔接、推进均由检察机关根据具体情况进行决定。二是检察机关应积极社会关切,推动企业合规与依法适用

---

① 霍敏:《探索企业犯罪司法治理新模式》,载《人民检察》2020年第12期。
② 赵恒:《涉案企业认罪认罚从宽制度研究》,载《法学》2020年第4期。

认罪认罚从宽制度、检察建议、不起诉、清理"挂案"、行政公益诉讼、公开听证等检察履职有效结合。三是检察机关在涉案企业合规起主导作用，需要与其他主体协同作战，而这种协同要求检察机关真正承担起责任、主动作为。

除了上述方面外，检察机关参与涉案企业合规，还需要注意以下几点：

第一，涉案企业合规是"激励机制"，而非"惩罚机制"。涉案企业合规并非是一种强制义务，不能因为企业不同意或者缺乏经济实力进行刑事合规，而加重对其的处罚，也不能要求企业放弃其应有的诉讼权利。

第二，依法保障企业的合法权益及异议权。不起诉并不是一种"罚"，更多是检察机关因为企业的配合而对其释放的一种善意，这种善意并不僭越企业的自主经营权，也不能要求企业放弃其应有的诉讼权利，这是基于美国暂缓起诉制度实施过程中存在偏离问题而得来的经验教训。[1]

第三，将合规情况作为适用轻缓强制措施的依据。刑事合规的正向激励包含实体激励和程序激励，而适用轻缓强制措施也是程序激励的一种方式，对企业采取轻缓强制措施，既有利于企业继续生产经营，也有助于增强企业进行刑事合规的信心及配合度。

第四，正确区分相对不起诉与附条件不起诉的适用情形。未成年人刑事案件中附条件不起诉与相对不起诉在适用对象、立法目的、被不起诉人所需承担的责任又有所区别，但两者并非是绝对排斥而是可选择适用的关系。[2] 我国对单位犯罪实现双罚制，导致企业合规附条件不起诉制度与未成年人附条件不起诉制度有较大差异，但未成年人附条件不起诉制度的相关规定仍有参考价值。对于合规不起诉制度的构建，应从两方面进行思考。一是不起诉权实质上是检察机关的一种裁量权，犯罪情节轻微仅是其中的参考因素之一，不意味着肯定能获得不起诉。合规整改则是一个加分项，涉案企业的犯罪情

---

[1] 以 KMPG 案为例，在美国，强势的检察机关在起诉个人遇到障碍时，以企业没有充分显示合作意愿为由，要求企业停止对员工的诉讼费用支持，这无疑是对企业以及员工宪法性权利的侵犯。参见李本灿：《域外企业暂缓起诉制度比较研究》，载《中国刑事法杂志》2020 年第 3 期。

[2] 参见陈胜才、盛宏文：《准确适用附条件不起诉与相对不起诉》，载《检察日报》2014 年 2 月 10 日，第 3 版。

节轻微又做好合规整改,可极大增加被不起诉的机会,也增加民众的信任感,让不起诉真正发挥出激励与挽救作用。二是即使相关责任人的刑期在有期徒刑 10 年以上,只要企业符合适用条件,也可以在有效合规整改后获得不起诉的从轻处理。对于企业与关联人员在处理上难以切割的情形,在 3 年以下有期徒刑的量刑范围内,不排除企业及关联人员因合规整改而被不起诉。根据上述分析,我们可以得出几条经验:其一,是否起诉责任人员并不影响对企业作不起诉处理;其二,企业进行有效整改,是企业被不起诉的充分而非必要条件;其三,企业需要进行合规整改以增加从宽处理的概率。

第五,充分运用不起诉权。最高人民检察院强调更新检察办案理念的重要性,要改变从过去解决"有没有"问题的陈旧意识,树立解决"好不好"问题的办案理念。① 实践中,对自然人适用不起诉制度尚且存在不敢用、不愿用、不知用、不会用的情况,对于涉嫌犯罪的企业而言,更难以适用不起诉制度。要发挥检察机关的主导作用,要求检察机关充分行使不起诉权。

(三) 企业合规不起诉的模式选择

1. 企业合规不起诉的模式分类

虽然各国的暂缓起诉制度在适用对象、条件、程序等方面有所差异,而且也处于不断自我调整、更新的过程中,但总体而言,存在一些共同之处,如双方签署协议,企业认罪并配合刑事指控工作,接受处罚及赔偿等要求,制定并执行合规计划,接受持续监控,等等。这为构建我国企业合规不起诉制度提供了参考经验。将上述重要因素进行优化组合,并根据我国实际情况进行变通适用尤为重要。

概括来说,以有利于发挥检察机关主导作用为目的,结合我国司法实践,将不起诉要素、程序时限、具体操作进行优化组合,可供选择的企业合规不起诉模式分为三种。

第一种模式:要素 1 (认罪认罚 + 退赃挽损) + 要素 2 (合规承诺) = 不

---

① 参见张军:《关于检察工作的若干问题》,载最高人民检察院官网,https://www.spp.gov.cn/spp/tt/201909/t20190912_431596.shtml。

起诉+要素3（跟踪回访）。

第二种模式：要素1（认罪认罚+退赃挽损+合规承诺）+要素2（合规整改 N 期）+要素3（不起诉）+要素4（跟踪回访+持续合规整改）=不起诉（维持原决定）。

第三种模式：要素1（认罪认罚+退赃挽损+合规承诺）+要素2（合规整改 N 期）+要素3（考察期）=不起诉。

2. 关于企业合规不起诉模式的利弊分析

第一种模式属于在常规的相对不起诉情形中嵌入刑事合规，将企业作出的合规承诺作为适用不起诉的条件之一。采取这种模式的优点是以不起诉激发企业进行合规整改的意愿，操作简单，容易实现。不足之处则是整个刑事合规的进程较短，不考虑企业合规整改的效果，难以保证企业持续合规整改的积极性。

第二种模式要求企业既在检察机关办案期限内进行刑事合规，也在检察机关作出不起诉决定之后继续进行刑事合规。采取这种模式的优点在于企业要获得从宽处理需要将合规承诺落到实处，并通过不起诉前后均要刑事合规的方式，延长了合规进程，有助于检验刑事合规的效力。不足之处在于检察机关要慎重行使不起诉撤销权，刑事合规的后期工作主要依靠企业的自觉开展。

第三种模式则是参照未成年人特别程序的规定，直接适用附条件不起诉制度，对进行刑事合规的企业设置考验期，并根据考验期内的刑事合规情况作出不起诉的最终处理决定。采取这种模式有助于彻底解决检察机关办案期限的问题，对涉案企业合规情况进行较为充分的考察评估，有利于发挥刑事合规的制度效力。不足之处在于该做法突破了现有法律规定，对原本可作不起诉的情形设置了前置性条件。

五、企业合规改革试点的"宝检模式"

宝安区位于粤港澳大湾区核心地带，是深圳的经济大区、工业大区和出口大区，产业基础较为雄厚，外向型特征明显，在先行示范区建设中承担着打造国际化城市新中心、建设高质量发展智创高地的重要使命。宝安区院作为全国检察机关办案量排名前列的基层检察院，承担过全国速裁程序和认罪认罚从宽制度试点工作的重要任务，为推动全国立法提供了实践范本。鉴于宝安区院优秀的试点成果，最高人民检察院于2020年3月选取宝安区院作为6家全国试点单位之一，对企业合规改革试点进行先试先行。

宝安区院在充分调研的基础上，对比国外经验做法，结合工作实际，结合认罪认罚从宽制度以及常见类型犯罪相对不起诉的相关规定，制定了《探索检察机关参与涉案企业合规示范机制》，明确试点工作的方向、具体步骤及时限，以涉案企业合规为试点工作突破口，取得了一系列独创性成果。

（一）经验做法

1. 以坚强的组织领导推进试点工作

为加强组织引领，构筑企业合规合力，形成全区统一合规大格局，宝安区院推动成立了全国首家区级合规委员会，即宝安区促进企业合规建设委员会（以下简称区合规委），成员单位囊括全区35家机关单位，统筹整合全区企业合规资源，构建起"大融合、大监督、大服务"的全区统一的企业合规建设格局，形成对全区合规工作的示范带动效应。

为贯彻落实最高人民检察院统一部署，树立检察工作"一盘棋"意识，宝安区院制定了《宝安区检察院企业合规改革试点工作方案》，成立以检察长为组长、分管负责同志和业务负责人为成员的企业合规试点工作领导小组，统筹推进全院企业合规试点工作；组建企业合规课题研究小组，负责具体推进企业合规试点各项工作，确保企业合规试点工作的有序顺利推进。

2. 以完善的制度设计推进试点工作

针对实践中企业合规制度依据缺乏和经验不足的现状，宝安区院结合探索实践，研究制定了《企业犯罪相对不起诉适用机制改革试行办法》《涉企案件合规操作指引》《关于涉案企业合规协作暂行办法》《办理企业合规案件工作指引》等一系列制度文件，明确企业合规的工作原则、适用条件、监督程序、文书样本等工作规范，为检察官提供办案指南和操作指引。在全国率先探索建立独立监控人制度，联合区司法局选任律师事务所等专业机构担任独立监控人,协助企业拟定合规计划、开展合规培训、进行监督考察、出具评定意见,弥补企业能力短板,提升检察机关监督效率。目前,已遴选了11家律师事务所,组建第一批企业合规独立监控人名库。

为贯彻落实《指导意见》,宝安区院牵头制定了《宝安区促进企业合规建设委员会企业合规第三方监督评估工作办法(试行)》,对于涉及执法、司法领域的企业合规第三方监督评估机制的程序启动、监督评估方式、合规考察的具体流程、费用承担等问题作出了明确规定。联合区司法局,在原有独立监控人成员库基础上,设立并扩容了第三方监督评估专业人员名录库,其成员包括区合规委成员单位业务骨干、具有企业合规相关知识的律师、会计师、税务师、工商联或企业协会工作人员、高校或研究机构专家学者等人员,并且明确办案人员不纳入工作组成员。同时,根据各方意见建议和工作实际,对名录库进行动态管理。宝安区院根据深圳市人民检察院的委托,向区合规委提出申请并由区合规委组建了第三方监督评估工作组,对宝安辖区企业某果业科技集团股份有限公司(系中国果业龙头企业,因涉嫌走私普通货物罪被不起诉)的合规整改进行评估验收和回访考察。经考察评估,该公司的合规整改取得较好成效。这是区合规委成立后首次适用企业合规第三方监督评估机制,为企业合规工作的进一步拓展提供了有效的经验模板。

3. 以高效的协作配合推进试点工作

为加强重点行业合规协作,共同推进重点行业治理,助力推动建立符合宝安特色的行业自治组织,宝安区院与区工信局等四部门联合制定了《加强行业合规管理协作暂行办法》;为加强与司法行政机关在涉案企业合规中的协调配合,建立高效权威、衔接顺畅的工作机制,宝安区院与区司法局联合制定了《涉案企业合规协作暂行办法》;为有效强化行政执法机关的合规意识,提升行政执法机关的合规能力,宝安区院为区合规委成员单位、海关缉私局等部门开展多场合规培训和宣讲。

为推动企业合规工作无缝衔接,宝安区院牵头制定了《宝安区公检法及行政执法机关企业合规工作衔接办法(试行)》,对宝安区行政执法机关及公检法3家单位在办理涉企案件过程中如何适用企业合规程序作出了明确规定,不仅将合规整改节点推至行政执法阶段,而且对于各阶段合规整改情况予以互认，进一步增强合规整改效果。宝安区院在办理一宗销售假药案中对涉案企业开展合规工作，并向宝安区人民法院建议将涉案企业合规整改情况作为量刑情节予以考虑，获得法院的认可，取得良好效果。

4. 以前沿的理论研究推进试点工作

目前关于检察机关开展企业合规的理论研究比较薄弱，为此宝安区院成立课题组，联合香港中文大学法律学院、深圳大学法学院、知识产权学院、企业合规研究院等院校机构，收集国外司法实践素材，进行专项研究，夯实理论基础，明确工作内容。经过前期卓有成效的理论研究，现已成功申报最高人民检察院、省检察院、市检察院、宝安区重点理论调研课题和重大调研课题，并在《人民检察》《法治评论》等核心期刊上发表多篇论文，形成了一批重大理论调研成果，为试点工作的顺利推进提供智慧引领。

5. 以丰富的司法实践推进试点工作

根据案件具体情况，宝安区院采取多种方式开展企业合规，切实提升合规工作成效。首先，对于合规程序的启动方面，检察机关可依职权启动，也可以依申请启动，这两种方式都需要以企业愿意进行合规整改为前提条件。其次，对于案情简单、企业风险点单一、企业具备合规整改较好条件的案件，可通过制发检察建议的方式，建议企业加强合规管理，并会同行政执法机关加强对企业合规整改的跟踪回访。同时，通过检察建议启动合规程序的模式也适用于被害企业，提升被害企业防控职务侵占、合同诈骗等风险的能力。另外，检察机关在办案过程中发现行政主管机关、行业组织、重要企业等主体存在管理漏洞，导致企业产生合规风险，也可通过检察建议的方式促使行政主管机关等主体加强合规管理。再次，对于有整改意愿但企业规模较小的小微企业，马上建立非常完善的合规管理体系对于企业的发展有较大影响，即使开始整改也难以保障效果。可要求企业出具合规承诺以及提出切实可行的合规整改计划，并加强对合规整改情况的定期汇报、跟踪回访。最后，对于具有较大企业规模、具有一定的行业及社会影响力的案件，单纯的合规承诺及检察建议模式难以保障合规效果，可通过适用第三方监督评估机制的方式督促企业落实合规承诺。宝安区院通过丰富司法办案方式，有效保障了民营企业健康发展，以实际成效提高了企业重视合规管理的意识，实现"要我合规"向"我要合规"的积极转变。

6. 以线上线下双结合提升合规质效

线上，宝安区院联合宝安区政数局等单位打造企业合规信息化系统，在合规案件启动、合规流程管理等方面为企业、第三方监督评估工作组、检察官等主体提供交互式平台，增强了合规整改的便利性及透明度。目前，已对刑事合规功能模块设计进行了深入的探讨，并已拟定基本方案、刑事合规流程图、配套文书。线下，宝安区院立足检察业务，积极探索企业合规与公开听证、证据开示等具体业务相结合的有效方式，加强检察机关参与社会综合治理的效果。在一起逃避商检案件中，率先将公开听证、证据开示作为适用合规不起诉的重要程序，提高了合规工作的透明度及公信力，获得人大代表、政协委员的一致好评，反响较好。

7. 以广泛的宣传交流推进试点工作

与区委区政府一同承办，由最高人民检察院检察理论研究所主办的涉案企业合规与司法环境优化研讨会，与会专家学者、知名企业家代表畅谈企业合规工作；海南省人民检察院第二分院等多家外地检察机关、中国人民公安大学多所高等院校、北京大学法学院陈瑞华教授等多位知名专家学者来宝安区院调研，座谈交流企业合规工作；《法治日报》《检察日报》等多家全国性新闻媒体，采访报道宝安区院企业合规工作经验。通过宣传交流，向外界传递检察机关开展企业合规工作的信号，也在全社会营造开展企业合规工作的良好氛围。

（二）试点成效

1. 有效保障民营企业健康发展

宝安区院在试点中依法采取更加灵活务实的司法措施，努力将司法办案对企业生产经营的影响降到最低。如试点的某机电公司通过合规建设，不仅排除了犯罪风险点，有效避免了企业因被起诉而造成生产停顿、员工下岗等"水波效应"，而且在被不起诉后依然重视合规管理，以高标准扩大化生产，获得更多商机。

2. 有效推动治理模式优化升级

进行企业合规改革，不仅倒逼检察机关能动办案，并且通过刑事合规反向推动行政机关优化执法模式，切实提高企业现代化治理能力，推进执法办案与服务企业深度融合。2021年，宝安区院针对15家全国知名连锁商户通过扫码点餐非法获取公民信息的违法行为，联合深圳市市场监督管理局宝安监管局开展企业合规工作，督促违法商户进行合规整改，相关商户均予以支持并积极配合整改。

3. 有效增强全员参与合规氛围

通过试点和宣传，以实际成效让更多企业意识到合规建设在防控法律风险、稳定经营发展上发挥的重要作用，纷纷要求加强合规普法宣传，有助于实现"要我合规"向"我要合规"的积极转变；通过行政机关及司法机关的引领，倡导企业和行业协会主动开展合规建设，有助于实现"小合规"向"大合规"的转变。中国化学制药工业协会主动对接宝安区院，在合规激励、合规认证等医药行业合规管理领域共同探索可复制、可推广的"宝安模式"。

六、试点工作的实践困境

企业合规不起诉尚处于初步探索阶段，在遵循检察工作规律的基础上，构建具有中国特色的企业合规不起诉制度，在实践中尚有一些难以解决的问题。

（一）受限于现行法律框架

涉案企业合规作为舶来品，要将其完全内嵌于认罪认罚从宽制度并不现实，该制度优势的发挥受限于现行法律框架。具体表现为以下几个方面：

第一，适用附条件不起诉的法律依据不足。对涉嫌犯罪的企业适用附条件不起诉更有利于实现合规效果，但刑事诉讼法仅在未成年人刑事案件诉讼程序中设置了附条件不起诉。为了不突破现有法律规定，往往对企业作相对不起诉处理，而相对不起诉仅适用犯罪情节较轻的情形，又导致不起诉适用率低。

第二，合规期限受限于刑事诉讼办案期限。由于附条件不起诉的适用限制,无法获得办案期限的宽限,导致涉案企业合规期限过短,难以保障合规有效性。另外,在法定办案期限内,为延长合规监督考察时限而"二退三延",又会造成"案-件比"的上升,难以兼顾提高办案质效与确保合规实效两方面。

第三,检察机关对企业处以罚金的法律依据阙如。在英美法系国家暂缓起诉制度中,对企业判处高额罚金有助于抑制企业再犯冲动,而检察机关可通过与企业协商罚金数额的方式,推动涉案企业合规。在我国,检察机关对于企业犯罪案件,缺乏直接处以罚金的法律依据,难以体现刑事合规的强制性及有效性。

(二) 可供选择的案件范围有限

实践中,追诉单位犯罪的情形较少,导致涉案企业合规无法取得规模效应。原因有以下几点:一是单位犯罪案件认定较少。限于传统办案理念,往往重惩罚责任人,轻追诉涉案企业,而涉及单位犯罪的相关取证工作较为烦琐,公安机关主动认定单位犯罪的情况较少,检察人员主动追加单位犯罪的情况也不多。二是企业规模较小,经营风险抗性不足。涉及单位犯罪的企业规模大多较小,中小型企业占据绝大多数。有些企业或在案发前已经倒闭,或经营状况不佳,难以承受涉案合规整改所带来的经济压力及时间成本。

(三) 企业与人员的处理难以剥离

企业及关联人员的责任划分是企业合规改革的重要问题,有学者认为对企业和对个人的两种不起诉存在不同的理论和制度基础,对企业合规不起诉的制度基础是企业的刑事合规激励制度,而对个人不起诉的制度基础则是认罪协商制度。[①] 该观点并没有较好将合规激励与认罪协商区分开来,这两点均应是作不起诉的重要条件。企业与人员的处理难以剥离,主要由两方面原因造成:一是企业生存多倚重直接责任人员。特别在中小企业单位犯罪案件中,大多数责任人员为企业实际控制人,一旦被羁押或者判刑,企业将面临无人

---

① 参见李玉华:《企业合规不起诉制度的适用对象》,载《法学论坛》2021年第6期。

经营的困境。二是企业托管制度缺失。我国现行法律没有对企业托管制度作出规定，缺乏外部救济机制，导致企业与责任人员处理上更加难以剥离。

（四）对合规整改的监督考察乏力

要实现合规效果，避免"纸面合规计划"出现，仍存在不少困难：一是检察机关的参与方式有限。检察机关与企业并非管理与被管理的关系，不仅两者业务范围不对口，检察机关难以对专业性事情进行监督考察，而且检察机关权力的行使及范围受到现行立法的限制，导致参与方式不多，监督考察乏力。二是两法衔接和协作常态化不足。行政执法与刑事司法的衔接与协作是刑事合规工作取得实效的重要因素，实践中两法衔接与协作的常态化机制不足。三是构建完善的第三方监管机制仍需进一步探索及细化。第三方监管机制涉及工商联等多方主体、信用修复及合规大数据等多项机制，在考察验收标准、第三方利益冲突规制机制等方面仍存在一些问题，需要进一步解决。

（五）给予企业合规整改的激励不足

在刑事领域，一是对于需要向被害单位、涉案人员所在企业制发检察建议的情形，主要依靠沟通协调，企业无合规动力；二是根据《最高人民检察院开展企业合规改革试点工作方案》的部署要求，对于存疑不起诉的案件可适用企业合规，但难以给企业提供合规激励；三是对于企业自我披露既往或者新增的行政违法事实、犯罪事实的情况下，是否适用或者继续适用企业合规，以及提供多大的从宽幅度，仍存有争议。在行政监管领域，对于一些轻微违法行为，行政执法机关可在自由裁量范围内从轻、减轻或者免除处罚，但对于一些违法情节较重的情形适用激励政策缺乏依据，存在执法风险，有待于上级机关的明确指示，难以为企业提供更大幅度的激励措施。

七、构建企业合规不起诉制度的优化路径

为在司法实践中破解难题、走出困境，构建中国特色的企业合规不起诉制度，针对上文所涉及的问题，本文尝试提出以下建议。

（一）利用现有资源，积累实践经验

1. 用足用好不起诉权

充分利用现有的法律资源，做好刑事合规与相对不起诉相结合的探索工作，为立法提供有效的实践范本及参考经验。同时，对于需要加强企业合规管理的情形，检察机关应尽可能依据企业自身经营状况，灵活决定刑事合规的方式方法。如企业经营规模较小，经济实力弱，检察机关在对企业作出相对不起诉处理后，既通过制发检察建议的方式督促涉案企业合规，也可以设置专项扶持基金，协助涉案企业合规。

2. 刑事合规工作前移

鉴于公安机关、检察机关的办案时限与强制措施时限几乎等同，在公安机关刑事立案后，检察机关即可通过提前介入的方式，要求企业进行刑事合规。将刑事合规工作前移至侦查阶段，既可依据企业合规情况决定采取强制措施的种类，增强企业进行刑事合规的驱动力，又可延长刑事合规进程，检察机关可在较长时间内考察涉案企业合规的"诚意"与"成绩"。

3. 用经济手段推动涉案企业合规

实践中，由于企业经营状况不佳以及公安机关对于查封、冻结财物的谨慎处理，较少出现没收违法所得的情形。在企业进行刑事合规的过程中，关于没收违法所得的相关条款应该被激活，让企业在经营过程中打上"预防犯罪"的印记。同时，可允许企业采取分批上交违法所得的方式，缓解企业的经济压力。

（二）拓宽适用范围，提供实践范本

1. 准确把握追诉单位犯罪与保护各类企业的关系

首先，严格贯彻落实最高人民检察院关于促进企业健康发展的检察政策，对于符合单位犯罪构成要件的，应当认定为单位犯罪，其中对于符合相关不起诉条件的，可以考虑以不起诉方式结案，既起到犯罪预防效果，又做到罪责刑相适应。其次，对于构成单位犯罪的情况，给予涉案企业的合规激励不局限于不起诉，要根据实际情况决定是否起诉企业，可将合规整改效果作为检察机关提出从宽量刑的重要参考。最后，追诉单位犯罪与保护各类企业并不冲突，保护不等于无视企业的违法犯罪行为，而是强调依法保护企业的合法权益，为企业健康发展营造公平竞争的司法环境。

2. 加强单位犯罪追诉力度

改变以往重追诉个体、轻追诉企业的传统观念，通过制发检察建议、纠正违法通知书、召开联席会议等方式，明确追诉单位犯罪的证据标准，并对公安机关的追诉行为及权利保障工作开展监督。另外，加大追诉单位犯罪的力度，仍要重视听取企业意见。检察机关应当根据企业的合规经营状况，准确判断是否构成单位犯罪。

3. 依法保障企业合法权益

保护企业合法权益，检察机关应做好以下三方面工作：一是平等保护。检察机关平等保护各类企业，不以企业类型、规模为依据进行歧视性的区别对待。二是限缩检察权的行使。通过降低审前羁押率、慎重使用强制措施等方面来减少司法活动对企业正常经营活动的干扰。三是提供救助。检察机关在办案过程中要积极采取有效措施，充分做好以案释法工作，帮助企业化解矛盾。另外，检察机关以检察履行为发力点，协调政府各职能部门、行业组织积极参与企业的正常经营或再生。

（三）责任适度分离，增强企业活力

1. 将企业合规情况作为责任人员从轻、减轻处罚情节

责任人员作为刑事合规的辅助性参与主体，其在涉案企业合规过程中所作出的努力，表明该责任人员愿意接受处罚并为其错误行为付出代价，刑法的惩处及预防犯罪目的已得以实现，可以获得从宽处罚。将企业合规情况作为责任人员从轻、减轻处罚的情节，经过综合评估后，决定是否将责任人员列入不起诉的适用对象，也有助于发挥涉案企业合规的制度优势。

2. 增加对责任人员适用不起诉的条件

"尽可能放过企业，但要严惩责任人"[①] 与将企业合规情况作为责任人员从轻、减轻处罚情节并不冲突，这与我国宽严相济的刑事政策及司法理念是

---

① 陈瑞华：《企业合规基本理论》，法律出版社2020年版，第32页。

相契合的。对责任人员从宽处理，较为合理的制度设计是对责任人员适用不起诉设置更多前提条件，如将"对企业的生产经营有重要作用"作为适用条件，延长对其监督考察的期限，责令其向社会提供公益服务等。

3. 探索检察机关参与企业托管的途径

对于构建检察机关参与企业托管制度，有学者建议在不违背企业章程、经董事会或股东会同意后，检察机关可委托行业组织进行托管，并着重考虑企业托管的适用范围及条件等因素，① 但相关建议仍较为模糊，操作性不足，如何将涉案企业合规与企业托管相结合，仍需要不停地探索，且有赖于检察机关与行政机关、行业组织等主体的通力协作。

（四）增强协作力量，提高合规成效

1. 合理制定涉案企业合规专项计划

企业刑事合规离不开风险防控，与其求大而全的笼统合规，不如要求企业制定专项的刑事合规计划。具体来说，涉案企业合规专项计划应根据企业量身定制，既包含一般性规定，如认罪认罚、退赃退赔等内容；也应当包含专项计划，如针对虚开增值税专用发票等情形，对合作第三方开展合规调查等。针对大型企业，应尽量进行全面合规建设，以发挥示范带动效应。另外，应当在涉案企业合规专项计划中明确具体时限，以方便检察机关监督以及企业落实专项计划。

2. 引入多方主体督促涉案企业合规

由于专业特性以及监督力量的不足，检察机关可邀请企业的主管单位、行业组织等主体参与监督，为涉案企业合规（如合规是否有成效）提供专业性帮助。进一步提高认识，在有条件的基础上，争取人大、政府的支持，加强与市场监管、税务、工商联、律师协会等单位联系，建立联席会议制度和第三方监督评估机制，将刑事领域的企业合规扩展至行政领域，形成合规合力，服务保障经济社会高质量发展。

---

① 参见《法学专家与检察人员共同探讨——检察机关如何有效落实对民营企业司法保护》，载《检察日报》2019年4月29日，第3版。

3. 以行业合规、信用合规营造良好行业生态

行政机关、公安司法机关参与企业合规，更多的是从外部监管出发，具有一定的局限性、事后性。企业合规是一项持续性、系统性工程，仅凭外部监管无法获得较好效果，要加强行业合规以及信用合规的建设，发挥行业自治组织在加强行业自律、服务企业发展等方面的重要作用，增强企业内部造血功能，营造良好行业生态，实现双向循环有序发展。

涉案企业合规改革实证研究

——以深圳市龙华区人民检察院为例

杨时敏[*]

摘 要 开展涉案企业合规改革试点工作是检察机关落实民营企业平等保护，营造法治化营商环境，增强司法保障的重要举措。深圳市龙华区人民检察院结合辖区位于城市中心和发展中轴的区位特点，立足检察职能，结合办理涉民营经济刑事案件的探索实践，开创性地推出以法益修复为起点的法益修复考察期制度并落地试行，将企业开展合规建设纳入法益修复范畴，实现打击与预防有机结合，取得阶段性成效，打造检察机关促进涉案企业开展合规建设的"龙华样本"。

关键词 企业合规 法益修复 检察职能

龙华区人民检察院在2020年4月新冠肺炎疫情防控工作进入复工复产关键阶段，以营造良好营商法治环境为着眼点，立足本院办理涉民营经济刑事案件的探索实践，在经检委会充分研究论证的基础上，初步形成"法益修复考察期"制度落地试行，在注重吸收刑事和解、认罪认罚从宽等制度的基础上，创新构建法益修复制度，合理运用起诉裁量权，促进涉案企业或犯罪嫌疑人通过赔偿损失、消除影响、开展合规整改等方式对被侵害的法益进行修复，并视法益修复、认罪悔罪态度等情况作相对不起诉处理或提出从轻量刑

---

[*] 广东省深圳市前海蛇口自贸区检察院党组书记、检察长候选人，二级高级检察官。

建议，推动涉案企业在修复被侵害法益的基础之上，对自身合规体系进行系统性重构，实现司法办案政治效果、社会效果和法律效果的有机统一。

一、粤港澳大湾区区位视角下的企业刑事合规

粤港澳大湾区包括珠三角九市、香港和澳门两个特别行政区，是我国开放程度最高、经济活力最强的区域之一，在国家发展大局中具有重要战略地位。粤港澳大湾区建设是习近平总书记亲自谋划、亲自部署、亲自推动的国家战略，是新时代推动形成全面开放新格局的新举措，是推动"一国两制"事业发展的新实践，对于推动深圳朝着建设中国特色社会主义先行示范区的方向前行、努力创建社会主义现代化强国的城市范例，具有重大深远意义。以粤港澳大湾区建设为契机，立足"一国两制三法域"的实际，开展好企业合规改革试点工作，助力大湾区企业合法、合规、长远发展意义深远。

2021年3月，最高人民检察院印发的《关于开展企业合规改革试点工作方案》指出，开展企业合规改革试点工作是指检察机关对于办理的涉企刑事案件，在依法作出不批准逮捕、不起诉决定或者根据认罪认罚从宽制度提出轻缓量刑建议等的同时，针对企业涉嫌具体犯罪，结合办案实际，督促涉案企业作出合规承诺并积极整改落实，促进企业合规守法经营，减少和预防企业犯罪，实现司法办案政治效果、社会效果、法律效果的有机统一。

开展企业合规改革试点具有积极的政治意义。检察机关开展企业合规改革试点工作是深入贯彻党的十九大和十九届二中、三中、四中、五中全会精神，认真贯彻习近平法治思想，助力实现"十四五"规划和2035年远景目标的重要举措，对促进国家治理体系和治理能力现代化具有重要意义。粤港澳大湾区建设是在"一个国家、两种制度、三个关税区、四个核心城市"背景下深化合作，在为企业带来合作发展机遇的同时，也带来制度融合的难题。合法、合规经营是企业高质量发展的基础，也是大湾区法治建设的关键一环。从国际范围看，合规日益呈现全球法律现象的趋势，成为企业核心竞争力的重要组成部分。检察机关开展企业合规改革，有利于为进一步提升我国企业对外开放水平提供司法保障。

开展企业合规改革试点具有积极的法治意义。当前，我国经济社会发展面临诸多挑战和矛盾，各类市场主体实施的经济犯罪刑事案件逐渐增多。通过长期的司法实践发现，经济犯罪成因往往关乎社会治理中的系统性、深层次问题，仅靠刑事法律的"孤军作战"收效甚微。一方面，机械司法动辄剥夺涉案企业负责人的人身自由，查封、扣押企业财产，势必加剧市场主体的压力与困难，甚至形成"水波效应"，给社会造成不可逆的损失；另一方面，对有轻微犯罪行为的企业负责人依法不捕、不诉后"一放了之"，不利于促进企业依法合规发展。北京师范大学法学院教授张远煌指出，企业和企业家犯罪的特点和规律表明，忽视强力引导和推动企业建立刑事风险内控机制、主动消除内部犯罪诱因而主要依赖事后惩罚方式的治理，不仅难以减少犯罪，而且还容易引发包括企业遭受重创甚至倒闭等一系列负面效应，这构成了立足我国实际开展刑事合规试点改革与创制我国刑事合规制度的重要事实依据。[①] 检察机关开展企业合规改革以推动源头治理为着力点，整合国家与社会力量，形成"标本兼治、预防为本"的犯罪治理格局。

开展企业合规改革试点具有积极的现实意义。党的十八大以来，以习近平同志为核心的党中央高度重视民营企业发展，2018年11月、2020年7月，党中央先后两次召开企业家座谈会，习近平总书记指出"要千方百计把市场主体保护好，为经济发展积蓄基本力量"，要"依法平等保护国有、民营、外资等各种所有制企业产权和自主经营权，完善各类市场主体公平竞争的法治环境"，强调民营企业要在合法合规中提高企业竞争能力。随着我国社会主义市场经济体制的不断发展，各类市场主体逐渐成为社会财富的重要创造者和稳就业、稳市场的"顶梁柱"，在经济发展中发挥着重要的作用。检察机关开展企业合规改革以改进司法办案为切入点，体现对市场主体的真"严管"、真"厚爱"，对于推动形成以国内大循环为主体、国内国际双循环相互促进的新发展格局具有积极意义。

---

① 参见张远煌：《深化基础理论推进刑事合规改革探索》，载《检察日报》2021年5月13日，第3版。

二、龙华区人民检察院开展企业合规改革工作的实践与探索

深圳市龙华区位于深圳地理中心和城市发展中轴，辖区内民营企业数量大，新兴科技创新产业众多，特别是科技工业园高新技术企业集中，自主知识产权保有量大。龙华区人民检察院（以下简称龙华区院）自 2017 年 1 月 7 日立院之初，就高度重视侵犯知识产权犯罪等涉民营企业刑事案件，着重分析案件办理中发现的共性问题，探寻解决问题的思路与路径。经对该院办理的涉及民营经济的刑事案件办理情况的综合调研发现，涉民营企业犯罪案件有四个特点：一是社会危害及影响具有双重性。一方面，这类案件侵犯的客体主要是社会主义市场经济秩序及相关市场主体的经济利益；另一方面，由于涉企刑事案件与所涉企业的经营发展密切相关，处理不当会对企业的正常生产经营造成不良影响。二是案发原因具有复杂性。涉企业犯罪既有内因，又有外因。除了企业价值观、利益观扭曲等自身因素外，有的犯罪还受到诸多外部因素的影响，如法治意识淡薄、盲目创新发展、企业合规机制缺失等。三是被害人权益保障重视程度不足。在司法实践中，刑事被害人难以对刑事诉讼活动产生实质性影响，最重要的是难以在刑事诉讼活动中获得足够的物质和精神赔偿，只能通过追赃、追缴被动等待，存在"案子结了，损失却没能挽回"的情况。四是案件办理难度大，一方面，由于此类犯罪往往发生于企业内部，隐蔽性较强，司法机关侦查取证工作难度较大；另一方面，在案件处理上如果仅是简单机械地构罪即捕即诉，则难以取得良好的办案效果，甚至可能会给企业经营造成负面影响。

在龙华检察的司法实践中，涉企刑事案件的办理有三个方面值得研究和注意：一是如何在办案过程中切实防止"案子办了、企业垮了"；二是如何在办案过程中将惩治犯罪与被害人权益保障有机结合起来，防止出现惩罚与赔偿二选一的局面；三是如何通过检察履职激励民营企业主动完善自身制度建设，发挥刑法预防功能，实现案件办理的政治效果、社会效果和法律效果有机统一。

龙华区院探索促进企业合规建设的实践经过萌芽、发展和形成三个阶段，

于 2020 年 4 月出台《关于涉民营经济刑事案件实行法益修复考察期的意见》（以下简称《意见》），正式建立以促进企业合规建设为重点的法益修复考察期制度。该制度对移送审查起诉的涉民营经济案件，结合认罪认罚从宽制度的适用，在法定审查起诉期限内设置法益修复考察期，督促涉罪企业或犯罪嫌疑人落实合规要求，对被侵害的法益进行修复，并视法益修复、认罪悔罪态度等情况作相对不起诉处理或提出从轻量刑建议，推动涉案企业对自身合规体系进行系统性重构，实现司法办案政治效果、社会效果和法律效果的有机统一。该制度获《检察日报》专题报道，被省检察院推荐参评全国检察机关改革创新案例。目前共 6 件涉民营经济刑事案件适用该制度，其中 1 件入选全市检察机关企业合规适用典型案例。北京大学教授陈瑞华等 4 位专家专程到龙华区院现场调研，给予充分肯定，认为"龙华区检察院探索法益修复的做法十分有成果，深度拓宽了检察机关参与社会治理的新路径"。

（一）主要做法

1. 以修复受损法益为立足点，转变办案理念

牢固树立谦抑慎刑办案理念，充分考虑民营企业发展实际需求，围绕企业"补血止损"，认真听取被害人意见，将企业合规条件下的法益修复纳入刑事案件办理程序，做到慎捕慎诉，努力实现刑法保护与修复功能。如在某安防科技有限公司被假冒注册商标系列案办理中，首次尝试对两个犯罪嫌疑人区分法益恢复的不同情况采用不同的强制措施，促使涉企业的犯罪嫌疑人积极认罪认罚，及时、主动修复受损的法益秩序，涉事企业之间还初步达成合作意向，被害人企业将富余部分的产能交给有生产资质的加害人企业进行代工生产，最终，龙华区院决定对加害人企业法定代表人李某作相对不起诉处理。由于制假售假的行为得到遏制，被害人企业销售额每月增长 300 万以上，年增长率达 30%，市场占有率提升 10%。

2. 以促进企业合规为着力点，激发企业活力

在修复被侵害法益的基础上，由检察官主动走访、跟踪落实，督促涉罪企业建立相应刑事合规机制，促进企业依法依规经营，形成制度性防范和行业性促进。如在办理王某、孙某非法利用信息网络案中，王某系某科技公司

实际控制人，孙某系负责销售的副总经理，承办检察官经审查全案证据，考虑到涉案企业正处于发展阶段，两嫌疑人如实供述且有修复法益意愿，并在审查起诉阶段提交了包括停止违规业务、增设合规部门、开展例行安全运营教育、聘请外部专业公司审核等内容的合规整改方案。最终，承办检察官实地考察，并举行公开听证会，对王某、孙某作出不起诉决定。经合规整改，该公司2020年营收达人民币1.59亿元，同比增长59.6%。

3. 以规范起诉裁量权为切入点，提升司法公信

在充分发挥检察官主导作用的同时，注重强化该制度运行的监督管理，严格落实"谁办案谁负责、谁决定谁负责"。第一，强化内部监管，严格适用。在适用范围上，以"法益可恢复性犯罪"中法益侵害不大、易于修复的涉民营经济刑事案件为主；在条件和时机上，要求承办检察官主动向被害人、犯罪嫌疑人释明制度，在征得双方同意基础上，要求犯罪嫌疑人提出可行的法益修复书面方案，并提交检察官联席会议讨论和分管副检察长审批同意。第二，引进外部监督，提高公信力。在对完成法益修复的犯罪嫌疑人作出不起诉决定或提出从轻量刑建议时，通过召开听证会，邀请被害单位、人大代表、政协委员、特约检察员、专家学者等参加，广泛听取意见建议，提高司法办案透明度，增强司法公信力。

（二）主要特点

1. 适当拓宽涉企刑事案件范围

法益修复考察期制度以民营企业或其股东、实际控制人、主管人员、核心研发人员涉嫌犯罪，或被害单位系民营企业的刑事案件为适用范围，相较于大部分试点地区以涉嫌犯罪的企业和内部工作人员涉案的企业为限，适当延伸了"涉企刑事案件"的内涵。一是将民营企业股东、实际控制人、主管人员、核心研发人员涉嫌犯罪的囊括进来，是由于从我国经济社会发展阶段看，一方面，社会上缺乏一个经理人阶层，企业管理专业人才的储备不足；另一方面，企业管理方式和治理结构现代化程度总体上不高，许多企业特别是民营企业还没有发展到公司制的运营机制，企业的生存、发展与企业家紧密联系在一起，一旦企业家出事了，企业就可能面临灭顶之灾。基于上述实

际情况，不能简单照搬美国等西方国家实行的"放过企业、严惩企业家"的做法。二是将被害单位系民营企业的刑事案件囊括进来，一方面是检察机关服务保障民营企业健康发展的要求，最大限度地追赃挽损，维护被害企业的合法权益；另一方面是最大限度发挥企业合规建设的作用，对企业而言，企业合规管理制度根本作用在于规避刑事法律风险，而一旦企业成为刑事案件中的被害人就说明该企业的经营管理可能存在法律风险，有开展企业合规制度建设的空间和需求。

2. 以修复法益作为促进企业开展合规建设的起点

我国刑法的目的是保护法益，刑事司法必须贯彻这一目的。长期以来，我国司法实践强调从严从重打击严重刑事犯罪，实行有罪必诉、有罪必判，体现着报复性司法理念。近年来，随着司法体制改革的深入推进及司法理念的更新，恢复性司法观逐渐根植于我国司法政策及实践中，认罪认罚从宽、刑事和解等制度，检察机关极力追求的案件办理效果及倡导的"让人民群众感受到司法的温度"等无不体现着恢复性司法的理念。恢复性司法认为，刑事司法的价值追求主要不是惩罚犯罪人，而是要全面恢复犯罪人、被害人和社会关系因犯罪而造成的损失。惩罚犯罪不是检察工作的最终目的，预防犯罪、减少犯罪才是检察机关的价值追求，也是建设法治生态环境的本质要求，因此，有利于恢复被破坏的社会秩序，维护被害人、被追诉者的权利以及一般社会的权利，成为公诉的首要价值选择。企业的本质是逐利，在办理涉企刑事案件中，法益修复不容忽视。法益修复一般指修复法益原状，如修复原状确实存在困难的，经被害方同意，可以以财物赔偿、赔礼道歉、消除影响等方式进行。同时，督促涉罪企业建立合规机制，查补引发犯罪的制度漏洞，尽可能减少再犯可能性，同样也是修复受损法益的重要部分。同时，法益修复考察期制度将法益修复措施作为启动该制度的必要条件，对涉案企业有效地施加压力，建立赔偿被害人的激励机制，不仅有利于化解社会矛盾，还有利于解决检察机关因无法对涉案企业科处罚款、没收违法所得等或无法责令涉案企业赔偿被害人的经济损失带来的"后遗症"。

3. 在现行法律制度框架下最大限度延长考察期限

我国刑事诉讼法对审查起诉期限的限制严格，且在当前以"案-件比"

作为评价办案质量重要指标的背景下,如何在有限的办案期限内完成合规考察成为试点工作的难题。法益修复考察期制度严守审查起诉的法定期限,在刑事诉讼程序的缝隙中寻求尽可能长的考察期限,为有效的合规监管创造基本的时间保障。一是活用非羁押性强制措施,制度规定"对于适用法益修复考察期的刑事案件,经审查主要证据已调取完毕,无明显社会危险性的,可以变更为取保候审等轻缓强制措施",一方面为完成法益修复、合规建设搭建平台,另一方面为检察机关有效进行合规监管预留充足时间。二是强化检侦合作,将合规考察期前移至侦查阶段。与公安机关达成共识,对涉企刑事案件,公安机关应及时商请检察机关提前介入,检察机关在引导侦查的同时,对符合条件的案件开展法益修复和合规整改工作。

4. **严格设置法益修复考察期制度适用条件及程序**

一是适用条件。《意见》针对的涉民营经济刑事案件,以"法益可恢复性犯罪"中法益侵害不大、易于修复的案件为主,其中危害国家安全犯罪、故意危害公共安全犯罪、严重侵害人身财产犯罪、严重侵犯社会管理秩序犯罪、危害国防利益犯罪、贪污贿赂犯罪等刑事案件不适用本意见;可能判处10年以上有期徒刑的刑事案件,一般不适用本意见。二是适用程序。承办检察官对于拟适用本意见的案件,应当主动向被害人、犯罪嫌疑人释明制度,在充分听取双方意见、征得双方同意的基础上,要求犯罪嫌疑人提出可行的法益修复书面方案,并提交检察官联席会议讨论,说明适用的理由并听取联席会议意见。联席会议认为符合本意见条件的,应层报分管副检察长审批同意。经审批同意适用本意见的案件,承办检察官应要求犯罪嫌疑人签署法益修复承诺书,并适时检查、评估法益修复情况,督促犯罪嫌疑人履行承诺。通过严格规范启动条件和适用范围,有效防止和避免"合规腐败"等问题,消除权力寻租的空间。

5. **充分发挥检察机关不起诉裁量权对企业合规整改的激励作用**

法益修复考察期制度有别于附条件不起诉或美国等西方国家实行的暂缓起诉制度,其是以认罪认罚从宽制度为法律保障,建立符合涉民营企业刑事案件特点的认罪认罚从宽工作规范和机制,进一步细化认罪认罚判断的具体标准,将法益修复行为纳入酌定量刑情节,发挥法益修复的出罪功能。目前相关司法解释已经个别化地体现了对法益恢复行为予以出罪化处理的趋势。例如，2009年12月3日最高人民法院、最高人民检察院颁布的《关于办理妨害信用卡管理刑事案件具体应用法律若干问题的解释》第6条第5款（已被修改）规定："恶意透支应当追究刑事责任，但在公安机关立案后人民法院判决宣告前已偿还全部透支款息的，可以从轻处罚，情节轻微的，可以免除处罚。恶意透支数额较大，在公安机关立案前已偿还全部透支款息，情节显著轻微的，可以依法不追究刑事责任。"由于我国刑事诉讼中公、检、法三机关的诉讼权力构造决定只有检察权具备出罪的权能，因此法益修复的出罪价值与制度设计的任务应由检察权承担。法益修复考察期制度规定"对于已履行法益修复责任，被害单位或被害人出具谅解书予以谅解的犯罪嫌疑人，可根据案情作相对不起诉处理或提出从轻处罚的量刑建议"，最大限度地激励涉案企业或个人开展法益修复，完成合规整改。

三、深化企业合规改革之路径

（一）拓宽法益修复外延

法益修复是涉案企业开展合规建设的起点，也是检察机关启动企业合规程序的必要条件。龙华区院实行的法益修复考察期中规定的法益修复是指"修复法益原状，如修复原状确实存在困难的，经被害方同意，可以以财物赔偿、赔礼道歉、消除影响等方式进行"。实践中，法益修复的方式也存在差异，除较为常见的赔偿经济损失等途径外，还有涉案企业为被害单位充当义务监督员、涉案企业人开展相关法律宣讲等方式，取得良好效果。可见，适当丰富涉案风险法益修复途径不仅有效地使法益恢复完满状态，还促进民营经济健康发展，达到办理一案、治理一片的效果。此外，在案件办理中，在尊重被害单位意愿的基础上，探索鼓励被害单位全面查找、修复自身存在的法律风险漏洞，提升防范法律风险的能力，也有利于预防犯罪，发挥企业带动市场健康发展的作用。

（二）探索建立企业附条件不起诉制度

附条件不起诉有利于强化企业合规激励，改变试点工作中激励手段不足、期限不足等困境。中央全面依法治国委员会出台的《关于支持深圳建设中国特色社会主义法治先行示范城市的意见》明确指出要探索完善附条件不起诉适用范围，这为深圳率先探索涉案企业合规附条件不起诉、超前探索制度设计提供了契机。

（三）试行引进律师事务所等法律服务机构，助力涉案企业完善刑事合规机制

企业合规机制缺失往往是诱发民营企业法律风险的重要原因之一，因此，引导涉案企业建立健全刑事合规机制是发挥刑法预防功能的最优路径。但实践中，涉案企业多数为中小型企业，往往缺乏制定完备的合规计划的能力。律师具有部分调查权，在帮助企业排查合规隐患上有得天独厚的优势。这也是律师为企业提供法律服务的重要途径之一。在办理涉企刑事案件中，涉案企业自行构建刑事合规机制确有困难的情形下，探索引进法律援助律师等法律服务提供者等做法，帮助涉罪企业达到完成刑事合规的要求。

（四）明确评估合规计划有效性的标准

当前主要由第三方监督评估组织对涉案企业的合规承诺及完成情况进行调查、评估、监督、考察，但由于暂未建立起明确、科学的考评标准，第三方监督评估不可避免地带着一定的主观偏向性。一方面，有效的合规应当建立在一些客观的评价标准基础之上，而不是第三方监控人随意评价的结果；另一方面，第三方监控人的合规考察报告虽为检察机关作出决定的重要参考，但检察机关最后仍然需要依据一定的标准对合规的有效性作出判断，以防止出现企业再犯罪的情况。因此，有必要制定一套涉案企业合规有效性的标准

体系，以防范随意评价带来的风险隐患。① 虽然企业在生产经营过程中面临的刑事风险众多，但涉及的罪名主要集中在破坏市场管理秩序和社会管理秩序的经济类犯罪，检察机关在开展试点工作的同时应当结合本地区实际，针对性制定企业合规管理指引，确定合规监督评估的基本标准。

---

① 参见李小东：《涉案企业合规建设"深圳模式"的探索与实践》，载《人民检察》2021 年第 20 期。

论企业合规命题下检察权的运行张力与辐射界限

深圳市福田区人民检察院（企业合规）课题组[*]

摘　要　在推进法治化营商环境建设的重大法治行动中，检察机关推出了企业合规管理的司法改革试点工作方案，以达致"依法督促合规管理，切实开展共建保障"之求索目标。为此，在合法性、合理性的基础上论证检察权的运行张力与辐射界限，不仅是该实践命题的价值判断需求，亦是该司法改革的理论指导基础，同时还可为深入推进该工作提供扎实可行的目标导向与实务检视，以此确保革新试验工作的实效性与可行性。因之，亟须为企业合规制度改革找寻适切的法理基础作为依托，并充分论证关联法理基础的演绎式涵摄及归纳式综述作为该命题的逻辑基础。同时，还要在检察权运行的权限范围内，妥善地、合理地、合目的地为该项制度革新设定权力的边界，防止公权力的超过性行使触及私权的禁止领地与疆域，避免因司法上的革新举措的扩张与冲动而侵犯关涉对象的正当、合法权益。

关键词　企业合规　检察权　运行张力　辐射界限

....

早在"20世纪30年代，为了加强政府对金融行业的监管，美国金融行业

---

[*] 课题组成员：王向阳，广东省深圳市福田区人民检察院党组书记、检察长；蔡舒曼，广东省深圳市福田区人民检察院综合业务部主任；黄春晓，广东省深圳市福田区人民检察院检察官；郭智勇，广东省深圳市福田区人民检察院检察官助理；李昂，广东省深圳市福田区人民检察院检察官助理。

率先提出了'合规'概念，此后在金融领域的合规实践中取得积极性成效"①，逐步推行至其他行业、领域并逐渐占据企业监管模式之核心地位。由于企业在合规监管中获取了实质性利益和制度性规整，监管方与被管理方均能求其所得因而欣然协作，由此，政府公权与企业私权的"联谊"在企业合规方面获得高度共识。在这种共识的气氛中，西方法学领域在企业合规的法律理论研究也不断地精深与演进。

2020年3月，最高人民检察院（以下简称最高检）正式确定试点开展涉案违法犯罪依法不捕、不诉、不判实刑的企业合规监管工作，并率先以上海、江苏、山东、广东等地基层检察院为"根据地"开展企业合规改革第一期试点工作。此举旨在民营企业负责人或者高管层面的职员案涉有关企业经营类犯罪时，检察机关在依法行使检察权的同时，探索、督促涉案企业合规管理，促进企业在经营管理规范层面的制度化。2021年3月，最高检下发《关于开展企业合规改革试点工作方案》（以下简称《试点工作方案》）的规范性文件，不仅对企业合规试点工作的规范内容进行梳理和实定，而且进一步扩大改革工作的试点范围。2021年6月，最高检联合司法部、财政部等八个部委共同印发了《关于建立涉案企业合规第三方监督评估机制的指导意见（试行）》（以下简称《指导意见》），进一步完善企业合规制度。至此，企业合规改革试点实现了第一阶段的尝试、调适，并在初步的磨合后，从具体的经验归纳出具备规范性和拘束力的工作方案和指导意见。经过两年两期试点工作的有益探索，2022年4月2日，最高检会同全国工商联召开会议，宣布在全国检察机关全面推开这一改革试点工作。

一、引论：从企业合规革新制度的试验与推行中发现与预判的实在现象之引申论起，关切司法实务中聚焦的权力边界问题

开展涉案企业合规改革在司法目的的设置上，一般认为欲意达致："督促涉案企业作出合规承诺并积极整改落实，促进企业合规守法经营，减少和预

---

① 万方：《企业合规刑事化的发展与启示》，载《中国刑事法杂志》2019年第2期。

防企业犯罪，促进市场主体健康发展，推动营造法治化营商环境，为经济社会高质量发展提供更加优质的法治保障。"[1] 在通往目的实现方法中，规范性文件进行了技术性设置。然而，法律规范往往存在这样一个矛盾命题：设若规范具有超前性，那么未来情事的不确定性可能导致规范与现实的冲突；设若规范稍有滞后，那么必须通过修法来实现弥补或者修正。在企业合规制度的规范上，也应当结合上述命题作预判，并通过合理的预案设计来作为这种预判发生的应对。综观并评析整个企业合规革新制度，结合法律上的基本理论和实务上的具体经验，下列命题亟须关注并可先行论证和预案。

其一，法规阙如。目前企业合规监管的规范性文件依据只有司法行政类规范性文件，如此之级别的规范依据对于一项较为重大的司法革新工作制度而言，显然是低配的。当然，这也是由于这项工作制度尚在起步阶段。待从探索实践中获取了可观的经验以及对此革新工作制度进行更多深入的理论研究后，在立法时机成熟之后，有必要在法律之位阶对企业合规监管制度进行立法活动，这是法治国家有法可依之基本要求使然。

其二，企业作为不具自然生命体特征的拟制主体，在法律实定的范畴之外，为涉案企业开辟一个合规监管以及犯罪预防的通道，并在公权的"辅导"下获得实际性利益，如何平衡涉案企业与其他企业之间的利益关系，成为该制度设计时应当考虑的问题。为此，应当在平等原则和自愿原则的基础上研究调整企业合规监管的适用范围。

其三，检察机关开展企业合规改革是检察机关发挥司法职能作用参与社会治理的应有之义。但是，作为一种新兴的制度，尤其在试验、探索阶段，抱持审慎与适度的观念当是毋庸置疑的，即不得滥用权力，严格掌握权力辐射的边界。

其四，涉案企业由于身陷司法泥潭，在意志自由的表达上，可能受到一定的限制，对于某些监管措施的意思表示，其自愿性、真实性和可靠性究竟如何，也应当作进一步的考究。此外，监管措施和监管方案是否涉及企业自

---

[1] 孙国祥：《刑事合规的理念、机能和中国的构建》，载《中国刑事法杂志》2019年第2期。

主经营权的内容，是否存在隐性的或者潜在的权力干涉可能，这些问题都是检察机关在施行企业合规监管中应当着重考虑的。

二、企业合规管理与检察权内容的关系

（一）检察机关进行企业合规管理具备合法性根据

从最高检开展企业合规试点改革以来出台的一系列指导意见和办法等规章制度来看，企业合规管理获得了规范性文件级别的"制定法"支持，因而具备了试点改革的合法性基础。《指导意见》第1条明确规定涉案企业合规第三方监督评估机制（以下简称第三方机制），是指人民检察院在办理涉企犯罪案件时，对符合企业合规改革试点适用条件的，交由第三方监督评估机制管理委员会（以下简称第三方机制管委会）选任组成的第三方监督评估组织（以下简称第三方组织），对涉案企业的合规承诺进行调查、评估、监督和考察。考察结果作为人民检察院依法处理案件的重要参考。由此可以看出企业合规管理的内容是围绕检察机关的司法职能而展开的，企业合规管理是检察机关办理涉企犯罪案件的法律工具，而企业合规管理的结果亦是检察机关依法处理案件的考量因素之一。在办理适用第三方机制的案件中，企业合规管理更是贯穿始终。从企业合规管理的发起，到企业合规管理的执行，再到企业合规管理的结果发生，都与检察权的行使息息相关。应当说，检察机关行使企业合规管理职能经由部门规章确立，具备了基本的合法性，且该合法性的来源与检察权内在相互联系。此外，从与检察权密切相关的法律监督理论、社会治理理论以及预防犯罪理论中，也都能为企业合规管理找寻到适切的原理基础。

（二）检察机关行使企业合规管理职权具备合理性根据

如前所述，企业合规管理的发生有一个前提条件就是办理涉企犯罪案件，或者说其源起于司法程序，其结果也会影响司法裁量，因而目前的企业合规管理的主体职责只能由司法机关承担。公安机关作为司法程序中的侦查机关，如其开展企业合规管理，会出现将审查起诉权前置的情形，因为公安机关并

无指控犯罪权力，企业合规管理的结果无法在司法上惠及企业；同理，在当前以审判为中心的司法体制改革背景下，法院裁决的终局性和中立性被置于至高的地位，如果让法院承担企业合规管理职能，违背了裁判的中立性，其终局性裁量也会受到案件之外诸多因素的干扰。检察机关具备法定的法律监督权。在第三方机制监督评价企业合规计划执行时，检察机关通过主导第三方机制流程，引导第三方机制管委会，既不干预企业具体经营，又能间接把握企业合规计划执行和合规整改的质量，同时也是对企业合规在司法程序中不偏离预设轨道的监督。因此，企业合规管理作为一项新权能，由承担法律监督职能的检察机关行使具备合理性。

（三）检察机关进行企业合规管理具备可行性

检察机关的法律监督职能已逐渐向社会公众利益领域延伸，例如检察机关公益诉讼职能，此外，检察建议工作也日益从个案弥补演进为社会治理。由此可见，检察机关已深度融入社会综合治理。检察机关的社会综合治理权是法律监督权的延伸，并非直接参与社会某项工作的改进，而是通过监督责任主体作为或者改变作为方式来促进社会综合治理。企业合规管理就是社会综合治理的一个重要表现。"在涉企刑事案件中，很多企业面临着高额的罚款，其主要管理人员也可能面临着刑罚，而我国的企业，尤其是民营企业，其人合性较高。"① 企业负责人通常对于企业的发展起着至关重要的作用。一个企业负责人受到法律制裁，可能会危及企业的生存，由此引发的舆论、劳工关系影响、上下游经济波及等，均不在原本的司法考量中，但这些社会问题引发的矛盾同样不容忽视，因而此时进行企业合规管理便极具必要性。通过检察机关的能动履职，惩治个人，挽救企业，可以避免因涉企犯罪而引发的系列不良后果。

（四）个案中导入企业合规管理具有必要性

深圳市检察机关企业合规改革实践证明，在个案中导入企业合规管理十

---

① 李劲华：《有限责任公司的人合性及其对公司治理的影响》，载《山东大学学报（哲学社会科学版）》2007年第4期。

分必要。以 Z 集团有限公司谢某某、周某某重大责任事故案为例,检察机关针对涉案企业安全生产管理存在的漏洞,在个案中引入企业合规监管,以点带面,推动本地建筑行业强化安全生产意识。涉企危害生产安全犯罪不同于涉企经济犯罪、职务犯罪,检察机关需要更加深入细致地开展实地调研、社会调查等工作,甚至需要全程介入、自行侦查,才能正确判断企业合规整改的必要性和可行性,恰当地选择合适方式开展合规试点工作。本案中,由于涉案企业是本地建筑行业龙头企业,敦促其安全生产合规整改,强化安全生产责任主体意识,对于本地相关行业的安全生产能够形成辐射引领效果。在个案中引入企业合规管理,不仅将企业的问题切实整改,更以企业带动行业治理,实现了政治效果、社会效果、法律效果的统一。

（五）企业合规管理可以兼容于检察权的内容之中

其一,企业合规管理是法律监督权的延伸。在企业合规管理中,检察机关通过制发检察建议、管理第三方组织,在没有适用第三方机制的案件中审查合规计划并开展合规整改验收等活动,进一步强化对涉企犯罪案件扩展程序的把握。事实上,这也是检察官在刑事诉讼中秉承客观公正理念,进一步将保障人权与打击犯罪融为一体的体现,其本身就是法律监督权在刑事诉讼中的作用内核。如果没有企业合规管理,那么涉企犯罪的司法结果很可能失去惩治犯罪的价值,由此会引发更多潜在的社会风险,进而引发更多的社会矛盾。

其二,企业合规管理是司法权的潜在权能。"检察机关对诉讼活动的整个过程进行'双向'审查,代表国家对犯罪行为进行追诉,在刑事诉讼中承担着主导责任。主要包括三个方面发挥了主导责任,即对追诉标准的主导、证明活动的主导、程序的主导。"[①] 在程序的主导中,检察机关主要通过认罪认罚制度的选择,以及对简易程序、速裁程序和普通程序等诉讼程序的选择。在刑事案件审查程序中,选择使用企业合规程序来考量案件的走向也是检察

---

① 苗生明:《新时代检察权的定位、特征与发展趋向》,载《中国法学》2019 年第 6 期。

权司法权能的职责所在。企业合规管理的启动，基本上取决于检察机关的审查，在涉案企业提出企业合规监督考察申请后，检察机关会根据其申请以及案件的实际情况作出司法上的判断，这本质上就是检察权司法权能的体现，该企业合规管理程序本质上就是刑事司法程序的一个环节。

其三，企业合规管理在检察权延伸的适度范围之内。"检察权作为一种国家公权力，是国家治理系统中的分支系统。"① 世界各国均将检察官作为公共利益的代表，承担促进社会综合治理的职责。"随着社会发展和经济转型，出现国有资产流失、环境污染等大量严重损害公共利益的问题，基于社会治理的需求，检察机关权力的合理外延，有助于更好地发挥维护国家的社会利益的功能。"② 企业合规管理是检察机关参与社会综合治理的方式，不仅通过案件办理平息了社会矛盾，更通过对企业合规建设加强企业的可持续发展能力，进一步促进经济社会高质量发展，因此这也是检察机关融入经济社会发展大局的切实举措。检察机关开展企业合规管理正是践行"检察为民"理念的体现，将其作为检察权的合理外延亦十分契合检察机关的职能定位。

三、检察权运行张力的主要层面和主要内容

（一）企业合规管理维度上的检察权运行张力

企业合规管理流程的进行其实就是检察权运行的过程，主要可归纳为两个层面：一是制度建构层面，即通过对涉案企业的调查、分析以及研究，发现企业的制度漏洞，弥补制度缺陷，主要包括引入先进的管理技术、树立正确的价值导向、用先进的理念浸润等方式从制度上对涉案企业进行规整与建构。检察权在企业合规管理中的行使主要体现在检察机关对于企业刑事合规的介入与管理上。刑事合规作为企业合规计划中的主体内容，是制度建构的

---

① 江国华、王磊：《检察权功能设定与职能配置》，载《学习与实践》2020 年第 5 期。
② 周新：《论我国检察权的新发展》，载《人民检察》2020 年第 23 期。

核心。"刑事合规是通过设立具有刑法答责性预期的预防性规则来落实刑事合规。"① 这些预防规则包含能够确保刑事可罚性风险演变为现实的所有实体规则和程序规则。实体规则既包含刑法上的禁止或命令性规则,也包括其他法律规范甚至是通行的基本道德原则。程序规则则是一切程序规则、职责规则和技术规则之整体,如内部调查规则、合规官的规则、举报保护规则等。但是,通过实体性规则或者程序性规则实现刑事合规,其基本前提在于刑事合规主体对合规规则的忠诚和信赖。因为只有刑事合规主体忠诚于整体刑事合规规则,他们才可能避免因不合规而遭受刑事惩罚。就此而言,刑事合规实质上在向法人和民众送达一种忠诚于规范的义务,并正在试图以一种自治的形式要求民众自主防范和调查犯罪。如果说刑法的积极预防在于一般地维护和加强对法律秩序的存在能力和贯彻能力的忠诚,那么刑事合规无疑是推动刑法积极预防观念贯彻落实的重要制度手段。

二是违法预防层面。企业的治理不是一次性的,而是通过制度设计、理念导入,营造良好的企业文化,通过个案治理与普遍犯罪预防将企业的违法预防做到实处。检察权对于企业合规的管理,也是通过企业合规计划的审核与企业合规整改的验收来达到违法预防的目的。犯罪治理的理想状态是在犯罪发生之前,刑法和刑罚就能显著地发挥作用,能切实地预防犯罪的发生。虽然在现实社会中,犯罪不可能消亡,导致刑法、刑罚的适用无法避免,但是,如果将刑法的评价机能提前具体化和情景化,结合社会成员和组织体的日常活动,有目的地设计和实施能够避免刑事责任的行为模式,就能最大限度地避免犯罪,从而使得国家不必动用刑法和刑罚。而在这种行为模式之下的预防犯罪,是更优的犯罪预防方法。以避免刑事风险为目的的企业刑事合规计划的制定和贯彻,恰好与最优的犯罪预防和刑法评价机能的具体化、情景化的国家、社会需求相吻合,与刑法对犯罪惩罚的事后性互相弥补。"企业通过分析自身业务活动所特有的刑事风险,有针对性地预先制定刑事合规方案和规则并实施,使得企业避免可预见的刑事责任的目的得以实现,并获得

---

① 石磊:《刑事合规:最优企业犯罪预防方法》,载《检察日报》2019年1月26日,第3版。

长久的竞争优势。"① 由于企业的刑事合规规则是对刑法和刑事司法所显现的刑法规范的具体化和情景化，所以，企业对合规规则的制定和执行以及企业员工对合规规则的遵守，实际上就是对刑法规范的遵守。这样，企业刑事合规规则的实际运用，就使犯罪治理在某种程度上和某个领域中变成了国家和企业合作的模式，犯罪预防在这种合作治理的模式中，由国家责任变成了国家和企业的共同责任。同样，企业刑事合规活动的成功实施，也使得最优的犯罪预防成为可能，节约了司法成本。

（二）制度建构层面的主要内容

1. 完善的制度建设

检察权对于企业合规管理的介入，在于将企业的违法风险用制度予以消除。作为预防企业法律风险的"疫苗"，企业合规制度正是为企业构建一套可以融于企业日常生产经营活动中并长期适用的自我监管体系，其中包含了完善员工培训机制、定期报告机制、匿名举报机制和内部审计机制、巡回检查机制等，以预防危机的发生和培养正确对待危机的企业态度和氛围。合规制度能帮助企业在第一时间发现危机，进行自肃，并且采取恰当的措施以应对随之而来的执法检查和社会舆论风暴等处遇。因此，有一个稳健的合规制度的支撑，企业才能更有效地防范、识别和应对风险与危机。

2. 优越的技术设置

检察权对于企业合规整改能够通过间接的检察建议或是合规计划的修缮，达到利用企业合规管理技术促进企业合规经营目的。例如前述的Z集团有限公司谢某某、周某某重大责任事故案中，在合规整改期间，检察机关针对危害生产安全犯罪的特点，建议涉案企业抓住"关键少数"和"关键岗位"，把安全生产责任落实到个人。要求企业建立清单化管理模式，细化、固化安全生产工作职责和任务；健全风险管理机制和定期开展隐患排查和专项检查，对人的不安全行为和物的不安全状态等开展专项整治。涉案企业通过合规整

---

① 刘艳红：《涉案企业合规建设的有效性标准研究——以刑事涉案企业合规的犯罪预防为视角》，载《东方法学》2022年第4期。

改后，提升了事故隐患排查和抗风险能力。

3. 正确的价值导向

合规管理既是企业经营运作的底线，也是体现企业治理能力的重要标志。通过企业合规计划的执行引导企业建设世界一流企业，把合规管理放在更加突出的位置，大力强化从理念到执行、从制度到文化、从监督到考核、从评价到反馈各个环节，补齐短板、缩小差距，促进科学管理水平的全面提升。在合规管理的过程中，各类从业人员的合规意识能够逐步被强化，积极配合或主动地将合规管理渗透至各项工作中，强化内部控制的力度，促进企业的长期发展与高效运行，以零容忍的态度整治各类违规违纪行为，严肃惩处和杜绝违法行为，从源头上防范和化解风险、解决存在的问题。

（三）违法预防层面的主要内容

1. 企业文化的植入与熏陶

检察机关在企业合规管理中，尤其是在企业合规计划的审核中，要十分注重企业文化的培育。企业文化是企业、团队确立合规的理念，培养合规的意识，倡导合规的风气，营造合规的氛围而形成的一种良好的人文软环境。企业合规管理重在树立全员合规的经营理念。员工是合规文化培育的关键。建设企业合规文化，要让合规的观念和意识渗透到全体员工的心中，要让员工从被动合规转变到主动合规，从"要我合规"到"我要合规"，在企业上下推行"合规人人有责""主动合规""合规创造价值"等合规理念。

2. 个案预防与一般预防相结合

检察机关通过个案预防与一般预防，实现企业合规管理效果。企业确立并贯彻合规理念，能够通过企业的自我管理以避免企业及其雇员实施违法犯罪行为，进而达成事前预防犯罪的目标。具体个案而言，当发现企业或其雇员实施了违法犯罪行为时，企业可以进行自主的内部调查，通报法律执行机关并配合协助调查，这有利于提升涉企犯罪的侦查效率，实现刑罚打击的及时性。刑事合规制度中包含对违法行为人的惩戒，这种刑法外的制裁能够抑制从业人员的违法行为与确保刑事合规计划的有效实施。

3. 先进的理念浸润

企业进行刑事合规的目的在于，促使其员工遵守法律的规定，确保企业利益不受违规行为的损害或者使这种损害尽量降到最低。为了实现这个目的，企业在制定刑事合规规则时，需要厘清的就是本企业各职位的职责内容、各职位的相互关系以及本企业的议事程序和决策程序，使之成为企业的先进理念。这样，"在实施刑事合规规则的过程中，当企业发现违规行为启动规则预设的调查程序时，为了实现规则的制裁功能，就必然要收集、固定一定的证据，这就为刑事追诉活动提供了较好的证据基础"①。在一定程度上，这样的理念又能倒逼企业合规计划的理想化执行。

四、检察权辐射的界限及举措限制

（一）检察权和企业自主权的法律渊源及交叉

《宪法》第134条明确规定，中华人民共和国人民检察院是国家的法律监督机关。最高人民检察院一研究课题中指出，检察权应当以代表公共利益为职责使命，以司法权与监督权的交互融合为基本属性，以检察审查为核心内容。②

《宪法》作为我国的根本大法，于第16条、第17条规定了国有企业、集体经济组织进行经济活动的"自主经营权"和"独立进行经济活动的自主权"，而从《宪法》第11条规定的"国家保护个体经济、私营经济等非公有制经济的合法的权利和利益。国家鼓励、支持和引导非公有制经济的发展，并对非公有制经济依法实行监督和管理"和第18条规定的"在中国境内的外国企业和其他外国经济组织以及中外合资经营的企业，都必须遵守中华人民共和国的法律。它们的合法的权利和利益受中华人民共和国法律的保护"的内容来看，也不难推断出私企和外资企业同样享有在法律范围内自主经营的

---

① 李本灿：《企业犯罪预防中的合规计划研究》，南京大学2015年博士学位论文。
② 参见苗生明：《新时代检察权的定位、特征与发展趋向》，载《中国法学》2019年第6期。

权利。

上述两种权利在正常的运行中，应当是互不干扰的。只有在企业涉嫌刑事犯罪时，检察权才可以延伸涉入到企业的运营管理当中，将其引入正轨。涉案企业合规监管中，检察权正是以公共利益为出发点，以检察审查为手段行使权力。我国推行合规不起诉制度的初衷是保护民营企业发展，为民营经济发展保驾护航。最高人民检察院也多次强调，要"防止因办案，垮一个企业，失业一批职工"。从这一初衷出发，如果检察权在企业合规整改中对企业施加过多的干涉和限制，不仅有侵犯企业自主经营权利之嫌，更不利于企业的进一步健康发展。由是，在企业合规命题下，为防止和避免越界行为，检察权的行使亦应当提前划定疆域界限。

（二）检察权对企业合规管理的介入应当具有针对性

在检察权介入企业合规管理所能行使的职权内容上，我国法学界和实务界目前存在着两种观点，且互相之间存在竞争性：一是"体系化整改说"，二是"针对性整改说"。"前者认为需要建立完整的合规管理体系，将体系化的合规整改视为发现和预防犯罪再次发生的基本目标。而后者认为，企业合规整改仅需要针对犯罪原因作出有针对性的制度纠错和补救，而并不是要引入一套完整的合规管理体系。"①

从企业合规的启动源头出发，必然是由于企业实施了特定的犯罪行为，在后续的刑事诉讼流程中，检察机关方可启动企业合规整改。既然检察权本身由于特定的犯罪行为所启动，在逻辑上便不宜将视线过多地投入到其他方面，或者至少不应将与涉案犯罪无关的内容纳入验收通过标准中。

而从企业合规的效用出发，企业合规计划的制定应具有针对性，"一揽子""大而全"的综合合规计划是对合规泛化理解的结果，通常也是无效的。让企业刑事合规行之有效的前提条件是："针对特定合规风险进行量身打造，这种合规计划的针对性有两个要求：一是对犯罪主观和客观原因的分析，体现企业对自身犯罪行为的认识；二是针对犯罪原因采取补救措施，以预防企

---

① 陈瑞华：《企业有效合规整改的基本思路》，载《政法论坛》2022年第1期。

业再次实施相同或类似犯罪行为。"①

从成本—收益分析的角度来看，若不分企业的具体情况，将合规体系的建构复杂化，将与涉企犯罪有关的合规整改演变为一般性的面面俱到、不计成本的合规计划，这种程度过高的要求，其结果可能适得其反。"企业或者不胜其烦而失去实施企业合规的积极性，或者制定一些缺乏针对性而徒有其表的计划。"②"而当合规计划开始成为企业的负担，不但制度的初衷能否达到受到质疑，而且也逾越了依法治国应有的制度边界。"③

回到顶层设计层面，《指导意见》规定，第三方组织应当要求涉案企业提交专项或者多项合规计划，并要求合规计划应"主要围绕与企业涉嫌犯罪有密切关系的企业内部治理结构、规章制度、人员管理等方面存在的问题，制定可行的合规管理规范，构建有效的合规组织体系，健全合规风险防范报告机制，弥补企业制度建设和监督管理漏洞，防止再次发生相同或者类似的违法犯罪"。由此可见，制度设计者更偏向于"针对性整改说"，强调合规计划应当围绕"与企业涉嫌犯罪有密切关系的企业内部治理结构、规章制度、人员管理等方面存在的问题"，来弥补制度和管理漏洞。但是，亦在一定程度上采纳了"体系化整改说"的观点，要求合规计划"制定可行的合规管理规范，构建有效的合规组织体系，健全合规风险防范报告机制，弥补企业制度建设和监督管理漏洞，防止再次发生相同或者类似的违法犯罪"。

（三）检察权在企业合规管理中越界行为的表现方式

检察权在企业合规管理中的越界行为最可能的表现方式有三种：其一，"在企业合规管理中，检察机关的自由裁量权可能会引发贪污腐败、权力寻租

---

① 王焰明、张飞飞：《企业刑事合规计划的制定要把握四个特性》，载《检察日报》2021年7月13日，第7版。
② 孙国祥：《企业合规改革实践的观察与思考》，载《中国刑事法杂志》2021年第5期。
③ 李本灿：《我国企业合规研究的阶段性梳理和反思》，载《华东政法大学学报》2021年第4期。

的问题，或者是受到地方党政部门的压力和影响"①。其二，检察权对企业日常经营管理介入程度过深、幅度过广，以至于超过了实现合规目的之需要。这其中，既可能涉及对企业的自主权，包括自主经营权、利益获取权和雇佣关系决定权的侵犯，也可能涉及对企业的隐私权，包括企业商业秘密与职员个人隐私等的侵犯。其三，检察权对企业合规管理监督不力，如果导致涉案企业未达到合规标准即被宣告不起诉，则背离了制度的本意。

（四）对检察权越界行为的约束

"从比较法的视野上来看，目前主要存在两种主要的合规不起诉模式，即美国的'自由裁量模式'和英国的'司法审查模式'。"② 在限制检察官的自由裁量权方面，前者主要采用内部控制模式，后者则采用以法官司法审查为主要内容的司法监督模式。内部控制模式对检察官的自由裁量权的制约力度较小，美国检察官在合规不起诉中拥有近乎不受限制的裁量权。司法监督模式虽然对该问题进行了矫正，但其导致合规不起诉或暂缓起诉制度在企业犯罪治理中的适用率低，难以发挥出应有价值。③

从权力监督理论来看，"监督是为保障权力代理主体的权力行使符合代理目的而设置的一种外部控制，以防止权力代理主体违背代理目的"④。英国的司法监督模式显然更具备传统意义上分权制衡的权力监督理论，但是，这一制度注定不适合我国采用。首先，我国的刑事诉讼中，不同阶段由不同的司法主体参与，并不存在法官司法审查制度，故难以借鉴司法监督模式中的赋予法官实质审查权的方案，无法从赋予法官合规不起诉审查权的角度进行制度构建。其次，严格的司法审查必然导致检察官对启动暂缓起诉程序的积极

---

① 陈瑞华：《企业合规不起诉改革的八大争议问题》，载《中国法律评论》2021年第4期。

② 陈瑞华：《企业合规视野下的暂缓起诉协议制度》，载《比较法研究》2020年第1期。

③ 参见唐彬彬：《检察机关合规不起诉裁量权限制的三种模式》，载《法制与社会发展》2022年第1期。

④ 陈国权：《制约与监督：两种不同的权力逻辑》，载《浙江大学学报（人文社会科学版）》2013年第6期。

性不高。"暂缓起诉制度在 2014 年被引入英国后,其适用情况并不乐观。迄今为止,检察机关仅与 11 家企业达成了暂缓起诉协议。"① 如此低的适用频率,显然不是中国企业合规不起诉制度设计者的目标和方向。

1. 检察权的内部约束

明确了我国企业合规不起诉必然由检察机关作为主导,那么,首先考虑的应当是检察机关内部对检察权的约束。考虑到检察权在企业合规管理中的履行方式和履行手段,以及检察权显然属于公权力的一种表现形式,我们不妨参考同属公权力中的另一种权力——行政权中广为人知的比例原则。

作为行政法领域的基本原则,比例原则意指行政权配置应当兼顾行政目的与行政相对人权益,并在两者之间保持某种平衡,使得行政权既为实现行政目的之绝对必要,又尽可能小地影响行政相对人权益。它包括适当性原则、必要性原则、相称性原则(又称狭义比例性原则)。② 适当性原则,又称为妥当性原则,是指公权力行为的手段必须具有适当性,能够促进所追求的目的的实现;必要性原则,又称为最小损害原则,要求公权力行为者所运用的手段是必要的,手段造成的损害应当最小;相称性原则,又称为狭义比例性原则,要求公权力行为的手段所增进的公共利益与其所造成的损害成比例。"适当性原则处理的是手段与目的之间的关系,要求政府机关采取的手段必须能够或有助于实现行政目的;必要性原则处理的是手段与手段之间的关系,要求政府机关在多种达到行政目的的手段中选择侵害最小的手段;相称性原则处理的是手段的结果与目的之间的关系,要求政府机关对希望保护的利益和所可能损害的利益进行衡量,如果一项行政措施所损害的利益大于其所保护的利益,就不得采用该行政措施。"③

从比例三原则出发,就要求检察机关在企业合规不起诉中做到如下几点,以尽可能地避免检察权力的滥用。

---

① 参见英国严重欺诈办公室官网,载 https://www.sfo.gov.uk/publications/guidance-policy-and-protocols/deferred-prosecution-agreements/。
② 参见江国华:《中国行政法(总论)》(第二版),武汉大学出版社 2017 年版,第 52—53 页。
③ 张明楷:《法益保护与比例原则》,载《中国社会科学》2017 年第 7 期。

（1）应明确保护民营企业这一基本原则。检察机关不仅是犯罪行为的追诉者与法律实施的监督者，而且是企业建立并完善合规计划的积极推动者。[①] 目前，国企相对更重视合规，中央企业已经全部成立合规委员会。[②] 但是，我国市场主体仍然以民营企业为主，其中更是有90%以上的民营企业为中小微型企业，而这些企业正是涉企刑事案件的主要责任主体。[③] 企业合规的目的是确保民营企业建立刑事风险防范机制，促进营商环境法治化，以更大的力度保障民营企业和企业家的权益。

（2）检察机关企业合规的介入应当具有针对性。如前文所述，检察机关应当围绕与企业涉嫌犯罪有密切关系的问题要求企业进行整改，以最小化对企业的伤害。

（3）根据企业的类型，差异化要求制定合规计划，以体现相称性原则。对于企业而言，刑事合规计划具有运行成本高昂、时间久耗的特征。因此刑事合规计划的制定必须要有区分。主要包括：第一，选择区分。合规建设的启动和合规计划的制定是办案机关和企业双向选择的过程，是否进行合规建设并进而制定合规计划，企业要根据自身的能力进行选择。第二，繁简区分。合规计划的复杂程度应与企业自身经营规模、经营领域相适应。[④]

2. 检察权的外部约束

（1）用好第三方监管机制。明确定位，准确界定检察机关的职能。在2020年12月最高人民检察院召开的企业合规试点工作座谈会明确指出，企业的合规承诺想要落实落地，就必须建设好、使用好第三方监管机制。[⑤] 在第三方监管机制运行过程中，检察机关在监督第三方监管人的同时，不应越俎代

[①] 参见李奋飞：《论企业合规检察建议》，载《中国刑事法杂志》2021年第2期。

[②] 参见《中央企业已全部成立合规委员会》，载《上海法治报》2021年5月14日，第B08版。

[③] 参见《中国民营企业发展研究报告》，载《中国商界》2017年第5期。

[④] 参见王焰明、张飞飞：《企业刑事合规计划的制定要把握四个特性》，载《检察日报》2021年7月13日，第7版。

[⑤] 参见邱春艳、李钰之：《最高检召开企业合规试点工作座谈会，张军强调——创新检察履职，助力构建中国特色的企业合规制度》，载《检察日报》2020年12月28日，第1版。

庖，而应履行好"守门人"的职责。《指导意见》明确规定，工商联负责承担第三方监督评估机制管理委员会的日常工作，负责办案的检察机关履行监督审查职责，包括对第三方监督评估组织人员名单、涉案企业合规计划、定期书面报告、合规考察报告的审查，并提出意见建议，处理相关人员的申诉、控告。为保证第三方监管机制运行的公平公正，在具体开展个案的合规监管时，对于第三方监管人的确定，不应由检察机关指定，而应采取抽签的方式，在向社会公布的第三方监管人员名单库中随机选定，之后由第三方监管人选任及管理委员会指派被选定人员到涉案企业开展第三方监管工作。

（2）建立健全合规不起诉制度中的司法公开程序。2013年，最高人民法院发布《关于推进司法公开三大平台建设的若干意见》，强调应当进行司法公开的内容包括审判流程、裁判文书、执行信息。公开审判流程、裁判文书、执行信息，对健全司法权力运行机制具有重大意义。

参考前述机制，合规不起诉的程序同样应当公开透明，应当被公开的内容包括合规不起诉协议、签订程序、相关的案件事实等信息。以此内容为参考，为降低合规不起诉制度的政治风险与社会风险，我国应当积极探索并设置合规不起诉制度中的司法公开程序。

第一，应公开合规听证会。首先，检察机关应当邀请当事人及其法定代理人、辩护人、第三人、相关办案人员、证人和鉴定人等人员参与合规听证会。其次，关于合规听证会的信息应当向公众公开。在听证会开始前，检察机关应当通过适当的方式公开听证会的主题、时间、地点，以便于公众旁听。

第二，应公开合规不起诉决定书。检察机关若对涉罪企业作出合规不起诉决定，则应当将不起诉决定书、双方签订的整改方案以及合规整改风险告知书、合规整改权利义务告知书等文件材料公开。其中，检察机关应当重点公开启动合规不起诉程序的原因、企业在第三方监督评估组织的监管下所进行的治理结构改革、对直接责任人的处理决定以及企业的退赃挽损等情况。在企业进入合规整改环节后，检察机关应当对企业实施持续性监管，并将所有的监管文件公开。监管文件包括但不限于检察机关或第三方监督评估组织出具的抽检记录、验收记录、合规考察报告等持续性的文件记录，以及企业自行提交的报告。

（五）在企业合规管理中检察权越界行为的救济手段

1. 保障企业的控告权

"检察机关应向涉案企业送达权利义务告知书，告知其第三方监督评估组织有违法或者不当行为的，可以向检察机关控告、举报。"① 对于检察机关有违法或不当行为的，可以向上级检察机关或纪检监察部门控告举报。

2. 探索建立企业合规管理复议制度

《行政处罚法》规定了公民、法人或者其他组织对行政机关所给予的行政处罚，享有陈述权、申辩权；对行政处罚不服的，有权依法申请行政复议或者提起行政诉讼。企业合规管理可考虑参考这一制度，对于合规整改验收不通过的，可以向上级检察机关申请复议。

3. 建立被害人的参与机制

对于存在被害人的单位犯罪案件，如果适用企业合规，则必须考虑到被害人的意见。在刑事案件中，"赔偿已经不再是一个纯粹的民法问题，因为它在本质上是有利于实现刑罚的目的……只有在损害得到赔偿之后，被害人和一般民众——经常甚至不取决于惩罚——才会承认由这个构成行为造成的社会紊乱已经得到了消除"②。检察机关应积极引导被害人参与企业合规，咨询其对合规整改的意见，并将其作为合规整改是否通过的标准之一。

---

① 邓根保等：《涉案企业合规第三方监督评估机制的建立与运行》，载《人民检察》2021年第20期。

② ［德］克劳斯·罗克辛：《德国刑法学总论》（第1卷），王世洲译，法律出版社2005年版，第55页。

企业合规建设的"一案一议"模式

——基于深圳市南山区人民检察院的经验

深圳市南山区人民检察院、深圳大学合规研究院联合课题组[*]

摘　要　自2020年3月最高人民检察院启动检察机关企业合规改革试点以来，深圳市南山区人民检察院积极探索"一案一议"合规监管模式。针对不同案件性质、内容和企业情况，在"先作出相对不起诉处理再对企业进行合规监督考察""听证＋不起诉＋检察建议"和"第三方监管＋刑事合规专员监管＋不起诉"三种企业合规的"一案一议"模式中，通过评估和分析选择最合适的合规监督模式。尽管"一案一议"模式存在一些需要完善的地方，但符合企业合规建设的宗旨和目标，能回应企业合规建设的复杂性、多样性和即时性要求，有助于实现政治效果、社会效果和法律效果的有机统一。

关键词　企业合规　"一案一议"　监管模式

....

自2020年3月起，试点开展企业犯罪相对不起诉适用机制改革，围绕推进企业合规建设进行探索实践。这项试点改革具有重大历史意义，对国家法

---

[*] 课题组组长：黄滨，广东省深圳市南山区人民检察院原党组成员、副检察长，三级高级检察官。课题组成员：叶海波，深圳大学合规研究院执行院长、最高人民检察院法治前海研究基地研究员；王倩，广东省深圳市南山区人民检察院综合业务部主任；廖庆南，广东省深圳市南山区人民检察院综合业务部法律政策研究负责人；卢雯雯，深圳大学合规研究院、深圳大学廉政研究院副研究员；林蔚、余得凯、俞子奇，深圳大学合规研究院研究助理；张倩，广东省深圳市南山区人民检察院工作人员。

治现代化、对我国检察职能的丰富和拓展以及对我国企业合规建设的推进都将产生深远的影响。本文梳理并分析我国企业合规建设的情况，并以深圳市南山区人民检察院（以下简称南山检察院）的制度和典型案例为例，探讨企业合规改革中合规监管模式的特点和适用情况。在试点改革的摸索过程中，南山检察院采用具体案件具体分析的策略，针对案件性质、犯罪情况、企业情况的不同，在三种模式中进行选择，以"一案一议"的方式，选择适用最合适案件的合规监督模式，而不是一味地追求"统一"，在广东省内乃至全国范围内起到了敢为人先的创新示范作用。三种模式在具体案件的实施中呈现出不同的效果："先作出相对不起诉处理再对企业进行合规监督考察"模式能够使企业更快进入正常运行状态，避免企业损失的进一步扩大；"听证＋不起诉＋检察建议"模式可以一定程度上保证司法透明性和公正性，有效规范检察机关的自由裁量权；"第三方监管＋刑事合规专员监管＋不起诉"模式则更便于检察机关对企业的监督，有利于企业合规建设的落实执行。本文最后结合南山检察院试点改革经验对企业合规建设的"一案一议"模式进行分析展望。

一、企业合规建设模式的实践和理论审视

（一）实践审视

综合来看，各地检察院在企业合规改革试点工作中，采取了不同的企业合规监管模式，呈现出不同的办案效果。例如，浙江省宁波市人民检察院和辽宁省人民检察院采用的是检察机关联合行政机关监管模式。此模式虽然实现了行政执法与刑事司法的衔接，但仅仅依靠行政机关和检察机关开展企业合规建设的监督工作显得有些后劲不足，难以满足企业合规建设的专业性和持续性要求。广东省深圳市宝安区人民检察院、福建省泉州市洛江区人民检察院和浙江省宁波市岱山县人民检察院采用的是独立监控人制度，聘任律师事务所、会计师事务所等专业机构对企业合规情况进行调查、规划、监督，确保了企业合规建设的专业高效。但此模式下独立监控人受犯罪嫌疑企业委托开展合规建设工作，因此，可能会导致企业与独立监控人在合规事项安排上发生争议、独立监控人出具的监控报告客观真实性存疑等问题出现。上海

市金山区人民检察院和浦东新区人民检察院采用的是"第三方监管人＋企业合规监督管理委员会"的模式。此模式联合专业机构和行政执法单位共同监管能确保企业合规管理落实到位，但检察机关的职能也因此被弱化。

综上所述，目前各地检察院多采用上述合规监管模式的其中一种来开展试点改革工作。但在具体实施过程中，由于案件本身具有多样性和复杂性，采用单一模式进行合规监管无法实现"具体问题具体分析"。"一刀切"的做法抹去了企业合规建设过程中存在的差异性，最终可能会导致试点改革工作背离企业合规建设的宗旨，即激励企业建立有效的合规体系、预防企业犯罪。南山检察院在合规监管模式的选择上注意到了这一问题。南山检察院采用"一案一议"合规监管模式同时推进试点改革工作，创新性地针对不同特点的案件分别实施"先作出相对不起诉处理再对企业进行合规监督考察""听证＋不起诉＋检察建议"或"第三方监管＋刑事合规专员监管＋不起诉"三种监管模式，真正做到为企业努力落实行之有效的合规体系建设。

（二）理论审视

我国专家学者在合规监管模式的选择上也得出了不同的结论。谈倩、李轲在《我国企业合规第三方监管实证探析》中对使用第三方监管机制的正当性和必要性的分析中提到，对于检察机关而言，在企业合规改革试点中使用第三方监管机制，具有正当性和必要性。检察机关在开展企业合规改革试点工作时使用第三方监管机制，契合检察官客观公正立场，体现了程序正义，也符合企业现实需要。[1] 陈瑞华在《企业合规不起诉制度研究》中提到，在我国的法律制度下，由检察机关确定一个合规监管人名录，引入外部专业机构担任合规监管人，是一个大势所趋的事情，但是仍有很多相关的制度问题亟待解决。[2] 时延安则支持由行政主管部门来进行合规监督考察，他在《单位刑事案件的附条件不起诉与企业治理理论探讨》中指出，行政主管部门本

---

[1] 参见谈倩、李轲：《我国企业合规第三方监管实证探析——以检察机关企业合规改革试点工作为切入点》，载《中国检察官》2021年第6期。
[2] 参见陈瑞华：《企业合规不起诉制度研究》，载《中国刑事法杂志》2021年第1期。

身即具有对企业行为进行规制的行政职权,对附条件不起诉考察期间的犯罪嫌疑企业的监督考察,符合行政主管部门的职权范围,且企业的合规建设也需要遵循行政法规、部门规章和行业规范等。他认为由检察机关来指导行政类、行业类规范,可行性较小也没有必要。①

综合多位学者的观点来看,我国的企业合规试点改革工作中尚未有十分理想的合规监管模式。他们认为检察机关仍须进行多方面的改革探索,来寻找一种适合我国情况的行之有效的监管方式。值得注意的是,学者们在研究过程中均偏向引导改革者去发现一种适合国情的合规监管制度,而不是去探索多种有效模式并行的改革方式。这一偏向忽略了实践中多种类型的涉案企业存在不同的合规建设需求,而南山检察院多种合规监管模式并行的改革措施紧紧围绕着企业合规建设的目标和宗旨展开,能够为企业合规建设研究带来新的理论成果,推动企业合规试点改革深入发展。

二、企业合规建设的"一案一议"模式——南山的实践

目前,南山检察院对于企业采取三种合规监管模式。"先作出相对不起诉处理再对企业进行合规监督考察"的模式是先对涉案企业作出相对不起诉决定,再对企业进行合规监管,同时通过开展法治宣讲及进企业回访等方式,督促企业进一步完善内部架构及制度规范。"听证+不起诉+检察建议"模式是召开涉企案件不起诉及企业合规公开听证会,就案件证据、当事人认罪态度、企业生产现状等问题决定对涉案企业适用相对不起诉,确保合规案件办理及处理决定公正公开、合法有据,随后针对企业管理漏洞及可能存在的合规风险制发检察建议,督促涉案企业建章立制、合规经营,推动形成良好合规文化。"第三方监管+刑事合规专员监管+不起诉"模式是以抽签方式确定第三方监管人,从终止涉案违规业务、警示与惩戒、排查专项合规风险、开展专项合规建设等方面协助检察官建立合规考察标准,弥补企业能力短板,

---

① 参见时延安:《单位刑事案件的附条件不起诉与企业治理理论探讨》,载《中国刑事法杂志》2020年第3期。

提升检察机关监督效率。

2020年3月，南山检察院被选为全国检察机关首批开展企业合规改革试点工作的六家基层院之一。下文对南山检察院办理的十件企业合规监管案件（包括四件对非国家工作人员行贿案①，两件非法经营案②，一件虚开增值税专用发票案③，一件非法销售窃听、窃照专用器材案④，一件重大责任事故案⑤，一件交通肇事案⑥）进行梳理，总结出南山检察院目前采取的三种企业合规监督模式的优缺点，同时分析说明具体案件适用具体模式的合理性。

（一）"先作出相对不起诉处理再对企业进行合规监督考察"模式

"先作出相对不起诉处理再对企业进行合规监督考察"的模式是在试点初期，南山检察院基于当时涉企案件数量相对有限而采取的一种监管模式，旨在对涉罪企业进行合规监管，推动企业合规与依法适用不起诉相结合，同时通过开展法治宣讲及进企业回访等方式，督促企业进一步完善内部架构及制度规范。

南山检察院对于案例一与案例二的处理采取了此种模式。这两个案例的涉案企业均是具有上市计划的重点扶持企业，在其所在行业中均处于领先地位。案发后，这两个企业均因高管人员涉及刑事案件导致上市计划搁浅，如果涉案人员被处以刑罚，还会面临企业无法正常运营的局面。案例一中，南山检察院综合考量被告人认罪认罚、涉案两家公司已达成谅解等情节，依法对王某某作相对不起诉处理，对刘某乙、林某某作法定不起诉处理；案例二

---

① 案例一：Y公司王某某、林某某、刘某乙对非国家工作人员行贿案；案例五：上海Y文化传播有限公司韩某涉嫌对非国家工作人员行贿案；案例六：深圳Q科技有限公司马某涉嫌对非国家工作人员行贿案；案例七：北京M科技有限公司宋某涉嫌对非国家工作人员行贿案。
② 案例三：黄某等5人、深圳X科技有限公司非法经营案；案例四：深圳Z科技有限公司、肖某涉嫌非法经营案。
③ 案例二：民营企业某药业有限公司的法定代表人吴某某虚开增值税专用发票案。
④ 案例八：深圳W科技有限公司张某等5人涉嫌非法销售窃听、窃照专用器材案。
⑤ 案例九：谢某、周某涉嫌重大责任事故案。
⑥ 案例十：谭某某、蓝某某涉嫌交通肇事案。

中，南山检察院在审查认定犯罪嫌疑人吴某某构成自首，且事后已补缴税款等事实，依法对其作出相对不起诉决定。在依法作出不起诉处理后，南山检察院与涉案企业签署企业合规监管协议，定期对涉案企业的合规建设落实情况进行监督，帮助企业开展企业合规建设，使得涉案企业得以继续经营，有效避免"案件办了，企业垮了"。

具体来看，在案例一中检察机关与Y公司签署合规监管协议后，围绕与商业贿赂犯罪有密切联系的企业内部治理结构、规章制度、人员管理等方面存在的问题，制定可行的合规管理规范，构建有效的合规组织体系，健全合规风险防范报告机制，弥补企业制度建设和监督管理漏洞，防止再次发生相同或者类似的违法犯罪。Y公司对内部架构和人员进行了重整，着手制定企业内部反舞弊和防止商业贿赂指引等一系列规章制度，增加企业合规的专门人员。检察机关通过回访Y公司合规建设情况，针对企业可能涉及的知识产权等合规问题进一步提出指导意见，推动企业查漏补缺并重启了上市申报程序。案例二中，该药业有限公司在南山检察院的监督考察下，已厘清财务会计等有关岗位的职责要求，从提高相关人员专业素质和法律意识、完善会计管理制度标准、对重大活动进行税收评估与策划、聘请专业税务咨询机构等方面提出具体整改措施，并完成了自查报告及有关整改措施的培训。

结合上述两个案件的处理结果发现，"先作出相对不起诉处理再对企业进行合规监督考察"的模式对于推动企业合规建设富有积极意义，通过这种模式可以让涉案企业吸取教训，建立起企业自身的合规制度，在更大力度保护民营企业和企业家合法权益的同时惩治涉案企业违法犯罪行为。就检察机关而言，先对企业作出相对不起诉决定，再对企业进行合规监督考察，要求其在一定期限内建立专项合规体系，这种模式是合乎法律规定的，也是一种符合传统的做法，几乎不会给检察机关带来合法性的风险。但检察机关在未对企业进行合规监管的情况下先作出相对不起诉决定，容易造成相对不起诉决定的滥用，可能会造成企业犯罪成本降低的情况。

（二）"听证 + 不起诉 + 检察建议"模式

"听证 + 不起诉 + 检察建议"模式是南山检察院对于合规改革工作的进一

步探索，此模式下，检察院通过召开案件公开听证会，会中邀请人大代表、律师以及工商联等代表就案件证据、当事人认罪态度、企业生产现状等问题对案件开展合规风险审查，督促企业加强建设合规体系，并且结合企业犯罪情节、事后补缴税款、修复法益的情形，最终决定是否作出不起诉决定。随后检察机关再就企业出现的管理漏洞及可能存在的企业合规风险制发检察建议，督促涉案企业建章立制、合规经营，推动形成良好合规文化。

南山检察院运用此模式处理了两起对非国家工作人员行贿案，分别是案例六和案例七。在这两起案件中均存在涉案公司为谋取竞争优势等不正当利益，通过其法定代表人或股东向非国家工作人员行贿的行为，但涉案企业除上述对非国家工作人员行贿的非法行为，还存在其他正常合法经营业务。在这两起案件中，企业相关责任人的犯罪动机不是为了自己个人的利益，更多的还是为了企业的利益，并且公司及其负责的直接责任人员均积极认罪悔罪，且公司在案发后对公司经营业务均已进行积极整改，将相关违法的业务停止。南山检察院综合考虑涉案公司的犯罪情节、社会危害性及主营业务、所获奖项、经营规模、纳税金额、未来规划等情况，召开了涉企案件不起诉及企业合规公开听证会，邀请人大代表、律师以及工商联等10余名代表参与，广泛接受当事人及社会各界的监督，确保合规案件办理及处理决定公正公开、合法有据。之后南山检察院对涉案公司及其直接负责的主管人员相对不起诉，对涉案公司以提出企业合规检察建议的形式开展合规监管。这种做法，是在不严重违反《刑事诉讼法》规定的前提之下所做的有益尝试，值得进一步推广。另外，2021年6月3日最高人民检察院公布的"企业合规改革试点典型案例"中，"张家港市L公司、张某甲等人污染环境案"和"新泰市J公司等建筑企业串通投标系列案件"也启用了听证程序，对涉案企业作出不起诉决定并制发检察建议。此种模式下检察机关进一步推动了检察建议、听证程序、相对不起诉与企业合规建设等工作相结合、相衔接。

"听证+不起诉+检察建议"模式一方面可有效保障程序正义，另一方面实践中也确实较为烦琐，不宜适用于所有案例。2020年5月11日最高人民检察院发布的《人民检察院办理认罪认罚案件监督管理办法》第9条明确了认罪认罚轻微刑事案件适用不起诉的审批制度及检察官联席会议制度，第10条规定了不起诉的认罪认罚案件可以进行公开听证的五种案件情形，以公开促监督。从程序正义上来说，召开公开听证会可以协助检察机关更好地了解案件事实，帮助检察机关对案件的争议性问题作出更合理的决定，一定程度上保障司法公正。通过召开听证会邀请人大代表、律师以及工商联等代表参加，案件各利益持份者可就案件证据、当事人认罪态度、企业生产现状等问题发表意见，使司法透明化，司法公开性得以加强、司法能见度得到提升，有助于限制检察机关的自由裁量权，避免相对不起诉的滥用。但公开听证中也存在流程烦琐、耗时耗力的问题，比如听证会的启动、会前准备工作、听证会的召开等每一个流程都给检察机关增加了时间和财务成本。

更为重要的是，不起诉决定一经宣布便立即生效，之后无法再就同一事项变更决定，那么在检察机关作出不起诉决定后，再向涉案企业制发检察建议将会面临对企业缺乏约束力和威慑力的问题，企业之后是否会认真执行落实检察建议也将成为难题，且检察机关受对企业内部情况了解程度以及检察官自身知识的影响，可能出现提出的合规整改建议不适应企业真实情况的现象。

因此，在此基础上，南山检察院根据案件具体情况，对于案情简单、案件处理没有分歧等案件采用"检察建议+不起诉"的简化模式，提高检察机关办理合规案件质效。在案例九中，涉案企业是某国有重点骨干企业的直属子公司，因安全生产管理方面存在责任落实不到位、风险防控意识不强、为了赶工期而违反安全操作流程规范及应急抢救操作流程规范等问题，导致重大责任事故。南山检察院通过制发检察建议对涉案企业开展合规监管，督促涉案企业与5家区域公司、投资发展公司及总部各部门签订了安全生产责任书，逐级压实安全生产责任，并建立了安全生产隐患排查制度、安全生产管理机制、应急机制及考评追责机制等。根据涉案企业对检察建议的落实情况以及合规整改情况，南山检察院作出不起诉决定。再如案例十，M环境工程有限公司法人代表谭某某指使切除涉案车辆车厢顶，该公司驾驶员蓝某某在驾驶该车厢顶缺失的轻型厢式货车时，站立在车厢货物上、身体高度超出车厢的环卫工人袁某某头部与限高杆发生碰撞，造成道路交通事故。案发后，南山检察院与区城管局、南山交警大队开展座谈，组建联合考察组对涉案企业开展合规监督考察，向涉案企业提出合规整改意见并送达检察建议书，目前，涉案企业正对照检察建议进一步排查合规风险，逐条进行整改落实。

(三)"第三方监管+刑事合规专员监管+不起诉"模式

南山检察院采取"第三方监管+刑事合规专员监管+不起诉"的完整模式是基于相关机制得以完善、适用条件趋近成熟的情况，由第三方监管人先对企业的合规建设进行监管，第三方监管人认为涉案企业在考察期内采取的各项合规措施符合其合规承诺及考察标准的各项内容后，向检察院出具监督考察报告，合规专员对此进行监督审核，审核通过后检察院再作出不起诉决定。该模式中的第三方监管人是通过抽签方式确定，第三方监管人需要从终止涉案违规业务、警示与惩戒、排查专项合规风险、开展专项合规建设等方面协助检察官建立合规考察标准，弥补企业能力短板，提升检察机关监督效率。

南山检察院对于案例三、案例四、案例五和案例八采取的便是"第三方监管+刑事合规专员监管+不起诉"模式。案例三中，X科技有限公司（以下简称X公司）在未取得证监部门经营许可的情况下，从2016年7月开始销售多种推荐股票或行情趋势收费产品。随后，南山检察院刑事合规专员和承办人前往X公司现场考察，进一步了解公司经营情况，听取X公司法人代表黄某对企业合规的意愿和整改计划，并查看了资质证书、社保缴费证明、纳税证明等。综合来看，该公司已恢复正常运营，处于快速发展阶段，有过硬的金融技术积累，具有良好的发展前景，且已经停止涉案产品模型的销售，对已购买未享用的客户进行退款。X公司的专业业务集中在证券方面，检察机关委托第三方监管人考察X公司的合规计划执行情况并和检察机关保持密切沟通。X公司根据第三方监管人的要求自行聘请了合规顾问律所对未来计划发展的其他产品进行了风险排查，最终停止了所有违规产品的销售。此后，南山检察院在综合评估涉案企业合规整改情况及第三方监管人出具的企业刑事合规监督考察报告基础上，经科室讨论及检委会评议，依法对涉案单位及犯罪嫌疑人作出相对不起诉决定，该处理决定已向X公司及犯罪嫌疑人宣布。

在作出不起诉的决定前，首先采取了以抽签方式抽取第三方监管人，由专业的第三方监管人协助检察机关制定考察标准，持续跟进企业落实整改的情况。南山检察院对第三方监管人库制定了严格的要求，如规定适用原则坚持罪刑法定和罪责刑相适应，在适用条件上也作出了细致的要求，并规定了不适用企业合规监督考察的情形如危害国家安全犯罪等。同时，由合规专员把握合规整改的总体进度。第三方监管人可以对企业合规建设给出更专业更细致的监管意见，合规专员可以把控企业合规建设的大方向，一方抓细节，一方把全局，双重监管对于企业合规建设无疑更加有利。在第三方监管人认为涉案企业符合其合规承诺及考察标准，合规专员监管也通过后，再对涉案企业作出不起诉的决定，这使得不起诉决定更具有合理性和科学性，另外，由于此种模式下，企业进行合规建设是检察院作出不起诉决定的前提，企业合规建设的执行情况与是否能得到检察院不起诉决定密切相关，因此更能保证企业合规建设的决心与动力，达到督促企业合规建设的目的。

南山检察院鉴于第三方监管人作为检察官辅助人的身份，第三方监管人的费用均由财政预算拨款，这增加了检察机关的负担，但同时也确保了第三方监管人履职的独立性与客观性。合规专员由南山检察院从具有多年检察工作经验、能够统筹了解各业务部门案件情况并且能第一时间全面掌握涉企业犯罪案件信息的资深检察官中挑选的两名检委会专职委员担任。合规专员的设置使得检察机关内部分工明确，专人负责避免工作相互推诿，有利于监督工作进行。合规专员通过充分履行职责，督促企业把合规守法经营落到实处，减少和预防企业犯罪，进而实现了司法办案政治效果、社会效果和法律效果的有机统一，体现了检察机关贯彻落实宽严相济政策，真正做到严管厚爱，保障民营企业经济健康发展。

三、企业合规建设"一案一议"模式的展望

（一）"一案一议"模式的特色与效果

南山检察院在企业合规试点改革中积极探索多样化的"一案一议"企业合规监督模式，先后采用上述三种模式对企业进行合规整改，三种模式各具特色：

（1）在"先作出相对不起诉处理再对企业进行合规监督考察"模式中，检察机关对涉案企业及人员不是简单地一放了之或一抓了之，而是通过对企业提出整改意见，督促企业合规制度建设，进行后续合规考察等，让涉案企业既吸取教训建立健全防范再犯的合规制度，又为违法犯罪付出代价，进而起到维护正常经济秩序的作用。

（2）在"听证＋不起诉＋检察建议"模式中，一方面推动企业合规与适用认罪认罚从宽制度相结合，检察机关通过适用认罪认罚从宽制度，在督促企业作出合规承诺并开展合规建设的同时，落实和坚持能不判实刑的提出判缓刑的量刑建议等司法政策，努力让企业"留得住""活下来""经营得好"；另一方面推动检察建议与企业合规相结合，如在办案中发现涉案企业在预防违法犯罪方面制度管理不完善，存在违法犯罪风险，需要及时清除的，结合合规整改情况，向涉案企业制发检察建议，推动其实化深化合规建设，避免合规整改走过场、流于形式，形成良好的合规文化。

（3）在"第三方监管＋刑事合规专员监管＋不起诉"模式中，双重监管便于检察机关对企业的监督，有利于企业合规建设的落实执行，企业合规建设的执行情况与是否能得到检察院不起诉决定密切相关，由此督促企业预防犯罪发生，真正做到严管厚爱，保障民营企业经济健康发展。

"一案一议"的具体案件具体分析的策略，更为符合企业合规建设的宗旨和目标，更能回应企业合规建设的即时性、复杂性和多样性，在司法实践中呈现出良好的案件办理效果：

（1）宽严相济，助力企业长远发展。将企业合规监管与羁押必要性审查、认罪认罚从宽制度结合起来，防止"构罪即捕"及"一刀切"式地对企业进行追诉，最大限度减少司法办案对企业正常经营的影响，使企业更快进入正常运行状态，避免企业损失的进一步扩大。在案例一中，涉案企业为国家高新技术企业和南山区重点扶持的民营高新技术企业，因高管人员涉及刑事案件导致上市计划搁浅。南山检察院综合考量被告人认罪认罚、被害企业谅解等情节，在对涉案人员依法作出不起诉处理的同时对该企业开展企业合规监督考察。在南山检察院的监督下，该企业对内部架构和人员进行了重整，并着手制定企业内部反舞弊和防止商业贿赂指引等一系列规章制度，建立起完善的合规管理制度，上市申报程序也得以重启。该案例入选最高人民检察院企业合规改革试点典型案例和深圳市检察机关企业合规典型案例。

（2）精准施策，促进行业合规治理。通过公开听证、不起诉与检察建议相结合的形式，针对涉案企业刑事合规风险开展源头治理，参考企业整改情况作出最终案件处理决定，一方面有效地限制了检察机关的自由裁量权，保证司法透明性和公正性；另一方面通过督促涉罪企业及其相关企业坚守底线、合规经营，在行业内形成有效震慑，促进行业管理规范。在案例九中，南山检察院督促涉案企业与其5家区域公司、投资发展公司及总部各部门签订了安全生产责任书，逐级压实安全生产责任，并建立了安全生产隐患排查制度、安全生产管理机制、应急机制及考评追责机制等。因该企业为建筑行业龙头企业，其合规整改为行业内其他企业树立了合规规范并产生震慑，促进建筑行业合规治理。

（3）多方联动，营造良好合规环境。依托"侦捕诉一体化"办案模式，加强与公安机关的沟通协作，就开展企业合规监督考察的制度价值达成理念共识，形成合规监管合力。同时，积极走访并争取区工商联、市场监管、司法行政、税务、审计等机关及行业协会的支持，及时开展涉罪企业社会调查及企业合规监督考察，并建立行刑衔接机制，形成企业合规多方联动的共管格局，营造良好合规社会环境。在案例三中，南山检察院对涉案企业及犯罪嫌疑人作出相对不起诉决定后，向中国证券监督管理委员会深圳监管局发出检察意见书，建议该单位对企业作出相应行政处罚，避免类似违法犯罪行为再次发生。又如案例十，南山检察院与城管部门、交警部门组成联合考察组，对涉案企业一同开展合规监督考察，共同营造良好合规市场环境。

同时也应看到，企业合规建设"一案一议"的选择模式在当下仍未成熟，面临着诸多挑战，比如如何精准判断具体案例适用何种模式，如何有效预期在该种模式下达到的合规建设效果等。南山检察院在企业合规改革试点过程中，根据现有经验总结出一些问题和相应的对策建议，以希望完善企业合规建设工作中模式选用的不足，助力企业合规经营。

（二）问题与挑战

开展企业合规建设试点工作以来，各地检察院一般采用"先作出相对不起诉处理再对企业进行合规监督考察""听证＋不起诉＋检察建议""第三方监管＋刑事合规专员监管＋不起诉"三种模式之一。南山检察院及时总结"一案一议"企业合规建设试点工作经验，明确了企业合规的工作程序，搭建起了有深圳特色企业合规工作基本制度框架，并向上级检察机关及区委区政府汇报，相关工作经验获得区委领导批示肯定，已初步形成"一案一议"企业合规建设的南山样本，但同时也看到，试点工作仍面临以下几点问题与挑战：

1. 适用依据不明确

从法律层面来看，我国企业合规立法和司法相对滞后，检察机关开展企业合规监督考察的法律依据、职责定位、流程步骤，以及第三方监管人的监管方式以及考察结果的评估标准等，缺乏明确的适用依据，在实践中难免出现标准不一、做法不同等问题。

2. 第三方监管人的经费保障问题

目前第三方监管人的经费来源主要有两种方式：一种是由企业支付，优势是经费来源充足，能够充分调动第三方监管人的积极性，但弊端是难以确保第三方监管人的履职独立性与客观性；另一种是由财政支付，但费用通常较低且存在能否持续的问题。

3. 检察机关缺乏配套考评及激励机制

开展合规监督考察，需要检察官具备一定的合规专业知识和创新探索精神，无疑增加了检察官工作量和办案压力。此外，监督考察期限较长，导致办案周期相应延长，相关考评机制、激励机制仍不完善，影响检察官适用企业合规的积极性，并在对新类型案件合规程序的适用上存在顾虑。

4. 合规研究力量及宣讲力度不足

检察机关中开展企业合规监督评估的专业人员缺乏，专业知识也不足，理论及实务方面均缺乏相关研究及经验。同时，在企业合规建设宣传方面基本还局限在涉罪企业，合规建设的社会效果有待进一步激发。

(三) 对策建议

最高人民检察院在关于企业合规问题研究指导工作会议中指出，由于我国法律尚未规定涉企业犯罪附条件不起诉制度，现有的探索应在法律规定的框架内进行，将相关改革探索和认罪认罚从宽、检察建议制度相结合较为妥当。对此，建议从以下几个方面推进建立第三方监管制度，联合各方力量推动企业合规建设进程快速发展，努力实现办案政治效果、社会效果和法律效果的统一。

1. 加强试点业务指导

最高人民检察院等上级检察机关可以在总结前期试点经验的基础上，出台开展企业合规业务的指导性文件，明确试点方向和适用原则，以供各试点单位遵照执行，提高试点工作质效。

2. 探索多种经费保障方式

企业合规业务需要第三方监管人等专业力量的介入，在目前缺乏经费保障的情况下，不应拘泥于单一经费保障方式，应积极探索多种保障方式，如合规企业交纳的资金与财政经费并行，或者是其他合法渠道的经费保障。

3. 完善配套考评及激励机制

以提升开展合规监管工作的积极性为导向建立容错机制，适当调整对企业合规案件的考评规则，如在绩效考评指标体系中纳入该类案件的办理效果因素等，通过正向激励及反向警示，促推检察官履职尽责。

4. 建立企业合规专业研究机构

探索成立企业合规研究机构，组建企业合规专业讲师团等，加强对检察官合规专业培训，提升合规专业素养。加强检察机关与高等院校合作，统筹推动合规工作成果转化，解决基层院理论调研力量有限的难题。

南山检察院将牢牢抓住中央明确要求深圳加快建设中国特色社会主义先行示范区、深圳市委市政府推进"大合规"建设、致力打造合规示范区的政策机遇，在前期试点的基础上，回应市检院的"五个一"的工作设想，全面推进企业合规改革试点，为营造国际一流法治化营商环境、推动深圳"双区建设"再闯新路、再立新功，努力探索企业合规的"深圳模式"，为完善国家立法提供深圳样本、贡献深圳方案。

附件

案例	从轻情节	企业自身情况	合规整改措施	处理结果	监管模式	第三方监督评估模式
案例一：Y公司王某某、林某某、刘某乙对非国家工作人员行贿案	—	Y公司属于深圳市南山区拟上市的重点企业，该公司在专业音响领域处于国内领先地位，已经在开展上市前辅导	1. 制定可行的合规管理规范，构建有效的合规组织体系，健全合规风险防范报告机制 2. 对内部架构和人员进行重整，制定企业内部反舞弊和防止商业贿赂指引等一系列规章制度，增设合规专门人员	对王某某、林某某、刘某乙作出不起诉决定。检察机关与Y公司签署合规监管协议	"先不起诉处理+合规监察考察"模式	检察机关监管模式
案例二：民营企业某药业有限公司的法定代表人吴某某虚开增值税专用发票案	吴某某犯罪情节轻微，系自首，且事后已将上述税款补缴	该企业为深圳市政府重点扶持企业，深圳市高新技术企业，专注于儿童用方药领域，具有多项儿童药品的发明专利	1. 厘清财务会计等有关岗位的职责要求，从提高相关人员专业素质和法律意识、完善会计管理制度标准，对重大活动进行税收评估与策划、聘请专业税务咨询机构等方面提出具体整改措施 2. 完成了自查报告及有关整改措施的培训，建立起较为完备的合规管理体系	对犯罪嫌疑人吴某某作出了相对不起诉决定。南山区人民检察院与某药业有限公司签署合规监管协议，监察考察期限为6个月，协助企业开展合规建设	"先不起诉处理+合规监察考察"模式	检察机关监管模式

续表

案例	从轻情节	企业自身情况	合规整改措施	处理结果	监管模式	第三方监督评估模式
案例三：黄某等5人、深圳X科技有限公司非法经营案	深圳X科技有限公司涉案人员均表示认罪认罚。公司已经停止了涉案产品模型的销售，对已购买未享用的客户进行退款，并积极排查其他可能存在违法隐患的业务	深圳X科技有限公司是经认定的国家高新技术企业，深圳市高新技术企业，年纳税额30万元以上，拥有4个国家发明专利、14项软件著作权	1.停止了所有违规产品的销售。2.对公司现有的以及未来计划发展的其他产品业务进行了全面的法律风险排查，培养起良好的合规审查机制及企业合规环境	监督考察期限届满，检察机关依法作出相对不起诉决定，并向行政机关提出对涉案企业作出相应行政处罚决定的检察意见	"第三方监管+刑事合规专员监管+不起诉"的完整模式	刑事合规专员+第三方监管人模式
案例四：深圳Z科技有限公司、肖某涉嫌非法经营案	深圳Z科技有限公司及肖某将全部非法所得退回	深圳Z科技有限公司已通过了国家高新企业认证、企业双软认证、ISO9001质量管理体系认证、ISO27001信息安全体系认证，并拥有软件著作权23项，注册商标2项。案发时，该公司正参与某数据安全防护项目等高新科技政府项目	1.通过修改公司章程，切实发挥监事的监管职责。2.任命监事担任合规专员，并成立合规整顿小组。3.制定多项内部财务制度，严格限定审批权限落实执行。4.修订公司员工手册，新增合规专员职责、合规监管有关规定。5.针对性地开展常态化员工合规培训等，提高员工合规意识	监督考察期限届满，检察机关依法对涉案单位作出犯罪嫌疑人相对不起诉决定，并向行政机关提出检察意见	"第三方监管+刑事合规专员监管+不起诉"的完整模式	刑事合规专员+第三方监管人模式

续表

案例	从轻情节	企业自身情况	合规整改措施	处理结果	监管模式	第三方监督评估模式
案例五：上海Y文化传播有限公司韩某涉嫌对非国家工作人员行贿案	—	上海Y文化传播有限公司已取得国家高新技术企业认证书、知识产权管理体系认证证书，先后取得10余项实用新型和发明专利、25项计算机软件著作权，年纳税额100余万元	停顿相关违法业务，拟定或完善《内部举报管理制度》《费用报销管理制度》等合规制度文件，设置合规考核与奖惩机制，同时常态化开展合规培训	监督考察期限届满，经听证验收，检察机关依法作出相对不起诉	"第三方监管+刑事合规+不起诉"的完整模式	刑事合规专员+第三方监管人模式
案例六：深圳Q科技有限公司马某涉嫌对非国家工作人员行贿案	—	深圳Q科技有限公司主要从事移动互联网广告分发、电商、直播等相关业务。该公司近三年共计纳税超过420万元人民币，计划在2021年电商项目营业额达8000万元人民币	将相关违法业务停顿，设立合规整改工作小组，完善反商业贿赂腐败管理实施细则、合同管理制度等9项规章制度，拨出专项经费予以物质保障，并定期开展合规管理培训	对涉案企业及直接负责的主管人员马某作出相对不起诉处理，对涉案企业发检察建议	"听证+不起诉+检察建议"模式	检察机关监督模式

089

续表

案例	从轻情节	企业自身情况	合规整改措施	处理结果	监管模式	第三方监督评估模式
案例七：北京 M 科技有限公司某涉嫌对非国家工作人员行贿案	—	北京 M 科技有限公司主要从事移动互联网广告推广、软件开发相关业务，累计创造就业超过 200 人，年纳税额六七十万元，累计纳税额超过 300 万元	将相关违法业务停顿，聘请外部法律所全面梳理评估法律风险，成立风险控制部门，定期开展合规自查及审计，制定反贿赂和反舞弊类规章制度	对涉案企业及直接负责的主管人员作出相对不起诉处理，对涉案企业制发检察建议	"听证 + 不起诉 + 检察建议"模式	检察机关监督模式
案例八：深圳 W 科技有限公司张某等 5 人涉嫌非法销售窃听、窃照专用器材案	—	深圳 W 科技有限公司专注于出口外贸业务，产品主要集中在 3C 类智能穿戴电子产品、拥有注册型商标、实用专利 2 项，外观专利 2 项，并拥有 CE、FOC 等一系列出口认证	全面停止涉案违法行为，严格履行合规承诺并接受第三方监管人监督考察，聘请合规专项法律顾问，完善公司人事、经营模式和规划、产品和规章制度，建立合规考核责任制度，定期开展学法培训，并努力拓展新业务	监督考察期限届满，经听证验收，检察机关依法作出相对不起诉	"第三方监管 + 刑事合规专员 + 监管 + 不起诉"的完整模式	刑事合规专员 + 第三方监管人模式

090

续表

案例	从轻情节	企业自身情况	合规整改措施	处理结果	监管模式	第三方监督评估模式
案例九：谢某、周某涉嫌重大责任事故案	—	Z集团有限公司是国有重点企业中国建筑集团公司的直属子公司，承建了多项重点项目。谢某是该公司的经验管理人员，周某是该公司劳务分包单位管理人员	与5家区域公司、投资发展公司及总部各部门签订了《安全生产责任书》，逐级压实安全生产责任，并建立了安全生产隐患排查制度、安全生产管理机制、应急追责机制、考评追责机制等	制发检察建议，综合涉案情况依法对谢某、周某作出不起诉决定	"检察建议+不起诉"模式	检察机关监督模式
案例十：谭某某、蓝某某涉嫌交通肇事案	—	M环境工程有限公司通过ISO9001：2008国际质量管理体系等多项认证，员工约有500人，在同行业中处于领先地位。谭某某是该公司法定代表人，蓝某某为驾驶员	计划全面排查，整改作业车辆，建立定期巡查、监督考核机制，安全生产管理制度，安全生产培训机制等	正在合规监督考察中	"检察建议+不起诉"模式	由检察机关、交警部门、城管部门组成合规监察组监管模式

091

涉案企业合规第三方监督评估机制的实践探索与完善路径

——以深圳为样本

刘山泉　李　梓　张明月[*]

摘　要　涉案企业合规第三方监督评估机制是企业合规改革背景下的产物，具有深刻的时代背景和价值意义。第三方监督评估机制的良好实施和运行，是企业合规改革顺利推进的基本保证，企业的合规承诺要想落实落地，就必须建设好、使用好第三方监管机制。实践运行中，该机制在适用范围、第三方机制管委会建设、履职监督、异地协作、经费保障、信息化建设等方面还存在优化提升空间。本文以深圳检察机关的涉案企业合规改革试点工作及第三方监督评估机制运行情况为研究样本，试图为全面试点工作输出一线实践经验并整合理论智慧，以期推动我国涉案企业合规改革行稳致远。

关键词　涉案企业合规　第三方监督评估机制　监督考察

经过两年两期试点工作的有益探索，在中央有关部门和试点地区党委政府的关心支持下，涉案企业合规改革试点工作扎实推进，积累了丰富的实践经验。2022年4月2日，最高人民检察院（以下简称最高检）会同全国工商

---

[*] 刘山泉，广东省深圳市人民检察院第二检察部主任；李梓，广东省深圳市宝安区人民检察院二级检察官；张明月，广东省深圳市人民检察院办公室二级主任科员。

联专门召开会议正式"官宣"在全国检察机关全面推开这一改革试点工作，标志着该项改革进入崭新的发展阶段。

企业合规案件办理具有高度专业性，随着改革试点工作迈向"深水区"，第三方监督评估机制能否建好用好，直接关涉改革成败。

2021年6月3日，最高检会同司法部、全国工商联等八部门联合印发《关于建立涉案企业合规第三方监督评估机制的指导意见（试行）》（以下简称《指导意见》），通过下定义的方式，大致勾勒出我国涉案企业合规第三方监督评估机制的总体轮廓。2021年9月3日，在第三届民营经济法治建设峰会上，国家层面的企业合规第三方监督评估机制管理委员会（以下简称第三方机制管委会）宣告成立。2021年11月22日，最高检等九部门办公厅又正式出台落实《指导意见》的实施细则和《第三方机制专业人员选任管理办法》两个配套文件。2021年12月16日，涉案企业合规第三方监管人座谈会在北京召开，组建成立由207人参加的首批国家层面第三方机制专业人员名录库，至此基本搭建起我国涉案企业合规第三方监督评估机制的"四梁八柱"。上述一系列文件的密集出台和会议的陆续召开，充分说明最高检把第三方监督评估机制放在企业合规制度建设的首位。

企业的合规承诺要想落实落地，就必须建设好、使用好第三方监管机制，本文以深圳检察机关的涉案企业合规改革试点工作及第三方监督评估机制运行情况为研究样本，系统梳理该机制在适用范围、机制建设、履职监督、异地协作、经费保障、信息化建设等方面的实践难题和改进空间，以期对涉案企业合规第三方监督评估机制的完善提供可选路径。

一、涉案企业合规第三方监督评估机制的深圳探索

（一）深圳检察机关涉案企业合规改革试点工作基本情况

自2020年3月深圳宝安、南山开展全国首期涉案企业合规改革试点工作以来，截至2022年6月30日，深圳两级检察机关共办理企业合规案件105件（适用第三方监督评估机制37件）。其中，市检察院办理23件，宝安区院办理17件，南山区院办理12件，福田、罗湖区院各办理11件，龙岗区院办理

10 件，龙华区院办理 7 件，坪山区院办理 5 件，光明区院办理 3 件，前海、盐田、深汕三个区院各办理 2 件。目前全市 12 家检察院均有在办企业合规案件。

深圳市企业合规案件数量增长迅猛。2020 年首期试点期间，深圳宝安、南山两家试点基层院共办理企业合规案件 12 件；2021 年，全市两级检察机关共办理企业合规案件 48 件；2022 年上半年，全市两级检察机关共办理企业合规案件 45 件，已接近 2021 年全年案件总和。

试点以来，深圳检察机关积极探索企业合规的适用罪名、适用类型，积累办案经验、丰富实践样本。目前，罪名适用范围从首期试点的 7 个增加到 39 个，适用罪名显著扩大，有效彰显制度生命力。

常见高发罪名有 13 类 23 个：（1）走私类犯罪，31 件，占比 29.52%，占企业合规案件总数的近三成，罪名涉及走私普通货物罪、走私废物罪和走私贵重金属罪。（2）安全生产领域犯罪，14 件，占比 13.33%，罪名涉及重大责任事故罪、重大劳动安全事故罪、过失致人死亡罪、交通肇事罪、包庇罪等 5 个罪名。（3）行受贿犯罪，11 件，占比 10.48%，罪名涉及单位行贿罪、非国家工作人员受贿罪和对非国家工作人员行贿罪等 3 个罪名。（4）职务侵占罪，10 件，占比 9.52%。（5）假冒注册商标罪，7 件，占比 6.67%。（6）涉税类案件，5 件，占比 4.76%，罪名涉及虚开增值税专用发票罪和骗取出口退税罪。（7）环境资源类案件，4 件，占比 3.81%，罪名涉及污染环境罪和非法占用农用地罪。（8）非法经营罪，4 件，占比 3.81%。（9）伪造印章类罪名，4 件，占比 3.81%，罪名涉及伪造国家机关证件、印章、事业单位印章罪和伪造公司印章罪。（10）帮助信息网络犯罪活动罪，3 件，占比 2.86%。（11）串通投标罪，2 件，占比 1.9%。（12）违法发放贷款罪，2 件，占比 1.9%。（13）非法吸收公众存款罪，2 件，占比 1.9%。具体如下图所示：

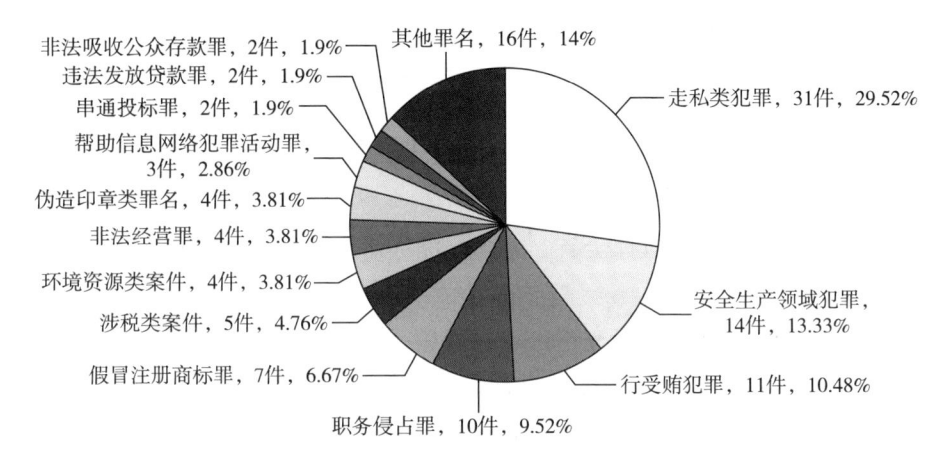

饼图数据：
- 其他罪名，16件，14%
- 非法吸收公众存款罪，2件，1.9%
- 违法发放贷款罪，2件，1.9%
- 串通投标罪，2件，1.9%
- 帮助信息网络犯罪活动罪，3件，2.86%
- 伪造印章类罪名，4件，3.81%
- 非法经营罪，4件，3.81%
- 环境资源类案件，4件，3.81%
- 涉税类案件，5件，4.76%
- 假冒注册商标罪，7件，6.67%
- 职务侵占罪，10件，9.52%
- 走私类犯罪，31件，29.52%
- 安全生产领域犯罪，14件，13.33%
- 行受贿犯罪，11件，10.48%

深圳市检察机关企业合规案件常见高发罪名分布图

另有少见偶发罪名 16 个，涉及逃汇罪、违规披露重要信息罪、逃避商检罪、非法利用信息网络罪、破坏易燃易爆设备罪、侵犯公民个人信息罪、非法销售窃听专用器材罪、对违法票据承兑罪、销售假药罪、故意毁坏财物罪、骗取贷款罪等。

（二）深圳检察机关涉案企业合规第三方监督评估机制运行情况

截至 2022 年 6 月 30 日，深圳检察机关办理的 105 件企业合规案件中，适用第三方监督评估机制 37 件，占比 35.24%。而根据最高检 2022 年 7 月 21 日发布的《关于全国检察机关办理涉案企业合规案件工作情况的通报》显示，同期广东全省检察机关共办理企业合规案件 171 件，其中适用第三方监督评估机制案件 83 件，占比 48.54%；同期全国检察机关累计办理企业合规案件 2382 件，其中适用第三方监督评估机制案件 1584 件，第三方机制适用率 66.5%。

检察机关企业合规案件第三方机制适用率对比表

办案单位	企业合规案件办理数	第三方机制案件数	第三方机制适用率
深圳市	105 件	37 件	35.24%
广东省	171 件	83 件	48.54%
全国	2382 件	1584 件	66.5%

注：本表相关数据均截至 2022 年 6 月 30 日。

从上表清晰可见，对标全省、全国，深圳市企业合规案件第三方机制适用率尚有较大提升空间。

在前两期涉案企业合规改革试点过程中，第三方监督评估机制主要呈现出三种模式：一是检察机关联合行政机关监管模式，以宁波市人民检察院、辽宁省人民检察院为代表；二是独立监控人或合规监督员模式，以深圳市宝安区人民检察院为代表；三是"第三方监管人＋企业合规监督管理委员会"模式，以上海市金山区人民检察院为代表。[①] 随着《指导意见》的出台，我国第三方监督评估基本模式已经明确，即采取"检察机关＋第三方机制管委会＋第三方组织"模式，该模式的监督评估考察主体通常包括第三方机制管委会和第三方组织两个层面。近一年来，深圳市涉案企业合规第三方监督评估机制总体运行良好，在涉案企业合规监督考察过程中发挥了重要作用，为促进深圳市企业合规经营、服务保障特区经济社会高质量发展和营造一流国际法治化营商环境做出了积极贡献。

1. 在组织架构方面，深圳市第三方机制的四梁八柱基本确立

在第三方机制管委会层面，深圳市采取"9＋4 模式"，即早在 2021 年 8 月 16 日，参照国家层面第三方机制管委会的设置组建了由市检察院、市司法局、市财政局、市生态环境局、市国资委、市税务局、市市场监管局、市工商联、市贸促委 9 家单位组成的深圳市企业合规第三方机制管委会。第三方机制管委会作为议事协调机构，是"开放式"的，可以根据工作需要增加成员单位。随着改革试点工作的逐步深入，在系统分析研判出深圳市目前最常见高发的走私类、安全生产领域犯罪案件类型并结合深圳特色的证券金融犯

[①] 参见谈倩、李轲：《我国企业合规第三方监管实证探析》，载《中国检察官》2021 年第 6 期。

罪案件特点，深圳市检察院积极探索在国家层面9家成员单位的基础上适当拓展，于2022年7月20日正式吸纳深圳海关、深圳海关缉私局、深圳市应急管理局和深圳证监局4家单位为深圳市第三方机制管委会成员单位，使管委会的指导力量进一步加强、监督评估领域进一步拓宽。

第三方组织承担对涉案企业的调查、监督、评估、考核等职责，负责第三方机制的具体运行。第三方专业人员名录库能否建好用好，直接关系第三方监督评估的实际效果。在第三方专业人员名录库层面，根据深圳市九部门《企业合规第三方监控人名录库管理暂行办法》规定，深圳市的第三方组织也称第三方监控人，第三方监控人名录库的日常管理由深圳市司法局负责。2021年，深圳市司法局面向全国范围优中选优，于2021年12月28日面向社会公布深圳市第一批企业合规第三方监控人名单，正式组建起一支由30家专业机构组成的第三方监控人名录库。与全国绝大多数地方不同，深圳市第一批第三方监控人采取机构入库模式。

2. 在制度建设方面，搭建起第三方机制运行的基本框架

2021年7月和9月，深圳市检察院在《深圳检察机关企业合规工作实施办法（试行）》的基础上，会同市司法局、市财政局等8家单位先后联合出台《企业合规第三方监督评估机制管理委员会及第三方监控人管理暂行规定》和《企业合规第三方监控人名录库管理暂行办法》。2022年6月，针对第三方监控人实际运行过程中最常见的启动流程和费用支付等问题，市司法局又会同市检察院联合出台了《企业合规第三方监控人名录库管理工作流程指引（试行）》（以下简称《流程指引》），并形成办案所需的部分文书模板，为全市企业合规案件办理提供了基本制度遵循。

3. 在机制运行方面，第三方机制程序运转基本顺畅但仍有改进空间

2022年3月4日至2022年7月18日，市司法局共举行5场企业合规案件第三方监控人随机抽选会，针对全市19件企业合规案件抽选出18家专业机构对市内外27家涉案企业[①]开展合规监督考察工作。其中1件案件已于2022

---

① 之所以涉及对深圳市外涉案企业开展合规监督考察，是因为涉及多起全国范围内的异地合规协作案件。

年 6 月 23 日通过合规验收公开听证会,剩余 18 件案件的合规监督考察工作正在有序推进中。从上述 19 件案件样本进行观察,深圳市第三方机制程序运转基本顺畅,但在运转效率、程序优化等方面尚有改进空间。

4. 在合规经费保障方面,采用涉案企业自负模式

目前,国家层面和省级层面的相关文件对第三方机制的经费保障均进行了立法留白,如《广东省涉案企业合规第三方监督评估机制专业人员选任管理办法》第 24 条规定:"第三方机制专业人员选任管理工作所需业务经费和第三方机制专业人员履职所需费用,各试点地方可以结合本地实际,探索多种经费保障模式。"深圳市在早期试点期间即明确采取由涉案企业承担模式。如根据深圳市《企业合规第三方监控人名录库管理暂行办法》第 16 条规定:"涉案企业接受选任的第三方监控人的,应当支付第三方监控人履职所需费用。"

二、涉案企业合规第三方监督评估机制的实践难题

(一) 企业合规及第三方机制适用范围的问题

前两期改革实践过程中,我国基本形成了检察机关自行监管和第三方监督评估两种合规考察模式。但司法实践中,对于哪些案件可以适用企业合规及第三方机制确属困扰广大检察官的一大实务难题,也是破解对监督评估机制不会用、不敢用、不愿用,以及适用不充分、不全面等问题的重要环节。

对此,最高检的《关于开展企业合规改革试点工作方案》(以下简称《试点方案》)里明确了纳入试点的企业范围,包括各类市场主体,主要是指涉案企业以及关联企业,国企民企、内资外资、大中小微企业,均可列入试点范围。关于案件类型,《指导意见》则在《试点方案》的基础上进行了进一步细化,最初《试点方案》里只是概括表述案件类型包括企业经济活动涉及的各种经济和职务犯罪,而后续出台的《指导意见》中则明确,第三方机制适用于公司、企业等市场主体在生产经营活动中涉及的经济犯罪、职务犯罪等案件,既包括公司、企业等实施的单位犯罪案件,也包括公司、企业实际控制人、经营管理人员、关键技术人员等实施的与生产经营密切相关的犯

罪案件。

　　实践中较易产生分歧的是后一种情形。例如，实践中就发生涉案企业员工因离职与公司发生劳资纠纷，后公司实际负责人雇凶将离职员工打致轻伤的故意伤害案件。对该案能否启动企业合规程序、纳入试点范围等问题，办案检察院与上级院之间存在较大观点分歧，办案检察院认为该案系企业与员工之间工资结算问题导致，并非与企业无关的私怨，且与实际控制人的职务命令具有一定关联性，因此可以理解为"与生产经营密切相关"。而上级院研究室则持否定观点，认为是否"与生产经营活动密切相关"需着重考虑两方面因素：一是案件事实是否在生产经营活动中发生，二是犯罪的形成是否主要由企业内部管理制度的缺陷所导致，采取合规能否预防类似违法犯罪行为的发生。

　　早期试点过程中，因为有改革积累足够案例样本的现实考量，实务中多对企业合规及第三方机制适用遵循"能启尽启"的原则，但随着试点工作的逐步深入，越来越多的理论和实务界专家学者呼吁，应进一步明晰企业合规及第三方机制的适用范围，将企业合规的改革红利让渡给真正合规守法经营的企业，以防实践中发生"劣币驱逐良币"的现象。

（二）第三方机制管委会存在的问题

1. 第三方机制管委会办公室设置问题

　　目前，按照国家层面、省级层面的相关文件，第三方机制管委会的办公室均是设在对企业管理经验比较丰富的全国工商联和省工商联，制度设计初衷是为了使得检察机关作出司法决定更加独立，也可缓解检察资源有限的问题。而深圳的第三方机制管委会办公室设在市检察院。这固然是改革初期迫于现实的无奈之举，但目前该机制设置已经影响到深圳第三方机制的深入运作。举例而言，按照《〈指导意见〉实施细则》第19条的规定，经审查认为符合适用条件的，应当商请本地区第三方机制管委会启动第三方机制。即通常是由办案检察院向当地第三方机制管委会商请启动第三方机制，由第三方机制管委会从专业人员名录库中分类随机抽取人员组成第三方机制组织，经公示无异议后由第三方机制管委会宣告第三方组织成立。

```
办案检察院 → 第三方机制管委会 → 第三方机制管委会
• 商请第三方机制管委会启动第三方机制
• 从专业人员名录库中分类随机抽选第三方组织成员
• 经公示无异议后，宣告第三方组织成立
```

但上述规定在深圳的实际操作中则异化为：

```
检察院 → 市司法局 → 检察院
• 商请第三方机制管委会启动第三方机制
• 从专业人员名录库中分类随机抽选第三方组织成员
• 经公示无异议后，宣告第三方组织成立
```

即由市检察院商请市司法局从第三方监控人名录库中分类随机抽选第三方监控人，市司法局经摇号随机抽选并公示无异议后将抽选结果告知第三方机制管委会办公室（市检察院），再由市检察院代表第三方机制管委会宣告第三方组织成立。这使得市检察院既是商请启动主体又是最终宣告第三方组织成立的决定主体，容易引发公众产生"检察机关既是裁判员又是运动员"的误解，亟须对标全国、全省规定，进一步理顺现有第三方机制管委会办公室设置问题。

2. 第三方机制管委会各成员单位角色定位问题

第三方机制管委会作为承担对第三方机制的宏观指导、具体管理、日常监督、统筹协调等职责的综合议事协调机构，起承上启下的作用，一方面负责与检察机关进行合作对接，另一方面通过建立第三方专业人员名录库来进行第三方组织的选取，被形象地比喻为企业合规案件办理的"作战指挥部"。第三方机制管委会是凝聚司法、执法、行业监管合力的有效平台，是落实第三方机制至关重要的基础性工作，要紧紧依靠并建设好这个平台。

但在近一年的实际运行过程中我们也发现：目前检察机关主导下的涉案

企业合规改革试点工作仅得到了个别第三方机制管委会成员单位的积极回应，尚未形成理想中的改革合力。部分第三方机制管委会成员单位对自身角色定位不清晰，参与感不强，仅限于参加半年一次的管委会联席会议，除此之外，鲜见其参与表现，协同合力有待进一步增强。

（三）第三方监控人抽选规则优化的问题

国家和省级层面出于保证公平公正、最大限度消除监督评估机制可能产生的寻租空间的考量，明确第三方组织的选任应以分类随机抽选为主。如《广东省涉案企业合规第三方监督评估组织运行规则》第8条第1款规定，第三方机制管委会收到检察机关商请后，应当根据案件涉嫌罪名、复杂程度以及涉案企业类型、规模、主营业务等因素，从专业人员名录库中分类随机抽取人员组成第三方组织。

但经过一段时间的实践观察，笔者认为，该分类随机抽选规则有待进一步程序优化。以深圳几起超大型企业合规案件为例，在同一个案件中涉及对多家涉案企业合规整改，此类工作体量巨大、案情疑难复杂的案件，对第三方组织的专业能力无疑提出了更高要求。而倘若实践中不论是超大型案件还是小微型企业案件，均采用分类随机抽选方式产生第三方组织，导致实践中经常上演"强制拉郎配"，要么是超大型案件抽中了规模较小专业机构，使人不禁为后续合规监督考察效果捏一把汗；要么是小微型企业案件却抽中了超优质律师事务所，让人不禁慨叹"杀鸡焉用牛刀"。故目前不少第三方监控人均建议，不妨考虑今后倘若碰到一些超大型企业合规案件，可在对涉案企业进行匿名化处理保护涉案企业隐私的基础上，提前向第三方监控人名录库成员透露大致基本案情，由第三方监控人结合自身情况和擅长领域自愿申报，再由市司法局或第三方机制管委会从申报单位中小范围开展随机抽选，如此既兼顾了检察机关与第三方监控人之间的双向选择，又有利于保证后期合规整改质效，同时也保证了公平公正公开规则未被践踏。

（四）异地合规协作的问题

异地合规协作在国家和广东省级文件中目前为止仅出现过三次。一次是在最高检 2021 年 12 月 8 日公布的第二批六个合规典型案例中，案例一上海浦东区人民检察院办理的一起假冒注册商标案件中启动了异地协作机制，在该案中确立了"委托方发起""受托方协助""第三方执行"的合规考察异地协作模式。另两次是出现在《广东省涉案企业合规第三方监督评估机制实施办法（试行）》和《第三方组织运行规则》中，前一个文件第 10 条第 2 款规定，如果涉案企业在辖区以外，也可以商请涉案企业所在地的检察机关或者报请上级检察机关协助启动第三方机制。以此明确了企业合规跨区域协助机制，打破合规考察地域限制，以提高企业注册地、生产经营地和犯罪地相分离案件的处置效率。

2022 年以来，深圳检察机关的异地合规协作案件有日渐增多趋势，仅 2022 年上半年，全市已有异地合规协作案件 8 件。既有省内跨市协作，也有跨省协作，分别涉及深圳与广东省广州市、广东省中山市、江苏省南京市、山东省青岛市、湖北省武汉市、湖南省郴州市以及湖南省益阳市等多地之间的协作配合工作。具体如下表所示：

序号	委托方	协助方	案件名称
1	江苏南京栖霞区院	深圳坪山区院	深圳 Y 金融信息公司串通投标、单位行贿案
2	广州市院	深圳市院	深圳 M 印刷公司、胡某走私普通货物案
3	湖南益阳安化县院	深圳盐田区院	广东 H 公司、张某等人帮助信息网络犯罪活动案
4	深圳市院	湖南郴州市院	郴州某公司、谢某等人走私贵重金属、逃汇案
5	山东青岛莱西市院	深圳罗湖区院	深圳 Y 国际物流公司骗取出口退税案
6	山东青岛莱西市院	深圳罗湖区院	深圳 Q 国际物流公司骗取出口退税案
7	湖北武汉黄陂区院	深圳龙华区院	深圳 H 科技公司、潘某等人单位行贿案
8	深圳光明区院	中山市院	广东 Z 公司、陈某等人假冒注册商标案

在办理上述8件异地合规协作案件的过程中，受制于目前规范性文件的规定过于笼统，在实际办案过程中遇到不少现实困惑，具体可归结为以下几点：

第一，协作检察机关究竟仅是程序性参与还是实质性介入？即协作的检察机关是仅负责帮助办案检察机关抽选出第三方组织即可，剩余的合规监督考察等工作均由办案检察院去主导第三方组织完成，还是说协作的检察机关不仅需要帮助办案检察机关抽选出第三方组织，而且继续负责后续的监督考察和合规验收，直至出具最终的合规审查报告交由办案检察院作为作出最终处理决定的重要参考？

目前，深圳对两种协作模式都有探索。笔者认为，办案检察机关作为委托方，是案件办理的主体，理应对合规案件办理的全过程负责；协作检察机关作为受托方，主要根据委托方的委托事项进行组织、协调及协助。办案检察机关作为涉案企业合规的主导者，应当对合规整改的有效性进行评估、准确运用评估结果，客观公正处理案件。在角色定位上，需要厘清权责，总体上应以办案检察机关为主，协作检察机关为辅，切忌喧宾夺主、越俎代庖。

第二，在办案地和协作地两地制度不一的情况下，应以何地制度为准的问题？异地合规协作案件中，涉及办案检察机关与协作检察机关、两地第三方机制管委会、第三方组织等多个角色的协调与配合，第三方组织需要同时面对办案检察机关和协作检察机关。目前，各试点地区都各自制定了相关的工作方案和指引，基于地域和制度差异，各地文件在第三方组织的选任、组成、费用给付方式、具体工作流程等方面，规定均有所差异，在二者存在冲突时应以何地的规定为准？以深圳首起异地合规协作案件为例，该案涉及深圳与江苏南京方面的合规协作，在深圳接受南京方面委托从深圳本土抽选出第三方监控人后，按照深圳方面规定，合规监督考察费用本应由涉案企业承担，但依照南京方面规定，合规监督考察费用由检察机关承担。后南京某区院直接将涉案合规监督考察费用5万元径行打给深圳第三方监控人，并未遵照深圳《流程指引》采用预存保证金制度将合规监督考察费用存至市司法局指定的资金监管银行。又如，广州方面明确第三方组织享有阅卷权，但深圳尚无明确规定，即便可以阅卷，长途跋涉前往外地也耗时耗力，如何阅卷也是异地合规协作案件中需要面临的一大难题。

（五）如何协调检察主导与第三方组织履职的关系问题

《指导意见》中明确提出要探索建立"检察主导、各方参与、客观中立、强化监督"的第三方监督评估机制。根据第三方监督评估机制的定义，会发现在第三方机制中存在三个主体，即检察机关、第三方机制管委会和第三方组织。检察机关是毋庸置疑的主导角色，决定合规程序启动和验收合格与否，而第三方组织负责帮助涉案企业进行具体的合规工作实施，对企业的合规整改进行指导、监督和考察。

面对第三方机制这一新生事物，在其运行过程中如何平衡好检察主导与第三方机制的关系至关重要。"如果第三方监管机制的权限过大，可能导致检察主导束之高阁。反之，如果检察机关主导权限过大，可能会过多干预第三方监管机制的实际运行。"[1]

主导并不意味着大包大揽。检察机关作为案件的一方，既不能过多参与整改、评估工作，同时又要主导程序的运行，角色存在重叠的情况下工作开展困难。强化检察机关在第三方机制中的主导职责，关键是落实监督评估机制运行重点环节的审查把关责任，"督促第三方组织及其组成人员全面履职、实质履职、专业履职，促进第三方监督评估的实质化、专业化"[2]。质言之，强化检察机关在监督评估机制中的主导职责，主要是强化检察机关在程序启动环节、第三方机制运行过程中和合规结果认定中的主导作用。在前端程序启动环节，检察机关应加强程序把关以及与第三方管委会的沟通协商，确保选任出的第三方组织有能力胜任合规监督考察工作；在中端第三方机制运行过程中，加强对合规计划审查把关，重点审查企业自查报告和合规建设方案，综合判断涉案企业是否具有完成有效合规整改的能力，支持协助第三方组织

---

[1] 王梦：《检察主导：论检察机关在企业合规第三方监管中的角色定位》，载孙勤、高景峰、王轶主编：《做优刑事检察之涉案企业合规制度与检察履职》，中国检察出版社2021年版，第433页。

[2] 刘艳红、高景峰、俞波涛：《聚焦：涉案企业合规第三方监督评估机制有效运行的要点及把握》，载《人民检察》2022年第9期。

深入了解企业涉案情况，从严从实确定涉案企业合规计划；在后端合规审查环节，加强对合规计划执行、第三方组织合规考察书面报告等审查把关，必要时以适当形式开展调查核实。在审查方式上，可采取书面审查与实地走访、穿行测试、听证论证等方式相结合；在审查内容上，注重从法益是否已经弥补、整改措施是否已落实到位、涉案企业除罪化处理是否已见成效等方面综合判定。综而论之，检察机关在以上关键环节必须发挥主导作用，与第三方组织密切配合，共同对执行合规计划、履行合规承诺情况进行监督、考察。

（六）合规监督考察评估的有效性问题

有效合规整改是涉案企业合规改革试点成功的关键，也是当前理论界和实务界尤为关注的命题。

企业的合规整改是一项专业性较强的工作，而检察官通常不具备公司治理、合规管理等方面的知识，也缺乏督导企业开展合规整改的经验和技能，同时叠加办案期限紧张、职业风险等因素考量，因此更愿意将督导企业合规整改的工作交给那些不存在利益冲突的专业人士。这就催生了第三方组织（又称第三方监控人或合规监管人）这一角色。第三方组织在开展有效合规整改方面发挥了重要作用，"一是合规计划设计的监督者；二是合规计划运行的指导者；三是合规整改验收的评估者"[1]。

2022年4月19日，最高检等九部门专门印发《涉案企业合规建设、评估和审查办法》（以下简称《办法》），分别从涉案企业如何开展合规建设、第三方组织如何开展合规评估以及第三方机制管委会和人民检察院如何开展合规审查三个角度，规定了涉案企业从停止违规到制定专项合规计划、明确政策导向、设置合规机构、建设合规制度等5个具体步骤，以及合规管理体系所必需的合规风险评估、调查、处理、绩效考评和持续整改等制度机制。

但实践中如何具体评判涉案企业已经实现有效合规整改、能否从千差万别的案例中提炼出具有共性特点的衡量标准，尤其是在合规监督考察期有限

---

[1] 陈瑞华：《合规监管人的角色定位——以有效刑事合规整改为视角的分析》，载《比较法研究》2022年第3期。

的情况下，如何去辨别涉案企业仅是在"纸面合规""虚假合规"还是真正激活了合规计划、将合规制度真正嵌入公司的治理结构当中，也着实考验检察官的司法智慧。目前，深圳只有1起合规案件在合规验收环节因整改不到位而暂未通过合规验收。绝大多数的企业合规案件，在实践中都被认定为涉案企业已有效合规整改、堵塞了公司管理漏洞。实务中一大突出表现是检察机关在对合规整改结果进行审查时缺乏统一的判断标准，更多倚赖检察官自身或听证员的自由心证。这需要我们扪心自问，我们评判其合规整改有效的标准究竟为何，能否反刍梳理出一套评价衡量标准。唯有如此，才能使"纸面合规"走向"实效合规"。

（七）如何对第三方组织进行有效监督的问题

没有监督的权力必然导致腐败，这是一条铁律。第三方机制发挥其应有功能还需要有完善的监督机制。

第三方组织有权对涉案企业合规计划的可行性、有效性和全面性进行审查，并确定企业的合规考察期限，同时第三方组织在合规考察期满后，有权对企业的合规计划完成情况进行全面评估和考核，并制作合规考察书面报告，报送负责选任第三方组织的第三方机制管委会和负责办理案件的人民检察院。由此可见，第三方组织对于企业的合规计划和审查情况具有较大影响力。当前《指导意见》仅有第17条和第18条对于第三方组织的监督机制进行了原则性规定，尚需进一步细化。而从深圳的司法实践看，在涉案企业开展合规监督考察过程中，过于依赖第三方监控人的作用，第三方机制管委会成员单位的专业力量使用较少，对第三方监控人的监督尚显不够，长此以往，存有一定制度隐患。下一步，需要着重思考如何对第三方组织的公正履职开展有效监督的问题。

（八）合规监督考察经费保障的问题

如前文述及，目前深圳市由涉案企业独自承担合规监督考察费用。该做法的理论依据是："合规计划是对企业施加先发制人的惩罚，申言之，合规计划所引发的支出被视为是对企业先发制人的惩罚，这是监管机构让公司为其责任'黑数'的所支付的平等对价。"①

合规监督考察工作具有独立性、权威性和专业性，考察时间、评估范围、考察报告的法律效力等都需要相应的经费保障。目前深圳在经费支付主体方面不存在纠结，实践中的困惑主要有以下两个方面：

一是合规监督考察费用大概支付多少合适。前两期试点工作中，深圳市的合规监督考察费用大约掌握在人民币5万元左右。随着试点工作的全面推开，倘若第三方监控人长此以往都是无偿劳动或者是象征性支付少量钱款，会造成对第三方监控人的激励不足，"难以保证监管人尽职尽责提供监管服务，使合规监管流于形式"②。2022年以来，深圳对小微企业的合规监督考察费用大致掌握在人民币10万元左右，较前期试点时有一定增幅，当然，关于经费的开支范围、费用标准、费用计算等问题，都还有待实践中进一步深入研究。

二是费用支付方式。企业合规监督考察是一个循序渐进的过程，费用也应分阶段分批次支付。大致可以分为启动、中期考核、结项评估三个阶段，分别由涉案企业按照一定比例予以支付，实践中通常是按照首期30%、尾期70%，或者首期30%、中期40%、尾期30%的支付比例支付，这也与第三方监控人按阶段提交报告相对应。同时，为最大限度消除第三方机制可能产生的寻租空间，确保改革试点取得实效、制度行稳致远，2022年6月，市司法局会同市检察院会签《流程指引》，主要就合规整改费用支付方式等问题进行了细化规定。但目前该费用支付方式在程序上设置得过于烦琐，一定程度上挤占了本已捉襟见肘的办案期限和合规监督考察期限，在费用的支付方面尚有优化空间。

（九）信息化建设不足的问题

目前，企业合规案件办理属于新生事物，在全国检察机关统一办案系统

---

① 马明亮：《论企业合规监管制度——以独立监管人为视角》，载《中国刑事法杂志》2021年第1期。

② 陈瑞华：《企业合规不起诉的八大争议问题》，载《中国法律评论》2021年第4期。

中尚无相关的文书和流程节点可供选择，由此导致实践中企业合规案件办理流程较为混乱，各办案检察院在审批权限设置方面也各有不同，文书流转多通过线下，严重影响办案效率。仅以深圳首起区院提请启动第三方机制的案件为例，从2022年初办案检察院递交提请启动第三方机制意见书给市检察院，再到市检察院发函给市司法局，再到市司法局组织全市首轮现场随机抽选会抽选出第三方监控人，前后耗时将近2个月之久，让本不宽裕的合规监督考察期限更显捉襟见肘。目前实践中亟须设计梳理出一整套企业合规案件办理流程，并从线下搬至线上，予以规范化、系统化、可视化，以有效节约承办检察官的办案时间。

（十）第三方机制适用的必要性、比例性问题

合规是有成本的。"合规考察制度应针对更为重要的单位犯罪，只有对重大犯罪的涉案企业才需要耗费大量司法资源改变其经营模式和商业模式，对其进行'去犯罪化'改造"①，以此充分发挥企业合规的制度优势和效能。

虽然前期改革实践中已经基本确立了"简式"（检察机关自行监管）和"范式"（引入第三方机制）两种合规整改模式，但开展企业合规监督考察过程烦琐，专业性极强，且个案差异性极大，千案千面，需要承办检察官倾注大量心血与精力，让不少检察人员视为畏途。

加之目前检察机关为了追求更广泛的合规案例样本，实践中在是否适用第三方机制问题上倡导"能启尽启"原则，这就导致"简式"合规整改模式慢慢陷入制度空转，而第三方机制却被滥用甚至是不当适用。事实上，在此方面域外已有前车之鉴："早期美国司法部启动监管人的频率不断攀升，自2003年汤普森备忘录发布到2006年麦克纳尔蒂备忘录发布期间，其中37个DPA（25）和NPA（12）中22个启动了独立监管人。尤其是在医疗行业，6项合规不起诉协议中有5项需要启动第三方监督。司法部随意使用第三方监

---

① 陈瑞华：《企业合规不起诉的八大争议问题》，载《中国法律评论》2021年第4期。

管机制，使得第三方监管机制成为万金油，这种现象受到公众的诟病。"①

虽然在改革试点初期，为充分积累成功经验和失败教训，大力倡导启动第三方机制无可厚非，但伴随着试点经验的逐步成熟，在第三方机制的适用方面也需要我们回归理性和冷静，多注意运用诉讼经济原则、比例原则灵活选取合规整改模式，使"简式"和"范式"两种合规整改模式能够相得益彰。

三、涉案企业合规第三方监督评估机制的完善路径

总结前期试点工作中的得与失，笔者不揣浅陋，试就如何进一步完善涉案企业合规第三方监督评估机制略述己见。

（一）加强请示汇报

最高检尤为强调要依法稳慎有序开展涉案企业合规改革试点工作，在实践中碰到争议问题或把握不准的情况，办案检察院要强化请示意识和规范办案意识，及时向上级院请示。

（二）理顺工作机制

在第三方机制管委会工作机制方面，试点初期，检察机关可以牵头推进建立涉案企业合规第三方监督评估机制，但在第三方机制建立、条件成熟后应当逐渐考虑将第三方机制管委会的日常联络工作交给工商联。检察机关的主责主业仍应是办案本身。尤其在第三方机制管委会办公室的机构设置方面，笔者建议，对标全国、全省规定，将办公室设置在市工商联，以使深圳市第三方监督评估机制运行更加顺畅。

在异地合规协作方面，建议加大对异地合规协作案件的实践观察和分析

---

① 王梦：《检察主导：论检察机关在企业合规第三方监管中的角色定位》，载孙勤、高景峰、王轶主编：《做优刑事检察之涉案企业合规制度与检察履职》，中国检察出版社2021年版，第432页。

论证，及时总结实践经验并以制度成果形式加以固化。在启动异地合规协作机制前，办案地检察机关和协作地检察机关最好签订权责明晰的第三方监督评估委托函，明确委托事项及各方职责。异地合规协作过程中，办案地检察机关要当好合规进程的"掌舵者"，实时动态跟进监督评估进度，对第三方组织成员组成、合规计划执行、企业定期书面报告、申诉控告处理等提出意见建议，并由协作地检察机关协转相关材料，同时及时与涉案企业、第三方组织保持沟通听取意见，确保信息通报及时、线索移送便捷、沟通反馈高效，为后期考察结果运用、公正处理案件打好基础。考察验收环节，由办案地检察机关实地验收为妥，协作地检察机关可在办案地检察机关的主导下参与联合督办，共同验收。在制度遵循方面，一般由涉案企业所在地的检察机关组成第三方组织。第三方组织在工作流程上适用本土规定，工作成果适用办案地规定。

（三）增强改革合力

"涉案企业合规第三方监督评估机制是社会各方耦合的系统工程，尚处于起步发展阶段，需要各方坚持系统观念，协力解决影响机制行稳致远的卡点、堵点。"[①] 针对目前第三方机制管委会部分成员单位参与积极性不高、参与主动性不强的问题，建议进一步出台工作规则、明确各单位的主要职责和履职范围；在程序启动、合规计划确认和合规验收等各环节，注意邀请具有对应行政主管职权的第三方机制管委会成员单位参与论证、听证，一方面通过个案带动管委会成员单位的参与热情，另一方面向专家里手借智借力，真正实现让内行监督内行。

（四）优化抽选规则

第三方机制的制度设计初衷，是通过第三方组织自身专业特长和业务技

[①] 宋文娟、孙宏健、赵岩：《涉案企业合规中的社会各方协同治理的几点思考》，载孙勤、高景峰、王轶主编：《做优刑事检察之涉案企业合规制度与检察履职》，中国检察出版社2021年版，第494页。

能，客观、公正、权威地对涉案企业的合规情况作出准确监督、评估、评价。目前深圳第三方组织分类抽选规则虽然兼顾了公平公正原则，但在实际整改效果保证方面尚有待商榷。建议进一步优化第三方组织抽选规则，在充分尊重检察机关与第三方组织合意的基础上，通过科学的程序设计最大程度确保抽选出的第三方组织"术业有专攻"、具有相应履职能力，确保最终合规整改效果，以使第三方机制更具制度生命力。

（五）把牢验收关口

企业合规制度的良性运行最为核心的环节是合规监督考察，特别是评估结果要具备专业性、客观性和公正性，才能在作为案件最终处理结果的重要参考时具有公信力。这就要求实践中一定要把牢合规验收的关口，避免改革沦为涉案企业无条件"免罚金牌"，最终导致"劣币驱逐良币"的不良后果。

一是充分运用公开听证等形式审查验收。涉案企业合规改革是一项在聚光灯之下的改革，有众多机构参与其中，可以充分运用公开听证等手段来保障公开透明。坚持"应听证尽听证"原则，邀请人大代表、政协委员、专家学者、人民监督员、行政监管部门、行业协会、相关企业以及第三方组织代表等参与评议，以公开促公正赢公信。

二是严把验收关。对经第三方组织评估认为合规整改无效的，应坚持严格把关，检察机关对合规整改不合格的涉案企业和个人坚持依法追究刑事责任，形成有效震慑和警示，防止以虚假合规逃避刑事制裁。

三是检察机关在作出案件处理决定之后继续督促涉案企业完善合规管理体系。可结合具体案件情况，就合规整改的未尽事宜制发合规检察建议，设置跟踪回访期限进行跟踪回访，推动各项合规要素有效落地、持续改进，弥补合规考察期受限于刑事诉讼办案期限的不足，以推动企业形成合规文化，构建长效合规治理体系。

（六）加强履职监督

一方面，检察机关应加强对第三方组织及其人员的日常监督和检查，可以随时对无效整改和无效监管问题做出处理。另一方面，善于借助第三方机制管委会的"飞行监管"职能，组建"飞行监管"队伍，对第三方组织的履职情况开展定期或不定期抽查，保证监督考察结果的公正性和有效性。

（七）明确费用标准

有学者建议："为了合理控制服务成本，可以参考律师服务收费的管理与指导经验，司法局与物价局联合出台《企业合规服务收费管理办法》与《企业合规监管指导价标准》，确保合规监管费用有章可循。"[①] 笔者赞同该观点，建议待企业合规案件实现一定样本数量的积累后，司法行政机关可以会同检察机关、物价部门等单位就企业合规业务的收费标准作进一步细化规定、明确收费标准，为企业合规案件的费用收取提供基本制度遵循。

（八）数字检察赋能

以"检察大数据战略"赋能企业合规建设。利用深圳市人民检察院作为全国检察机关大数据法律监督研发创新基地的优势，推进企业合规信息化建设，着力构建企业合规业务与数字技术深度融合的工作新格局，有效提升企业合规案件办理质效。

（九）比例适用原则

在改革前期加大第三方机制的适用力度，在适用和运行中不断发现问题、解决问题；在试点成熟后，适用第三方机制应遵循相称性原则（比例原则），原则上只对有需要的大中型企业适用，将"优势兵力"集中到大中型企业上来。

---

① 马明亮：《论企业合规监管制度——以独立监管人为视角》，载《中国刑事法杂志》2021年第1期。

涉案企业合规刑事立法的完善

孙 伟 林 婷 吴豫骁[*]

摘 要 自最高人民检察院在全国开展涉案企业合规改革试点工作以来，深圳市检察机关成功办理了一批企业合规案件，初步建立了企业合规工作制度机制，合规改革试点工作取得了较好成效，但也面临推进合规建设制度空间不足的困惑。现有制度框架下，适用合规不起诉的案件范围受限，合规建设期限不足，合规监管人、单位与关联人员分离出罪、行刑衔接等制度尚未通过立法明确，这会给合规改革的深入推进造成障碍。本文通过探讨涉案企业合规附条件不起诉立法建议，以期解决当前合规建设制度空间不足的问题。

关键词 企业合规 附条件不起诉 立法建议

开展涉案企业合规改革试点，是检察机关全面贯彻习近平法治思想，充分发挥检察职能优势，服务经济社会高质量发展的一项重要制度创新，其目的是在减少和预防企业犯罪的同时，促进企业合规守法经营，实现司法办案政治效果、社会效果、法律效果的有机统一。自最高人民检察院在全国开展涉案企业合规改革试点工作以来，深圳市检察机关作为第一期、第二期涉案企业合规改革试点的参与者，已初步完善了"成立一个专门工作机构、建立一套完善工作制度、组建一支企业合规讲师团、办理一批企业合规典型案例、构建一个覆盖全链条的工作机制"的"五个一"企业合规总体工作模式，成

---

[*] 孙伟，广东省深圳市南山区人民检察院副检察长；林婷，广东省深圳市南山区人民检察院第三检察部主任；吴豫骁，广东省深圳市南山区人民检察院五级检察官助理。

功办理了一批涉案企业合规案件，有效扶持了民营企业健康发展，增强了检察人员的司法能动性，推动了社会治理模式的优化升级。

深圳涉案企业合规改革试点工作取得了较好成效，但也存在推进合规建设制度空间不足的困惑。

一、检察机关及涉案企业推进合规建设制度空间不足

（一）由于缺乏法律依据，不能很好地实现企业合规建设制度激励的目的

从全球范围来看，美国最早设立了暂缓起诉协议制度，但20世纪90年代适用暂缓起诉协议的企业案件还并不多见，直到21世纪初期，安然案件、世通案件以及安达信案件的发生，联邦检察官尽管对这些企业提起公诉并达到了对其定罪的结果，但也造成了诸如企业破产、员工失业、经济和金融遭遇严重动荡等负面的社会后果，自此以后，美国司法部才开始大规模适用暂缓起诉协议，并在几乎每一个达成和解协议的案件中，都将企业合规机制融入其中。[1] 对于企业而言，重要的不是罪数多少或者量刑轻重，而是有罪判决本身，因为有罪判决本身就可能使企业污名化，失去市场、经营资质或者参与公共项目的机会。为了解决公司起诉带来的诸多问题，企业暂缓起诉制度已经被英国、法国、加拿大、新加坡、巴西等国家适用。[2] 整体而言，在具体实践中，各国立法与执法机关主要通过以下两种进路来促进企业合规的推广实施：对构建实施企业合规的企业予以刑罚奖励，对未构建实施企业合规或企业合规不完善的企业加重刑罚处罚。[3]

由此可见，企业合规不起诉是在实践中发展出来的，其重要目的是要克

---

[1] 参见陈瑞华：《企业合规视野下的暂缓起诉协议制度》，载《比较法研究》2020年第1期。

[2] 参见李本灿：《域外企业暂缓起诉制度比较研究》，载《中国刑事法杂志》2020年第3期。

[3] 参见万方：《企业合规刑事化的发展与启示》，载《中国刑事法杂志》2019年第2期。

服刑罚对社会造成的负面影响，真正发挥制度激励的作用。而当前我国由于涉案企业合规不起诉缺乏法律依据，实践转向适用相对不起诉和认罪认罚从宽制度，对于犯罪情节轻微的案件，将企业合规建设作为适用相对不起诉的一个考量因素并无不妥，因为企业合规建设必然伴随着企业认罪、悔罪以及对危害结果的弥补，但这并不能很好地实现企业合规建设制度激励的目的。一方面，这里的从宽处理很大程度上是刑事司法政策的结果，而不是合规激励的结果；[1] 另一方面，相对不起诉有其法定适用条件，对于一些重大企业犯罪案件是无法适用相对不起诉的，这就会将此类企业合规案件排除在合规不起诉改革实践之外，从而给改革的深入推进造成障碍，因此需要通过立法拓展现有的制度空间。

（二）涉案企业有效合规建设时间不足

从涉案企业合规整改的执行层面看，现有制度框架下开展合规建设期限最长在1年左右，对于一些重大合规事项而言，留给企业的时间远远不够。同时，检察人员在办理合规案件时需要熟悉企业的基本运作，对于业务复杂的企业来说，这需要较长时间，在时间仓促的情况下推进企业合规建设整改，难以保证合规整改效果。通过涉案企业合规立法可以建立新的制度框架，让检察机关能够有充足的时间完成对合规事项的考察，让涉案企业有充足的时间完善合规计划，开展合规整改，可以保证合规整改的质量和效果。

（三）合规监管人制度尚未通过立法明确

涉案企业合规不起诉虽然由检察机关主导，但由于企业合规工作具备很强的专业性，涉及企业人员管理、业务运营等多个方面，承办检察官受限于专业知识、办案经验、司法资源等现实情况，在承办具体合规案件时也会存在一定的局限性。引入第三方合规监管人，可以有效借助专业人士的力量，协助检察机关更深入地理解企业运行逻辑，从而更好地把控企业合规整改进

---

[1] 参见李小东：《涉案企业合规建设"深圳模式"的探索与实践》，载《人民检察》2021年第20期。

程，保证企业合规整改的高质量完成。

2021年6月，最高人民检察院、全国工商联等九部门联合印发《关于建立涉案企业合规第三方监督评估机制的指导意见（试行）》（以下简称《指导意见》）。2021年9月，最高人民检察院、全国工商联等九部门联合成立第三方机制管委会，制定出台落实《指导意见》的实施细则以及《涉案企业合规第三方监督评估机制专业人员选任管理办法（试行）》《涉案企业合规建设、评估和审查办法（试行）》《涉案企业合规第三方监督评估机制管委会办公室工作规则》等规范性文件。在这些文件的指导下，深圳市检察机关也制定了相关流程细则，健全企业合规第三方评估机制。检察机关引入第三方合规监管人往往是由于专业知识的局限性，因此第三方合规监管人作出的考察评估结果在相当程度上会影响检察机关对涉案企业合规整改结果的认定。但法律上并没有明确规定合规监管人制度，因此第三方合规监管人的权威性和公正性可能会引发争议和社会舆论问题，检察机关引入第三方合规监管人配合办案也需要法律支撑。

（四）单位与关联人员分离出罪制度尚未通过立法明确

《刑法》第31条规定："单位犯罪的，对单位判处罚金，并对其直接负责的主管人员和其他直接责任人员判处刑罚。本法分则和其他法律另有规定的，依照规定。"可见我国对单位犯罪，原则上实行双罚制，即单位和关联人员一体化归责，同时处罚犯罪单位和该单位关联责任人员；如果刑法分则或者其他法律另有规定不采取双罚制而采取单罚制的，则属于例外情况。例如最高人民法院《关于适用〈中华人民共和国刑事诉讼法〉的解释》第340条规定："对应当认定为单位犯罪的案件，人民检察院只作为自然人犯罪起诉的，人民法院应当建议人民检察院对犯罪单位追加起诉。人民检察院仍以自然人犯罪起诉的，人民法院应当依法审理，按照单位犯罪直接负责的主管人员或者其他直接责任人员追究刑事责任，并援引刑法分则关于追究单位犯罪中直接负责的主管人员和其他直接责任人员刑事责任的条款。"

针对一些犯罪情节轻微的单位犯罪案件，适用双罚制并无不妥，单位和关联人员可以通过有效合规建设实现统一出罪，但正如前文所述，为了更好地发挥企业合规的制度激励作用，在企业合规不起诉改革的深入推进过程中，必然会出现一些重大的单位犯罪案件，在这种情况下企业可以通过有效合规建设实现出罪，因为对单位的刑事责任追究，要从组织体内部的治理和经营方式来判断，只有认为一个刑法规范所规定的法律后果能够归责于单位的内部治理结构和经营方式，才应对该单位进行刑事责任的追究。① 因此当单位内部治理结构和经营方式存在问题，但积极认罪认罚且开始付诸行动进行合规整改时，可以通过合规建设来解决其刑事责任问题以实现出罪；而对于关联人员，其行为如果具有严重的社会危害性，应继续追究其刑事责任，否则有违刑罚的正义性，会造成放纵犯罪的恶劣后果。这就需要通过立法对单位和关联人员分离出罪制度予以明确。

（五）由于缺乏法律依据，企业合规监督评估结果的行刑衔接也是制约合规整改成效的重大难题

在试点实践中，部分企业经过合规整改获得相对不起诉的刑事激励，但随之而来的行政处罚并不考虑其合规整改的情节或效果。行政执法机关可能对涉案企业实施取消特许经营资格、取消上市资格、吊销营业执照等严厉的行政处罚，这些处罚结果都是企业难以承受的，可能让企业倒闭、破产，对经济发展造成不良影响，让检察机关和涉案企业的合规整改努力功亏一篑，严重影响涉案企业合规整改的成效。

通过立法确认企业合规行刑衔接制度，构建现代化的治理模式，注重在行刑衔接中推动合规整改结果得到行政部门的认可，并以此作为相关行政部门作出行政处罚的重要依据，可以形成工作合力，保证涉案企业完成合规整改后可以健康发展。

二、涉案企业合规附条件不起诉立法建议

企业合规改革最终必然导向一场国家层面的法律制度革新，为更深入地

---

① 参见时延安：《单位刑事案件的附条件不起诉与企业治理理论探讨》，载《中国刑事法杂志》2020年第3期。

推进涉案企业合规改革，为涉案企业合规激励提供法律依据，从而于法有据地提升企业合规建设的司法推动力，解决检察机关及涉案企业合规建设制度空间不足的问题，通过吸收和优化深圳检察机关的实践经验，在立法上确认涉案企业合规附条件不起诉（以下简称合规附条件不起诉）制度尤为重要。为有针对性地解决问题，合规附条件不起诉立法，应包含合规附条件不起诉程序的启动、合规监管人制度、监督考察、单位与关联人员分离出罪以及合规行刑衔接等方面的内容。

（一）合规附条件不起诉程序的启动

在合规附条件不起诉程序的启动上，应明确合规附条件不起诉适用的案件范围，确立前置评估程序，根据司法实践综合考量多方面的因素。

1. 涉案企业合规附条件不起诉适用的案件范围

对于单位涉嫌刑法分则第三章、第五章、第六章、第八章规定的犯罪，符合起诉条件，但有悔罪表现的，可以适用附条件不起诉制度。刑法的谦抑性原则要求国家应当以最小的刑罚获得最大的社会效益，刑法分则第三章"破坏社会主义市场经济秩序罪"、第五章"侵犯财产罪"、第六章"妨害社会管理秩序罪"、第八章"贪污贿赂罪"规定的犯罪，相对来说道义谴责性较低，直接进行刑罚处罚不一定能带来好的社会效果，在这种情况下引入合规附条件不起诉治理效果更佳。深圳市南山区检察机关在办理一宗对非国家工作人员行贿案中，了解到涉案企业为国家高新技术企业和南山区重点扶持的民营高新技术企业，参与过多项市级、国家级重点研发项目。案发后，该企业因高管人员涉及刑事案件导致上市计划搁浅。综合考量被告人认罪认罚、被害企业谅解等情节，南山区检察机关敦促企业作出合规承诺，完善合规制度，对涉案人员依法作出不起诉处理，该企业的上市申报程序也得以重启。与直接进行刑事处罚相比，这无疑更好地保护了企业，促进了企业合规经营，保护了民营经济发展。

另外，涉案企业合规附条件不起诉制度不仅可以适用于轻微刑事案件，重大单位犯罪案件也可以适用。正如前文所述，有罪判决会使企业污名化，从而引发一系列不良连锁反应，针对道义谴责性较低的这些犯罪，即便可能判处较重刑罚，但罪行轻微与否与适用合规附条件不起诉制度所能达成的社会效果之间并没有必然联系，从保护经济发展和避免刑罚负面效应的角度不应将重大单位犯罪案件排除在合规附条件不起诉制度之外。

2. 涉案企业适用合规附条件不起诉制度应具备的条件

首先，企业认罪认罚且配合检察机关开展充分的合规自查应作为合规附条件不起诉制度启动的先决条件。认罪，是企业争取获得不起诉结果的第一步，代表企业参与诉讼活动的诉讼代表人要自愿如实供述罪行、承认指控的犯罪事实和罪名；认罚，不单单是"愿意接受处罚"，检察机关应当与企业就所附整改条件达成明确的、具体的共识，并体现在认罪认罚具结书以及相关整改协议之中。① 企业合规整改本质上是企业的一场自我革命，虽然有检察机关的监督，但合规整改是否有效一定不能缺少企业自身的能动配合，如果企业不认罪认罚，或者本身对合规自查采取应付的态度，合规整改的目标就无法达成，在这种情况下，也就没有必要启动合规附条件不起诉程序。

其次，从最大程度保护企业经营、服务经济发展的角度，企业规模、性质不应成为限制合规附条件不起诉制度适用的条件。美国暂缓起诉协议的适用具有明显的不平等性，受到暂缓起诉优待的主要是上市公司以及知名的跨国性企业。这就会导致"TOO BIG TO JAIL"式的不平等性。② 而对于我国来说，民营企业已经成为推动我国经济社会发展的重要力量。2012年到2021年，我国民营企业数量从1085.7万户增长到4457.5万户，10年间翻了两番，民营企业在企业总量中的占比由79.4%提高到92.1%。目前，民营企业税收贡献超过50%，投资占比超过60%，发明创新占比超过70%。③ 因此无论是国企还是民企，是大型企业还是中小型企业，只要企业具有发展前景，能够带来正面的经济效应和社会效应，都应该平等适用合规附条件不起诉制度。

最后，在决定是否对企业适用合规附条件不起诉时，需要考察企业以往有无违法犯罪的历史。对于有过违法犯罪记录的企业，要严格考察企业现有

---

① 参见赵恒：《企业附条件不起诉制度的理论前瞻》，载《中国检察官》2020年第10期。
② 参见李本灿：《认罪认罚从宽处理机制的完善：企业犯罪视角的展开》，载《法学评论》2018年第3期。
③ 《民营企业数量10年翻两番》，载《人民日报》2022年3月23日，第1版。

合规制度的运行情况，重点考虑附条件不起诉能否达到预防犯罪的效果，不能把附条件不起诉制度当作对犯罪企业的奖励，否则无异于鼓励犯罪。①

3. 合规附条件不起诉程序启动的时间

检察机关应在审查逮捕阶段或者依企业申请在侦查阶段启动合规附条件不起诉程序评估。从深圳的试点情况来看，涉案企业多为民营企业，大部分民营企业的经营依赖其主管人员，如果主管人员因涉嫌犯罪处于羁押状态，企业的生产经营很容易陷入混乱。如果在审查起诉阶段才启动合规附条件不起诉制度，企业可能会因为前期主管人员被羁押而陷于经营困难。对涉案企业来讲，其主管人员越早解除羁押状态，企业的正常生产经营就能越早恢复。因此，应在审查逮捕阶段或者依企业申请在侦查阶段就启动合规附条件不起诉程序评估，对于符合合规附条件不起诉程序启动条件的，可以解除对其主管人员的羁押状态，这样可以最大程度上保护企业的生产经营。

深圳市南山区检察机关在办理深圳 A 科技有限公司非法经营案时，涉案人员商某经营的企业是拥有多项软件著作权及注册商标的国家高新企业，南山区检察机关经过综合评估考量认为，商某作为实体经济负责人，系初犯，且经过承办检察官的释法说理已经认罪认罚，并承诺将根据审计结果退回全部违法所得，对商某取保候审不致发生社会危险性，没有继续羁押的必要，遂建议公安机关变更强制措施为取保候审，公安机关采纳该建议对商某变更强制措施，有效避免企业生产停顿、员工下岗等情形发生。检察机关积极履职，越早启动合规附条件不起诉程序评估，就能越早帮助企业解决困难，为后续企业开展合规整改打下好的基础。

（二）合规监管人制度

检察机关经过审核，对于确有必要引入第三方合规监管人的，可以引入第三方合规监管人，检察机关应及时听取第三方监管人的汇报，总体把控涉案企业合规整改的方向和进度。

---

① 参见欧阳本祺：《我国建立企业犯罪附条件不起诉制度的探讨》，载《中国刑事法杂志》2020 年第 3 期。

在深圳 Y 财经大数据技术有限公司（以下简称 Y 财经公司）涉嫌非法经营罪一案中，承办检察官经审查发现，Y 财经公司有过硬的金融技术积累，具有良好的发展前景，且已经停止了涉案产品模型的销售，对部分客户进行退款，并积极排查其他可能存在违法隐患的风险点。2020 年 11 月 12 日，深圳市南山区检察机关决定对 Y 财经公司启动刑事合规监督考察程序。由于该公司业务专业性较强，2020 年 12 月，经公开选聘，某律师事务所担任 Y 财经公司的第三方合规监管人。第三方合规监管人在征得检察机关同意的前提下，阅取案件卷宗，并联系涉案企业进行访谈，根据企业的违规事实，诊断分析企业合规管理漏洞，就企业如何在考察期内开展整改工作提出意见，形成合规考察标准，该标准提请检察机关确认，并要求企业限期反馈意见。考察期内，第三方合规监管人通过邮件往来、电话沟通、现场访谈等方式，持续跟进企业落实整改的情况，共向企业出具三期刑事合规监督考察要求及材料、问题清单，并同步向检察机关提交三期刑事合规监督考察工作简报。经风险排查和监督考察，第三方合规监管人认为 Y 财经公司在考察期内采取的各项合规措施，符合其合规承诺及合规考察标准的各项内容，并向检察机关出具了企业刑事合规监督考察报告。2021 年 6 月 29 日，检察机关在企业刑事合规监督考察报告基础上，经研究决定，对黄某等 5 人及 Y 财经公司作出相对不起诉决定。该案中检察机关通过与第三方合规监管人的沟通配合，借助专业力量对 Y 财经公司的合规计划执行情况进行考察，督促企业把合规守法经营落到实处，保证了企业合规整改的效果。

另外，从深圳试点实践来看，是否引入第三方合规监管人，案件的专业性应作为首要考量因素，也就是说必须"确有必要"。引入第三方合规监管人意味着企业要付出更大的成本，这对于业务模式简单、业务规模不大的涉案企业也是一种负担，在这种情况下，可以由企业自行制定合规整改计划，报检察机关及行政监管机关审核通过后开启整改工作。检察机关在办理案件的过程中，应根据企业具体状况选择合适的合规整改模式，中小微企业的合规整改不宜一味求大求全，应与其企业自身状况相适应；对于规模较小、业务比较简单的中小微企业，无须引入第三方合规监管人，可以简化合规项目，有针对性地对关键风险点建立有效的内部防控机制。这样，能在短时间内让企业简洁、有效地完成合规整改，避免造成中小微企业额外负担，激励企业自愿进行合规建设。

通过立法明确第三方合规监管人制度可以提升第三方合规监管人的权威性和公正性，使检察机关在联合专业力量探索协商治理新模式时真正能够有法可依。

（三）监督考察

1. 合规附条件不起诉的考察期限

企业合规附条件不起诉考察期应以 3 年以下为宜。这样既给予企业充足的时间完善合规整改方案，也使得检察机关有充足的时间完成对涉案企业的考察。

通过对中兴公司调研，中大型企业起草合规章程、政策和手册，可能需要耗费几个月的时间，搭建一套合规组织体系、组建合规部门等，更是需要长时间的建设和改进；建立了书面的合规体系后，企业还需要在合规监管人的帮助下进行长达 2 年到 3 年的试运行，并根据试运行中出现的问题进行动态调整，才能够真正激活合规计划，营造出企业的合规文化。同时，检察机关也需要充分了解企业的业务模式，理解其运营逻辑，从而能够有针对性地监督企业开展合规整改。因此通过立法确立合适的合规考察期限尤为必要，这可以提供新的制度框架以保证合规整改有充足的时间，而避免由于期限不够影响合规整改效果。

而对于业务模式简单的中小企业，在风险点明确、整改逻辑清晰的情况下，可能花费几个月的时间就可以完成合规整改，因此可以不设置考察期的下限，根据涉案企业的实际整改情况来决定考察期的长短。

2. 考察期内的监督

在整个监督考察过程中，检察机关要充分发挥职能，定期审查企业合规整改进度，了解企业是否在考察期内服从监管、严格按照合规整改计划进行整改。同时，根据实际情况，监督涉案企业缴纳罚款、赔偿损失，降低社会危害性。企业的合规整改必须在检察机关的监督之下，检察机关只有充分履职，才能够把控涉案企业合规整改的方向和进度，保证合规整改的成效。涉案企业缴纳罚款可以在一定程度上发挥刑罚的制裁效果,既可以让涉案企业在后续经营过程中有所顾忌,更为严格地执行合规计划,也可以在一定程度上消除公众对于合规附条件不起诉制度公正性的质疑。另外,为了保证企业的平稳运行,罚款的额度应当在其可以承受的范围内。涉案企业向被害人积极赔偿损失,可以保障被害人的利益诉求,以消解被害人可能存在的对于涉案企业免于起诉的抵触情绪,避免后期引发申诉或舆论问题。

在深圳市 H 机电有限公司（以下简称 H 机电公司）、冯某辉涉嫌虚开增值税专用发票罪一案中,深圳市宝安区检察机关经审查,了解到 H 机电公司经营状况一直良好,后因原厂房拆迁和新冠肺炎疫情,员工流失和客户减少,公司的生产经营较为困难。为维护中小企业的生存发展,深圳市宝安区检察机关经过综合评估,对该企业开展合规整改。在合规整改过程中,一方面,检察机关认真审查第三方合规监管人提交的三期书面合规整改意见报告并定期听取 H 机电公司、冯某辉的汇报,针对企业刑事合规建设过程中出现的问题及时提出建议;另一方面,检察机关指派专门负责刑事合规工作的检察官以及案件承办人到 H 机电公司进行实地走访调查,通过访谈、调查问卷的方式了解 H 机电公司刑事合规情况。在这个过程中检察机关发挥主导责任,加强对涉案企业进行刑事合规建设的监督,保证了合规整改计划的顺利执行,最终宝安区检察机关于 2020 年 11 月 6 日对 H 机电公司、冯某辉作不起诉处理。

3. 合规整改结果的考察

考察期满以前,人民检察院应当启动听证程序,邀请人大代表、政协委员、相关行政部门人员、被害方、法学专家等共同听取涉案企业的合规整改报告,并在听取各方意见的基础上,综合评估涉案企业合规整改的有效性。听证制度公开透明,对承办检察官来说既是约束也是保护。

在深圳市 Y 快递服务有限公司（以下简称 Y 公司）与深圳市 Z 快递有限公司（以下简称 Z 公司）涉嫌走私普通货物罪一案中,承办检察官在办案过程中了解到,类似该案中的现象在当前跨境电商行业中具有一定普遍性,此类案件极具开展企业合规建设的价值,故决定对该案启动企业合规考察程序。考察期结束后,深圳市检察机关开展合规验收听证会,邀请市邮政管理局监管人员、市快递行业协会代表、深圳海关等主管机构代表、合规领域资深律师代表、侦查人员（非办案人员）等专家组成听证团，通过向特定领域的专家外脑借智借力，以确保合规验收环节的质效。用公开听证的方式来检验合规建设成果，一方面有助于检察机关规范行使公诉裁量权，另一方面也有助于全社会合规氛围的养成。2021年7月19日，深圳市检察机关结合犯罪情节及合规整改情况，对Y公司、Z公司及熊某波、刘某均作出相对不起诉处理。

涉案企业按照监管要求完成整改计划，建立起行之有效的合规制度，同时在考察期内没有新的犯罪，没有发现决定附条件不起诉以前还有其他犯罪需要追诉，人民检察院应当作出不起诉决定。对于合规计划无效、合规整改不合格的涉案企业，人民检察院仍然可以在考察期届满时提起公诉。美国司法部2019年4月30日颁布的《公司合规程序评估》规定，检察官对公司合规程序的评估要点主要包括：（1）合规程序设计是否合理，包括风险评估、政策和程序、培训和沟通等；（2）合规计划是否得到有效实施；（3）合规程序是否在实践中发挥作用。[1] 我国检察机关对涉案企业合规建设的评估指标设置，可以借鉴其合理之处，监督企业形成逻辑自洽、符合实际的企业合规文化，只有这样才有出罪的可能。这既给了涉案企业压力，也让涉案企业有动力去真正建立有效的合规制度，从而从源头上优化企业管理，对于涉案企业来说，只要有效完成企业合规整改，就可以获得"不起诉"的有利结果，这无疑真正发挥了制度激励的效果。

（四）单位与关联人员分离出罪

对符合条件的涉案单位作出不起诉决定后，可以对关联责任人员继续追究刑事责任。关联责任人员在合规整改过程中积极配合的，可以依法从宽处理。

通过立法在合规附条件不起诉制度中引入单位与关联人员分离出罪的规定，可以解决单位和关联人员入罪、出罪一体化情况下，重大单位犯罪案件

---

[1] 转引自李勇：《企业附条件不起诉的立法建议》，载《中国刑事法杂志》2021年第2期。

的关联责任人因企业合规整改而出罪所带来的明显有违刑罚正义性的问题，从而可以在更大范围内适用合规附条件不起诉制度，而不必纠结于单位犯罪双罚制的原则。也就是说，检察机关在办理企业刑事案件时，如果遇到关联责任人员可能判处较重的刑罚或者关联责任人员不认罪认罚的情况，显然无法通过合规监督考察对企业和关联人员同时出罪，那就可以将企业刑事责任和关联人员刑事责任进行分开处置。有效的合规计划体现的是企业作为一种组织体对法律的敬畏、遵从，体现的是一种认罪悔罪的态度；① 当企业积极配合完成合规整改后，作为组织体其内部治理结构和经营方式已经合规合法，这时综合考虑社会效果可以对企业采取出罪处理。而对关联责任人员来说，若其具有较大社会危害性不宜采取出罪处理的，仍然可以依法提起公诉，当然，如果关联责任人员在合规整改的过程中积极配合，可以作为从轻、减轻处罚的情节予以考虑。

（五）合规行刑衔接

确立企业合规监督评估结果互认机制，在对涉案企业作出合规不起诉决定之后，及时向行政机关提出检察意见，并将企业合规计划、整改报告和合规考察报告等材料连同检察意见一并送达行政部门，行政机关应当对涉案企业加强监管，同时避免采取过于严厉的行政处罚影响企业健康发展。这样一方面可以强化企业合规整改成效，监督评估合格的涉案企业不仅能够获取出罪的刑事激励，同时也能在行政处罚程序中获得相应的从宽处理结果，体现合规激励的全面性，促进企业合规建设深入人心，让企业意识到合规建设的重大意义和巨大好处，从"要企业合规"到"企业要合规"，实现末端处理与前端治理相融合；另一方面也通过行政机关的后续跟踪监督，巩固合规整改的成效，保证企业可以长期健康发展。

在 X 集团涉嫌走私普通货物罪一案中，深圳市人民检察院经调查了解，X 集团系国内水果行业的龙头企业，长期以正规报关为主，案发后积极与海关、银行合作，探索水果进口合规经营模式。深圳市人民检察院经过综合考量，

---

① 参见李勇：《企业附条件不起诉的立法建议》，载《中国刑事法杂志》2021 年第 2 期。

对 X 集团启动企业合规整改工作。后根据整改情况，深圳市人民检察院于 2020 年 9 月 9 日对 X 集团及涉案人员作出相对不起诉处理。深圳市人民检察院在该案办理过程中，就合规整改结果互认、合规从宽处理等方面加强与深圳海关的沟通协作，形成保护合力，共同指导 X 集团做好合规整改，发挥龙头企业在行业治理的示范作用。针对发现的行政监管漏洞、价格低报等行业普遍性问题，深圳市人民检察院依法向深圳海关发出检察建议书并得到采纳，深圳海关已就完善进口水果价格管理机制向海关总署提出合理化建议，并对报关行业开展规范化管理以及加强普法宣讲，引导企业守法自律。通过立法明确企业合规行刑衔接制度，用刑事激励与行政激励相结合的方式，可以进一步促进企业依法合规经营，加强社会综合治理效果，助力打造共建共治共享社会治理格局。

论合规不起诉案件中有效合规的基本标准

潘雪芹　司晓磊　蒋一可[**]

摘　要　企业合规不起诉案件中，涉案企业进行了有效的合规整改，是检察机关对其作不起诉处理的主要依据，也是企业合规监督考察所希冀达成的直接目的。现行域内外合规标准体系在合规监督考察中的适用具有局限性。而依据适用主体的不同，合规有效性标准可划分为合规建设标准和评估标准，两者在技术指标的设置上具有内在一致性，实践中可不必作特别区分。未来我国企业合规有效性标准体系的本土化建构，应沿着"以体系化建设为基础，以专门性纠错为重点"的整体思路，检察机关或第三方监督评估组织可分别将涉案企业的犯罪根因分析、合规体系建设、犯罪诱因阻断作为有效合规的前置性标准、基础性标准和关键性标准，从而对企业合规整改之成效予以综合评定。

关键词　企业合规　合规整改　合规管理体系　有效性标准

一、引言

自 2020 年 3 月最高人民检察院部署启动涉案企业合规改革试点以来，此

---

[*] 本文系广东省人民检察院 2022 年度检察理论研究课题"合规不起诉案件中合规有效性标准研究"的阶段性研究成果。

[**] 潘雪芹，广东省深圳市光明区人民检察院党组成员、副检察长；司晓磊，广东省深圳市光明区人民检察院第二检察部主任；蒋一可，广东省深圳市光明区人民检察院二级主任科员。

项改革在惩治预防企业违法犯罪、推动营造法治化营商环境方面成效显著，但同时也面临着一些困难和挑战。其中，企业合规有效性标准的缺失，已成为持续深化改革之掣肘。从制度运行的角度看，检察机关在启动企业合规程序后，通常会为涉案企业设置一定的考察期。考察期内，涉案企业只有有效执行合规计划或履行其合规承诺，才能作为后续对企业及相关责任人作不起诉等从宽处理的依据。[1] 而合规有效性标准的确立，对于帮助检察官正确认定和评估涉案企业合规整改质效，防止企业"虚假整改""纸面合规"，保障司法公信力而言，均具有重大的意义。

最高人民检察院于2021年6月联合其他八部门印发了《关于建立涉案企业合规第三方监督评估机制的指导意见（试行）》（以下简称《第三方机制指导意见》），标志着企业合规第三方监督评估机制在国家顶层设计层面已经得到确立，涉案企业合规改革试点从前期的经验积累阶段，迈入更加注重规则建构的总结提升阶段，而探索建立合规有效性标准，可谓是改革的当务之急。有鉴于此，本文将立足于对现行域内外主要合规标准体系的梳理，在厘清有效合规整改的基本思路的基础上，尝试提出构建涉案企业合规有效性标准体系的初步设想，以期为未来我国企业合规监督考察制度的完善提供相应的立法支撑和理论指引。

二、现行域内外主要合规标准体系概况

（一）域内主要合规标准

与西方国家相比，我国企业合规体系的标准化建设起步较晚，且带有明显的行政主导色彩。[2] 2017年，国家标准化管理委员会联合国家质量监督检验检疫总局发布了《合规管理体系指南》（GB/T 35770—2017）。该指南旨在为各类型组织建立一套有效合规管理体系提供通用指南，而依据其标准，组

---

[1] 参见李勇：《美国检察官对涉案企业合规有效性的评估与考量》，载《人民检察》2022年第5期。

[2] 参见陈瑞华：《企业合规基本理论》，法律出版社2021年版，第68页。

织建立合规管理体系应首先正确理解其内外部环境及利益相关方的需求，从而确定合规管理体系的范围。在此基础上，组织宜建立与其目标、战略和价值观相契合的合规方针，作为组织构建合规管理体系的"大宪章"和总体原则。实践中，组织实施合规管理流程的主要步骤依次为"识别合规义务和评价合规风险""策划应对合规风险并实现目标""运行策划和合规风险控制""绩效评价和合规报告""管理不合规并持续改进"。值得注意的是，以上合规管理流程的运行并非是单向的，而是呈现为一个制定、实施、评价、维护、改进的循环往复的过程。并且该国家标准还给出了支持组织合规管理流程有效运转的一些基本要素，包括高层承诺、独立的合规团队、管理层合规职责的分配、资源支持、能力培训以及内外部沟通等。

2018年受中兴、华为事件的影响，我国企业在全球化发展进程中所面临的合规问题引起了行政监管部门的高度重视，并相继出台了两份合规管理指引，以推动中央企业和境外经营企业持续加强合规管理，提升企业依法合规经营管理水平，2018年也因此被称为我国企业合规建设元年。[①] 2018年11月，国务院国有资产监督管理委员会（以下简称国资委）发布《中央企业合规管理指引（试行）》（以下简称《合规指引》），全文共计6章31条，从确立企业合规原则、明确企业内部合规管理职责、突出合规管理重点、建立健全合规管理运行机制、完善合规管理保障体系等方面指导中央企业进行有效的合规建设。《合规指引》将企业合规管理界定为"以有效防控合规风险为目的的管理活动"，其基本要素包括制度制定、风险识别、合规审查、风险应对、责任追究、考核评价、合规培训等，并且强调企业在全面推进合规管理的基础上，还应针对重点领域制定专项合规管理制度。同年12月，国家发展和改革委员会等七部门联合制发了《企业境外经营合规管理指引》（以下简称《境外经营指引》），为开展对外贸易、境外投资、对外承包工程等相关业务的中国境内企业及其境外分支机构提供系统性的合规建设指导。依据该指引的有关要求，企业应建立权责清晰的合规治理结构，在决策、管理、执行三个层级上划分相应的合规管理责任，设立由合规委员会、合规负责人和合规管

[①] 参见万方：《企业合规刑事化的发展及启示》，载《中国刑事法杂志》2019年第2期。

理部门所组成的合规管理机构，并确立合规管理的部门协调机制；与此同时，企业应建立合规行为准则、合规管理办法、合规操作流程等合规管理制度，实践中应构建涵盖合规培训、合规汇报、合规考核、合规咨询与审核、合规信息举报与调查、合规问责在内的一整套管理运行机制，以及建立专门的合规风险识别、评估与处置机制。此外，《境外经营指引》还对合规体系改进和合规文化建设给予了特别关注，其强调企业在实践中应开展合规审计与合规管理体系评价，并依据审计和评价情况对合规管理体系进行持续改进，同时将合规文化作为企业文化建设的重要内容，积极培育和推广合规文化。

而在2022年4月，国务院国资委在总结中央企业前期合规管理试点工作经验的基础上，发布了《中央企业合规管理办法（公开征求意见稿）》（以下简称《管理办法》）。作为企业合规标准化领域内的最新制度成果，《管理办法》旨在取代《合规指引》，以进一步推动中央企业加快合规管理体系建设，有效应对日益严峻的内外部环境与持续增大的政府监管压力。从发布的内容上看，《管理办法》依然延续了《合规指引》中"大合规"的指导理念，其亮点在于：一是首次明确要求企业设立首席合规官，由总法律顾问兼任，履行全面的合规管理职责，业务部门则应当设置合规管理员；二是将合规管理中关于重点领域、重点环节、重点人员的规定统一表述为制度建设，要求企业建立健全分级分类合规管理制度体系，制定合规管理基本制度，并赋予企业根据实际情况制定重点领域专项合规管理制度与岗位合规职责清单的自主权；三是将原有的"合规管理保障"细化为"评价与追责""合规文化""信息化建设"三个章节，对企业在完善合规考核评价机制、培育合规文化、推动合规管理信息化建设等方面提出了更高的要求。

（二）域外主要合规标准

美国联邦量刑委员会1991年颁布的《联邦量刑指南》第八章"组织量刑指南"中，列出了有效合规计划的"七要素"：（1）企业应建立明确的合规标准和程序，根据可能存在的风险以预防和检测不同业务部门的犯罪行为；（2）企业应指定高层人员监督企业合规政策与标准的执行情况；（3）企业不得聘用在尽职调查期间了解到具有犯罪前科记录的高管，在招聘和晋升中筛除不道德的员工；（4）通过培训教育等方式向所有员工有效普及企业的合规政策和标准；（5）采取合理措施以实现企业标准下的合规，例如利用监督、审计系统来监测员工的犯罪行为，建立违规举报制度，让员工举报可能的违规行为；（6）通过适当的合规惩戒和激励机制，严格贯彻执行合规标准，对计划有效性进行定期自我评估；（7）发现犯罪后采取必要的纠正措施，并预防类似行为发生。① 这七项标准制定的初衷在于帮助美国法官对企业合规计划的设计和执行情况进行评估，从而决定是否对涉嫌犯罪的企业适用减免罚金或缓刑等量刑激励机制。而在后续修订中，为防止企业制定的纸面合规计划能够在形式上轻易地满足上述标准，《联邦量刑指南》增加了对企业尽职调查和合规文化建设的关注，也即评估企业合规计划之有效性时，应注重考察企业是否实施了旨在预防和发现犯罪的尽职调查，以及所采取的合规举措是否促进了一个鼓励道德行为与合规承诺的组织文化。

《联邦量刑指南》所确立的"七要素"虽然只是有效合规的最低限度的标准，但其已内化为美国企业合规建设与有效性评估的重要参考标准。而为克服"七要素"标准的模糊性，为检察官评估企业合规计划提供更加清晰与可操作的指引，美国司法部亦出台了《企业合规计划评估指引》（以下简称《评估指引》），作为检察官在决定是否对企业提起刑事指控时的参考手册。依据2020年最新版的《评估指引》，检察官在评估涉案企业合规计划之有效性时，应考虑三个基本问题：一是企业合规计划是否被精心设计，具体应考虑风险评估、政策和程序、培训和交流、匿名举报机制和调查程序、第三方管理、兼并和收购等要素；二是企业是否认真且诚实地执行了其合规计划，即企业合规计划是否被有效实施，具体应考虑企业中高层管理人员的承诺、自主性和资源、奖励和惩戒措施等要素；三是企业合规计划在实践中是否发挥了作用，具体应从持续改进、定期测试和审查、对不当行为的调查、对任何潜在行为的分析和补救措施等要素进行判断。② 以上三个问题分别对应了企业

---

① See United States Sentencing Commission, *Guidelines Manual*, § 8B2.1 (Nov. 2021).
② See U. S. Department of Justice, Criminal Division, *Evaluation of Corporate Compliance Programs*, at https：//www.justice.gov/criminal – fraud/page/file/937501/download (Last visited Feb. 12, 2022).

合规计划的设计有效性、执行有效性与结果有效性，而在每一个参考要素之下，《评估指引》还设置了相应的次级指标，从而形成了一个包含众多可参考要素的标准模型。同时，《评估指引》也明确指出，其并非旨在为检察官提供一套严格公式化的有效性评价标准，检察官在实践中应当结合刑事调查的特定情形，依据个案中企业的规模、行业、地理位置、监管环境等因素，考虑那些与企业实际状况相关联的指标，从而作出合理且个性化的决定。

除美国外，英国与法国亦出台相关立法指引对企业合规计划之有效性评估问题予以了回应。英国2010年《反商业贿赂法》设置了"商业组织预防贿赂失职罪"，但同时规定，企业如制定了"充分的预防贿赂的程序"，则可以构成无罪抗辩事由。英国《反贿赂法指南》中确立了"充分程序"的六项原则：（1）相称性原则，即企业要确立与其所面临的贿赂风险相称的反贿赂程序；（2）高层承诺原则，即企业高层的管理人员要作出积极的反贿赂承诺；（3）风险评估原则，即企业要定期评估所面临的内外部贿赂行为的性质和程度；（4）尽职调查原则，即企业应进行内部尽职调查，以减少发生贿赂的风险；（5）有效沟通原则，即企业要通过内外部的沟通和培训，确保其员工知晓并理解公司的预防贿赂政策和程序；（6）监控和评估原则，即企业应定期监控和评估其反贿赂的政策和程序，并采取必要的改进措施。[①] 同样是为了预防和惩治腐败行为，法国2016年通过《关于提高透明度、反腐败以及促进经济生活现代化的2016－1691号法案》，规定了合规制度的七项基本内容：制定行为准则，设立预警系统，进行风险评估，制定内外部会计控制程序，建立培训体系，建立惩处机制，建立内部控制和评价制度。[②]

在企业合规国际化标准建设方面，2021年4月国际标准化组织ISO正式发布了《合规管理体系要求及使用指南》（ISO 37301），以取代原有的ISO 19600标准。ISO 37301为企业建立、运行、维护和改进合规管理体系提供了一整套的规则指引，从组织环境、领导作用、规划、支持、运行、绩效评估、改进等七个方面指导企业进行合规管理能力建设，并同时给出了实施有效合规管

---

① 参见陈瑞华：《企业合规基本理论》，法律出版社2021年版，第442—443页。
② 参见陈瑞华：《企业合规基本理论》，法律出版社2021年版，第446—447页。

理的一些通用要素，譬如合规风险评估、高层合规承诺、合规政策和程序、沟通与培训、举报和惩戒机制、内部审核和合规报告、持续改进和纠正措施等。① ISO 37301 作为迄今为止企业合规领域内最重要的国际标准，不仅为企业合规管理体系的建立和有效性认证提供了依据，也为行政监管部门和司法机关评估企业合规管理体系运行情况提供了相应的参考。

三、合规不起诉案件中有效合规的基本思路

在合规不起诉案件中，涉案企业通常应首先制定符合实际的合规整改计划，并在有限时间内落实整改计划，再由检察机关或第三方监督评估组织（以下简称第三方组织）对计划执行情况予以考核评估。由于合规整改的目的性与有限性，显然不能对其作过于泛化的解释。因此，在对合规有效性标准进行探讨之前，需要厘清涉案企业有效合规的基本思路，准确界定其内涵。这既要充分认识到企业合规整改作为一种附属于刑事诉讼的司法活动，具有其内在的功能定位，不应简单等同于企业日常的合规体系建设；也要充分考虑到合规监督考察中涉案企业、第三方组织、检察机关各自的角色和职能分工，使有效合规建设、评估与审查三者之间达成有机贯通与标准衔接。

（一）现行域内外合规标准在合规监督考察中的适用具有局限性

如以社会治理的角度观之，企业合规尤其是刑事合规制度，可以被定义为国家通过刑事政策和法律责任归咎上的正向激励及制度供给，推动企业以刑事法律的标准来识别、评估和预防刑事风险，制定并实施遵守刑事法律的相关措施。② 由此可以引申出企业合规的两种含义：一是在事前合规的维度上，企业合规赋予了企业以预防和管理刑事风险的积极义务，有效合规指代的是企业针对潜在的刑事风险提出有效的防控措施；二是在事后合规的维度

---

① See International Organization for Standardization, *Compliance management Systems—Requirements with guidance for use*, at http://www.iso.org/standard/75080.html (Last visited Feb. 15, 2022).
② 参见孙国祥：《刑事合规的理念、机能和中国的构建》，载《中国刑事法杂志》2019 年第 2 期。

上，企业合规是以刑事法手段激励促进企业完善其内部控制机制的过程，而有效合规指的是企业在实际面临刑事风险时，通过修复管理缺陷、消除制度隐患等方式成功实现了去犯罪化的经营环境，形成了有效的合规管理体系。企业合规的双重内涵，决定了涉案企业在合规监督考察中所从事的合规整改和以"防患于未然"为目的的合规体系建设之间理应有所区别。合规有效性标准的制定则同样应有所区分，那种旨在引导企业构建一种日常性、综合性、预防性合规管理体系的有效性标准，并不能生搬硬套地用于评估合规监督考察程序中涉案企业合规建设之有效性。

由前文可知，一方面，随着相关国家标准与合规指引的颁布，我国在行政监管层面已然形成了初步的合规标准体系，能够为域内企业搭建有效合规管理的基本框架提供规范性参考和依据。然而，无论是《合规指引》《境外经营指引》抑或是《管理办法》，均未回答刑事诉讼中涉案企业合规整改之有效性标准的问题，其主要目的和功能在于引导企业开展日常化的合规体系建设，以有效防范潜在的经营合规风险，本质上是一种面向未涉罪企业的合规建设标准，而非检察机关或第三方组织在合规监督考察中评估涉案企业合规整改之成效时，可以直接援引的有效性评估标准。从《合规指引》和《境外经营指引》的有关规定也可以看到，两份规范性文件所倡导的均是一种"大合规"的理念，其所认可的合规计划也是一种综合而笼统的企业管理活动，目的在于预防企业及其员工任何违反法律法规、国际条约、监管规定、行业准则、商业惯例、道德规范、企业章程及内部规章制度等不合规行为所引致的风险;[1] 而涉案企业在合规监督考察中所制定的合规计划，则更多地体现出一种认罪答辩的性质，相应的合规整改应当是以其所涉的具体犯罪为对象，而不能将其泛化为针对所有一般性的合规风险。[2] 在此意义上，将企业日常性合规管理体系的建设标准引入到合规监督考察中，并以此作为涉案企业合规整改

---

[1] 例如，《中央企业合规管理指引（试行）》第2条第2款规定，"本指引所称合规，是指中央企业及其员工的经营管理行为符合法律法规、监管规定、行业准则和企业章程、规章制度以及国际条约、规则等要求"。

[2] 参见赵恒：《刑事合规计划的内在特征及其借鉴思路》，载《法学杂志》2021年第1期。

的有效性评估标准,其所发挥的作用注定十分有限。

另一方面,包括美国在内的一些西方国家,在"有效合规计划"这一理念的指引下,各自制定了相应的合规有效性标准,并在制定之初即以服务于司法实务为主要特征。以"七要素"为代表的美国标准体系,在历经多次修改后,其基本框架与一些关键技术指标为检察官是否采信企业合规整改计划提供了有益遵循,也能够为我国涉案企业合规有效性标准的制定起到借鉴作用。然而,无论是美国的"七要素"标准,还是英国确立的"充分程序"的六项原则,抑或是 ISO 基于国际社会最新合规管理实践所颁布的国际标准,均注重引导企业致力于构建一种普适性的合规体系,并进而罗列出一些通用的一级或次级指标。这意味着,这些合规有效性标准在书面形式上可能极易被勾选,一些企业所实施的"装点门面"式的合规计划,也能够轻易满足形式上的有效性要求。[①] 尤其是当这些指标作为一种合规整改的验收依据时,这种过于强调合规体系化建设的整改思路,往往会导致企业对合规整改的泛化理解。受其影响,涉案企业可能既没有挖掘并分析犯罪背后的深层次原因,进而采取有针对性的纠正和改进措施,又未能量身打造出一套符合自身实际情况的合规计划,而只是如同"套用公式"一般搭建繁冗而又不切实际的合规管理体系,即使在此过程中付出了高昂的制度建设成本,实际效果也可能极为有限,不能有效防止涉案罪行的再次发生。而检察机关或第三方组织受上述评价指标的影响,也容易得出"纸面合规"有效的结论,最终作出的不起诉决定也有违司法公正。此外,在不同的合规模式下,涉案企业有效合规计划的证明标准可能也不尽相同。正如有学者所言,企业合规计划作为量刑情节、入罪情节或是抗辩事由时,其有效性证明标准应不同于暂缓起诉模式下企业构建有效合规计划的证明标准。[②] 我国当前在探索企业犯罪附条件不起诉的合规模式下,应当充分认识到合规标准设置上的差异,从而进行有选择性的规则引介和指标设置。

[①] 参见〔美〕菲利普·韦勒:《有效的合规计划与企业刑事诉讼》,万方译,载《财经法学》2018 年第 3 期。

[②] 参见林静:《刑事合规的模式及合规计划之证明》,载《法学家》2021 年第 3 期。

综上，现行域内或域外的合规标准体系，均不能照搬应用于我国当前的企业合规监督考察。当然，这并非意味着上述标准在评估涉案企业合规整改之成效方面缺乏最基本的适用性。实际上，在几乎所有的合规不起诉案件中，涉案企业不论其类型、规模、业务范围及行业特点，均需要借助一些关键性的技术指标以完成基础性合规体系的搭建。这些关键技术指标与美国"七要素"标准以及我国《合规指引》《境外经营指引》等文件中所列举的合规要素高度重合，涉案企业可以在有效识别自身合规风险的基础上，结合本行业的合规建设指引，研究确定其合规计划所应当包含的基本要素。而检察机关或第三方组织亦可以此为参照，突出合规计划有效性评估的重点内容，并制定符合涉案企业实际的评估指标体系。

（二）合规有效性标准不必特别区分企业合规建设标准与评估标准

当前在合规有效性标准的探讨中，受美国企业合规计划有效性评估框架的影响，一些学者将涉案企业的合规整改从整体上划分为合规计划的设计、合规计划的运行与合规整改的验收三个环节，并提出上述三个环节各有其对应的有效性标准。合规计划的设计有效性主要是指涉案企业在全面识别自身制度风险漏洞的基础上，建立能够有效预防、监控和处置违法违规行为的合规管理体系，也即涉案企业进行一定的建章立制活动，提出一份设计良好的书面合规计划；合规计划的运行有效性则侧重于将合规计划渗透到企业经营决策与业务流程管理的各个环节，使书面合规计划能够得到贯彻执行和妥善运行；合规整改的结果有效性指的是涉案企业通过制定和实施合规计划实现了内部监管的良好效果，能够有效预防违法犯罪行为的再次发生，并形成依法依规经营的企业文化。[①] 这种以合规不起诉案件中程序主体及其职责分工的不同，对合规有效性标准作出的功能性区分，固然有其内在的逻辑性。在企业合规监督考察程序中，涉案企业、第三方组织及检察机关因为各自所扮演的角色不同，总体上形成了"涉案企业合规建设——第三方组织评估——检察机关审查"的合规考察机制，由于各阶段主体不同，所从事的具体内容也

---

① 参见陈瑞华：《合规监管人的角色定位》，载《比较法研究》2022年第3期。

不同，其有效性判断标准似乎也不尽相同。

这种功能性区分在最高人民检察院等九部委于2022年4月联合发布的《涉案企业合规建设、评估和审查办法（试行）》（以下简称《合规办法》）中亦有所体现。《合规办法》不仅对"涉案企业合规建设""涉案企业合规评估""涉案企业合规审查"分别下了定义，还以专章的形式规定了相应的实体性内容与程序性事项。然而，如细究之，可以发现《合规办法》所规定的涉案企业有效合规建设的主要内容，与涉案企业合规有效性评估的主要标准之间具有内在一致性。依据《合规办法》第4条至第12条之规定，涉案企业合规建设应当包含合规风险识别、合规承诺、合规组织、合规管理制度机制、支持和运行、合规绩效评价机制、持续整改和定期报告机制等要素，而这些合规要素均内化为《合规办法》第14条里穷尽列举出的合规有效性评估的六大指标。[①] 也即，涉案企业从事有效的合规建设，是后续有效性评估的基础与前提，而第三方组织对企业合规建设有效性的评估，乃是以企业合规计划中所确立的合规要素为评估依据。在此意义上，涉案企业合规建设与评估的有效性标准，两者在关键技术指标的设置上并没有本质的区别，可以看作是一体两面，其根本差异只是因应着不同的适用主体。综合现行域内外合规标准体系，这些关键技术指标大致可概括为：一是独立、权威且资源充足的合规组织体系。企业应当保证高层中有特定人员负责合规计划的制定和实施，并为其履职提供充分的资源保障，企业合规负责人可直接向董事会汇报合规工作，并享有不受阻碍地监督和执行合规计划的权力。当然，不同规模的企业可能在合规组织的需求方面有所差异，对于那些规模较小的企业，可由公司法务部门或风险防控部门履行合规管理职责，并由公司的董事或总经理等个别人担任合规负责人，而对于规模较大、内部结构较为复杂的大型企业而言，则应当组建专门的合规管理机构并设立首席合规官的模式，以切实履行公司

[①] 这六大指标包括："（一）对涉案合规风险的有效识别、控制；（二）对违规违法行为的及时处置；（三）合规管理机构或者管理人员的合理配置；（四）合规管理制度机制建立以及人力物力的充分保障；（五）监测、举报、调查、处理机制及合规绩效评价机制的正常运行；（六）持续整改机制和合规文化已经基本形成。"

合规管理职责并落实合规任务。① 二是高效且顺畅的合规管理运行机制。企业应当依据其所面临的合规风险制定相应的合规政策和程序，企业高层应作出遵守相关合规行为准则的明确承诺，并确保通过定期沟通和培训等方式向员工清楚传达这些政策和程序，企业还可通过制定适当的奖惩措施以及建立合规审计、合规举报机制等途径促进合规计划的执行。三是充分的内部调查和持续性改进。企业在不合规的行为发生后，应及时开展内部调查，对责任人员采取适当的纪律措施，定期监测和评估其合规风险，并根据内外部环境的变化对合规计划进行持续性修改和完善。②

事实上，在企业合规监督考察程序中，合规建设的有效性标准侧重于书面整改方案的合规论证，是涉案企业进行合规整改的纸面遵循；而合规有效性评估标准则着眼于涉案企业是否将整改方案所确立的任务逐一加以贯彻和落实，在指标的设置上与合规建设的指标应保持相对一致，只是在指标权重上更加注重于对合规整改实效性的判断，也即第三方组织应通过文件审阅、员工访谈、穿行测试、实地调研等方式，了解、评价、监督涉案企业合规计划与合规管理体系的有效性是否得到充分激发，并对相关制度机制的改进、矫正以及调适等提出指导意见。最后，依据《合规办法》中的规定，合规审查主要是检察机关对第三方组织报送的书面合规考察报告进行的审核评定，审查的内容主要包括第三方组织的合规评估方案是否适当，评估结论是否客观准确且具有说服力，以及对第三方组织或其组成人员履职行为的监督，并不直接涉及涉案企业合规建设的有效性问题。因此，合规不起诉案件中企业合规的有效性标准，通常仅指代涉案企业合规建设的有效性标准与有效性评估标准，两者在关键指标的设置上其实具有等价性，司法实务中可不必作特别区分。

（三）有效合规应做到"体系化整改"与"针对性整改"相结合

从合规计划被引入企业犯罪治理体系的制度初衷看，合规计划是以推动

---

① 参见李本灿：《企业视角下的合规计划建构方法》，载《法学杂志》2020年第7期。
② 参见涂龙科、刘东：《美国企业合规计划的要素与启示》，载《中国检察官》2021年第16期。

企业实现自我管理以达到企业犯罪抑制为其正当性基础,① 因而涉案企业的合规整改应当是以防止再次发生相同或者类似的违法犯罪为目标导向。然而,在我国当前合规不起诉案件中,许多企业的合规计划在制定之初就缺乏个别化和差异性,只是盲目地"求大求全",将与自身经营状况和实际风险不符的合规管理要素统统纳入到合规计划的范畴,后续的合规整改也只能是方凿圆枘,不能切中肯綮。有效的合规整改首先应当具有针对性和可操作性,这在典型案例中也得到了印证。例如,在最高人民检察院于2021年12月15日发布的第二批企业合规典型案例"上海J公司、朱某某假冒注册商标案"中,涉案企业在梳理自身合规风险防控管理漏洞的基础上,围绕知识产权合规风险点进行了有针对性的整改,制定了多项知识产权合规专项政策体系和程序体系,并在企业内部连续开展知识产权保护专项培训,在合规计划的制定和推进上做到了有的放矢,实现了企业犯罪的源头治理。

但与此同时,司法实务中还经常出现另外一种情形,即在一些犯罪情节较为轻微或企业规模较小的合规不起诉案件中,涉案企业制定的合规计划只是围绕其罪行有针对性地"打补丁",而忽视了企业治理结构、管理规范、业务流程把控等领域存在的一些系统化、深层次的问题。此时的合规整改沦为了"小修小补",而忽视了合规的体系化建设,最终的合规改造也并不彻底。事实上,如前文所述,之于企业而言,无论是依据行政监管部门发布的合规管理办法,抑或是行业组织出台的合规建设指引,有效的合规计划通常均包含着一些特定的合规要素,如完备的合规组织体系、行之有效的合规管理制度、明确而具体的高层承诺、持续性的改进和完善机制等,这些合规要素构成了合规计划的基本内容,也是对合规计划进行有效性评价的前提。② 而合规体系化建设的过程既是涉案企业执行合规计划的过程,又是将这些合规要素整合后并融入自身治理体系的过程,最终在预防企业犯罪方面发挥更为持久性的效用。

---

① 参见李本灿:《企业犯罪预防中合规计划制度的借鉴》,载《中国法学》2015年第5期。

② 参见齐钦、孙昕锴、王路路:《企业合规计划的有效性判断》,载《中国检察官》2022年第3期。

一言以蔽之,在合规不起诉案件中,有效合规应秉持一种"体系化+针对性整改"的基本思路,下面以一起案例试述之:

2019年9月,项某某、潘某某等人事先约定共同投资经营深圳某商业大楼的物业租赁项目。在该项目竞标时,项某某、潘某某与陈某某(已另案处理)、李某、何某某等人共同实施串通投标报价,并约定由李某的A公司中标。2019年10月,A公司中标后,项某某安排潘某某、陈某某注册成立B公司,并与A公司签署物业租赁授权委托协议,由B公司负责运营中标项目的招商、经营等。项某某为B公司的出资人,由潘某某担任公司法定代表人,陈某某任公司执行董事,李某任总经理。2019年10月,项目招标人公布A公司中标后,陈某某利用其B公司筹建人的身份便利,挪用B公司涉案90万元投资款归个人使用,至案发尚未归还;2019年11月,陈某某以其个人银行账户代B公司收取6家商户定金、装修公摊费等共计30余万元,后陈某某利用其职务便利,将上述代为收取的公司资金挪作个人使用,截至案发时仍未归还。

项某某、潘某某、李某、何某某等四人涉嫌串通投标一案的审查起诉阶段,B公司主动向检察机关提交了企业合规监督考察申请书,并自愿作出合规承诺。检察机关经审查认为符合企业合规条件,遂决定启动对B公司的合规监督考察程序。考察期内,B公司首先对涉案罪行进行了根因分析,梳理出公司在股权架构、内部治理结构、财务及招投标管理制度、职工法律意识等方面存在的主要合规风险。然后在根因分析的基础上,该公司出台了一系列具体的合规整改举措:一是完善公司股权治理结构;二是明确股东会、执行董事、监事、管理层的权责;三是建立合规管理组织体系;四是公司全员出具合规承诺;五是完善合规管理制度体系;六是加强合规风险管控流程;七是建立合规风险报告机制;八是建设企业合规文化;九是持续改进公司合规体系及合规制度。合规考察期届满,检察机关组织召开B公司合规整改验收公开听证会,评定其合规整改验收合格,并最终决定对项某某等四人作不起诉处理。

上述案例中,涉案企业的合规整改之所以能够被评为有效合规整改,主要原因在于其并非一味地追求建立大而全的合规管理体系,而是紧密围绕企业高管所涉嫌的罪名，对企业合规风险进行全方位梳理，在此基础之上通过完善企业内部治理结构、制定合规管理规章制度、健全业务风险管控流程等措施，最终消弭可能再次发生相同或类似违法犯罪的风险，并且从无到有地构建起一套相对完备的合规管理体系。具体而言，这包括：

一是梳理合规风险并进行根因分析。企业合规整改是企业在面临现实的行政执法调查或刑事追诉活动后，为及时、有效地化解由此所引发的危机，争取执法司法机关的宽大处理而进行的自我改造，具有时间上的滞后性和动因上的纠错性。为此，企业在采取具体的整改措施之前，必须深究犯罪成因，揭示与犯罪发生密切相关的制度缺陷和管理漏洞，由此才能为下一步的有效整改奠定基础。本案中，涉案企业委托律师开展尽职调查，形成了自查报告，梳理出公司当前面临的主要合规风险，经过深入分析后得出涉案罪行的发生主要缘于公司股权关系混乱，管理层权责划分不清晰，财务财税等管理制度不健全，以及合规组织长期阙如等几大原因，从而完成了一次全面的自我诊断，为后续合规改造铺平了道路。

二是开展有针对性的"查漏补缺"。在根因分析的基础上，企业要紧密围绕犯罪成因进行专门的和有针对性的制度修复和漏洞弥补，以切实消除犯罪发生的结构性原因，预防同类型犯罪的再次发生。本案中，涉案企业通过完善公司股权治理架构、压实管理层权责等方式，改变了公司高层长期对公司疏于管理的状态，针对高管所涉的串通投标和挪用资金两个罪名，制定了专门的财务用印和招投标规章制度，改进了公司原有的财务管理规范，调整或删减了与公司组织架构和经营现状不一致的内容，并通过定期的合规抽查、评查、审计等方式加强了对业务管理流程的把控，确保相关管理规范能够落地生效。

三是引入基础性的合规管理要素。企业合规整改的核心内容虽然是针对犯罪成因进行有针对性的纠错，以排除业已暴露的制度隐患和监管漏洞，但如果仅限于此，就无法从根本上构筑一种面向未来的长久性的合规管理体系，致使合规整改落入"头痛医头、脚痛医脚"的窠臼。因此，企业不仅要做到及时识别和处置现实的合规风险，还应进行更深层次的合规体系建设，以预防系统性的合规风险。就本案而言，涉案企业在合规考察期内，通过全员出具合规承诺、增设合规机构并指定合规负责人、制定公司合规章程、建立合规风险监测和报告机制、开展合规培训等一系列举措，完成了基础性的合规体系建构，在制度构造层面能够长久地发挥犯罪预防作用，也使得合规体系转化为公司整体治理体系的有机组成部分。

四、我国企业合规有效性标准体系之建构

历经两轮改革试点后，随着涉案企业合规改革在全国检察机关的全面推开，如何制定企业合规有效性标准，防止企业以不诚实乃至虚假的合规整改逃避其本应承担的刑事责任，避免企业合规成为某些涉案企业的"免罪金牌"，是摆在检察机关面前的一大难题。实践中为强化合规监管，保障企业合规监督考察制度的规范运行，最高人民检察院等九部门联合颁布的《第三方机制指导意见》及其配套文件中规定，涉案企业提交合规计划"主要是针对与企业涉嫌犯罪有密切联系的企业内部治理结构、规章制度、人员管理等方面存在的问题，制定可行的合规管理规范，构建有效的合规组织体系，完善相关业务管理流程，健全合规风险防范报告机制"，从而"弥补企业制度建设和监督管理漏洞，防止再次发生相同或者类似的违法犯罪"。

可以认为，以上关于企业合规计划的表述，实际上已经为我国涉案企业合规建设和有效性评估指明了方向，奠定了总的基调。以该指导意见为遵循，检察机关或第三方组织在督促涉案企业进行体系化合规建设的基础上，还要注重考察涉案企业是否实施了有针对性的修复和补救措施，唯有"体系化"和"针对性"兼顾的企业合规整改，方能被评定为有效的合规整改。[①] 而未来我国企业合规有效性标准体系的探索，也应当沿着"以体系化建设为基础，以专门性纠错为重点"的方向进行相应的制度建构。

（一）有效合规的前置性标准：犯罪根因分析

从企业合规程序的启动节点上看，企业或其员工通常只有被立案侦查或

[①] 关于有效合规整改须坚持"体系化"与"针对性"相结合的观点，具体可参见陈瑞华：《企业有效合规整改的基本思路》，载《政法论坛》2022年第1期。

被移送起诉之后，涉案企业才会面临实际意义上的合规整改的问题。由于此时涉案罪行已经发生，涉案企业合规整改的主要目的并非预防潜在的合规风险，而是针对已经具现化的合规风险进行有效处置和危机应对，从而尽可能减轻自身在刑事追诉中所需承担的责任甚至实现合规出罪的效果。为达致这一目的，企业就必须对自身或其员工所涉犯罪行为有一个全面且清晰的认识，探究犯罪背后的深层次原因，并挖掘与犯罪发生密切相关的企业治理结构、监督管理制度以及生产经营模式等方面存在的问题和漏洞，撤销或重构已被证明存在安全隐患乃至失效的内部控制机制，从而彻底切断犯罪发生的因果链条，防止类似犯罪的再次发生。质言之，涉案企业的合规整改在实践中总是呈现为一个由发现犯罪事实、揭示犯罪原因逐步过渡至控制和预防犯罪的总体流程。而对犯罪原因的查明和剖析，则是涉案企业合规整改的必经阶段，也是开展有效合规整改所不可或缺的前置性程序。①

通常而言，涉案企业对犯罪原因的探究可通过聘请第三方开展尽职调查或启动全面的内部调查等途径实现，并在此基础上形成自查报告。检察机关可依据对企业所提交自查报告的审查，确定涉案企业是否有效完成了犯罪的根因分析，是否对所涉犯罪的性质和原因有准确的了解。虽然不同企业在不同案件中的具体犯罪成因千差万别，但从类型化的角度进行区分，大致可归为以下四类：

一是企业的合规法律意识淡薄。从企业合规改革试点的实践经验看，不少涉案企业或其高级管理人员缺乏最基本的守法经营观念，或是漠视相关的法律法规，或是存有法不责众的侥幸心理，进而容易在利益驱动下逾越法律

---

① 参见周振杰：《合规计划有效性评估的制度构成》，载《环球法律评论》2022年第1期。值得一提的是，案发后涉案企业认罪认罚、停止犯罪行为、处置违法违规责任人、采取法益修复措施、配合执法司法机关调查等，同样是其有效合规整改的重要保障，也是企业合规程序及第三方监督评估机制的启动条件之一。在我国合规不起诉的实践探索中，许多试点检察院即为涉案企业设定了合规整改的前置性义务，企业须承诺构建或完善其合规管理体系，并辅之以配合调查、赔偿损失、补缴税款、修复环境等其他情形，检察机关综合考量企业认罪认罚、退赃退赔、合规计划执行情况等因素，最终对涉罪企业及有关责任人员作不起诉处理。

的红线。例如，在前述的合规案例中，涉案企业在进行了深入的根因分析后认为，公司人员法律意识淡薄是导致涉案罪行发生的主要原因之一，公司部分高级管理人员对法律知之甚少，对自身实施串通投标行为可能导致的法律后果没有概念，以为成立新的运营公司并接手中标项目的物业租赁权就可以"瞒天过海"；公司高级管理人员没有形成正确的法律观、价值观，致使整个公司从上到下都没有树立严格守法依规经营的理念。

二是企业的治理结构存在缺陷。我国许多企业尤其是中小微企业呈现家族式经营的特点，没有建立现代化的公司治理结构，公司运转往往系于一人之手，对创始人或实际控制人具有较高的人身依附性，[①] 公司的股东会（股东大会）、董事会等决策机构不仅经常被架空，公司的内部监督机制也往往形同虚设；由于缺乏有效的权力制约，公司的经营决策最终沦为"一言堂"，并在实际控制人的直接命令、授权或默许的情况下，实施违法犯罪行为。在前述案例中，正是由于涉案企业成立之初即出现股权关系混乱，显名股东和隐名股东各自的权责一直并没有厘清，股东对公司经营长期放任不管，致使公司时任的执行董事"野心极度膨胀"并敢于铤而走险，实施了挪用资金的行为。

三是企业的内部管理制度不健全。许多企业并没有将合规风险管控的理念融入到日常管理工作中，风险识别防范机制不健全，在缺乏内部监督制约的情况下呈现出无序生长的状态。具体表现为，对于公司生产经营中可能面临的合规风险没有预先评估，也没有建立相应的风险识别、监测和处置机制，在劳动人事、财务税务等合规风险较高领域内的管理规章制度也设置得较为简陋，没有制定专门的合规行为准则以规范员工的行为，甚至为了盲目追求公司业绩，纵容员工从事违法违规经营行为。同时，企业针对重大投资、并购、第三方合作等重要业务活动，也没有建立起常态化的合规审查和合规审计机制，其内部控制制度可谓"漏洞百出"，这使得公司在日常经营管理中违法违规行为频发，在刑事法律风险面前也"不堪一击"。

---

① 参见王雷：《把握好考察小微企业刑事合规有效性的标准》，载《人民检察》2021年第12期。

四是企业的经营模式游走在违法犯罪的边缘。企业作为以营利为目的的商业组织体,在追逐利润最大化的同时,往往忽视了其经营模式的合法正当性问题,尤其是当其经营模式介于合法与不合法的灰色地带,一旦经营失控,就滑向了违法犯罪的深渊。有学者即指出,随着经济社会的高速发展,许多企业所设计出的创新性的商业或经营模式往往蕴含着触犯刑法的风险,例如当前许多从事商业直销、大数据征信、网络贷款平台等业务的企业,由于没有建立相对完善的风险防控体系,容易牵涉非法经营、骗取贷款、非法吸收公众存款、组织领导传销活动、侵犯公民个人信息等多项罪名,也正因此,企业合规的一大功能,即在于督促涉嫌犯罪的企业健全并完善其内部控制机制,进而实现对自身生产经营模式的除罪化改造。[①]

(二) 有效合规的基础性标准:合规体系建设

涉案企业的合规整改,虽然应当聚焦所涉嫌犯罪的具体成因采取有针对性的纠正和补救措施,但在几乎所有类型的企业合规案件中,涉案企业都需要引入一种体系化的合规整改思维,进行一定程度的合规体系建设,以满足最基本的合规管理体系的需求。原因在于,一方面,合规管理体系的建立是企业采取针对性合规整改措施的制度基础,企业只有事先搭建起由合规组织体系、合规政策和程序、合规风险监测和处置机制等组成的基础性合规管理体系,才能将与某一类犯罪控制相关的理念融入或渗透到其管理制度中,进而针对某一特定类型犯罪进行专门性的纠错。倘若将企业合规整改比作建造房屋,则体系化建设是打地基,而专门性纠错是在此基础之上的浇筑和砌墙;另一方面,涉案企业只有将合规上升为一种体系化、制度化的自我改造活动,才能避免合规整改"就事论事""一改了之"的局限性,从而帮助企业预防那些更为长远的、系统性的违法犯罪风险。易言之,如果承认涉案企业在刑事诉讼中所从事的合规整改活动是一种旨在推动企业内部管理的法制度工

---

① 参见陈瑞华:《刑事诉讼的合规激励模式》,载《中国法学》2020 年第 6 期。

具,① 则检察机关或第三方组织无论是针对大型企业抑或是中小型企业的合规监督考察,均应当将涉案企业的合规体系化建设纳入其有效合规整改的评估内容。

对于涉案企业应当如何进行体系化的合规建设,有观点认为,涉案企业并非旨在通过"模式化"的合规流程建立起一套"大而全"的合规管理体系,而是应当以专项合规为指引,针对企业所涉具体犯罪类型及特定的合规风险建立专门的合规管理体系。② 这种观点固然有其道理,受目前企业合规监督考察期的限制,要求涉案企业在短时间内建立能够抵御多项法律风险的合规管理体系并不现实,实践中只能是"浅尝辄止",不仅耗费大量的人财物资源,也达不到预期的效果。但涉案企业即便是建立专项合规管理体系,例如,以所涉的侵犯商业秘密罪引申到构建涵盖所有类型知识产权犯罪的知识产权保护合规体系,在制度建设中也需要引入一些通用的合规要素,从而完成基础性合规管理体系的框架搭建。

那么,究竟哪些要素是企业完成合规体系建设所必不可少的?事实上,任何企业合规管理体系之有效性,均主要体现在其能够切实有效地帮助企业规避刑事法律风险,并在企业实际面临刑事指控时,起到减轻、免除企业刑事责任的效用。在此意义上,任何有效的合规管理体系均应当是一种风险导向型的合规管理体系,至少应当涵盖风险预防机制、识别机制和应对机制三个方面;而相应的合规要素,譬如制定内部合规行为准则、成立合规组织机构、开展合规审计与合规调查、建立举报与惩戒机制等,则是判断企业合规管理体系是否符合以上三个方面的具体标准。③ 概而言之:

(1) 风险预防机制。企业从建章立制的角度出发,制定内部合规行为准则,明确具有实体规范效力的合规政策和程序,并确保将合规政策和程序嵌入到业务管理流程中,保证企业在重大决策中的合规参与机制;成立独立的

---

① 参见李本灿:《我国企业合规研究的阶段性梳理与反思》,载《华东政法大学学报》2021年第4期。

② 参见陈瑞华:《企业合规不起诉改革的八大争议问题》,载《中国法律评论》2021年第4期。

③ 参见李玉华:《有效刑事合规的基本标准》,载《中国刑事法杂志》2021年第1期。

合规部门或配备合规专员履行合规监督职责,对各业务部门的合规情况进行日常监督和专项检查,并提供法律合规审查和咨询服务;企业高层要作出明确而具体的合规承诺,针对员工开展持续性的合规培训,培养员工的合规意识,并通过设立相应的奖励和处分机制,为员工提供内生合规激励。

(2) 风险识别机制。企业全面调查、收集、梳理经营管理活动中可能涉及的主要合规风险,形成相应的风险识别清单;在对风险进行识别定位的基础上,对风险发生的概率、影响程度和紧迫性等进行评估,并依据评估结果进行风险分级;对合规程序的运行情况和合规政策的执行情况开展常态化的合规审计和合规检查,搭建合规投诉举报平台,鼓励员工举报违法违规行为。[1]

(3) 风险处置机制。企业对于即将到来的具有明显标识性的合规风险,及时启动内部调查,对风险隐患进行全面的诊断,采取有效防控措施以避免风险的进一步扩大;对于风险已经现实发生且进入刑事诉讼程序的,充分披露有关人员的违法违规行为,在配合调查的同时,积极收集证明企业自身无罪、罪轻的证据,并及时启动问责和惩戒机制,对违规人员给予内部处分。

(4) 跟踪监测机制。企业对合规风险进行持续性的动态监测,当内外部环境发生变化时,及时对合规风险进行再评估;建立自我监测机制,定期对合规体系的整体运行情况进行评估并采取必要的补救和修正措施。

最终,一个有效合规管理体系所需的基本要素如下表所示:

风险预防机制	风险识别机制	风险处置机制	跟踪监测机制
1. 合规政策和程序 2. 合规行为准则 3. 合规组织体系 4. 高层合规承诺 5. 合规培训 6. 奖惩机制	1. 合规风险评估 2. 风险分级 3. 合规审计 4. 合规检查 5. 合规举报机制	1. 内部调查 2. 信息披露 3. 问责和惩戒	1. 持续改进 2. 自我监测 3. 补救和修正

---

[1] 有研究者认为,企业是否设计并执行一套用以鼓励员工对企业犯罪事实积极予以披露的举报人制度是评估合规计划是否有效的重要标准之一。参见宋颐阳:《企业合规计划有效性与举报人保护制度之构建——澳大利亚路径及其对中国的启示》,载《比较法研究》2019 年第 4 期。

（三）有效合规的关键性标准：犯罪诱因阻断

经过上述的体系化合规建设，可能仅意味着企业通过合规整改确立了最低限度的合规管理体系，在制度规范层面能够符合预设的合规目的，但更为核心的问题是，企业的合规管理体系在实践中是否能够切实发挥作用，以实质性地预防和减少企业及其员工的违法犯罪行为，也即具有实质有效性。[1] 反映在个案中，即企业是否借助合规考察程序基本消除了潜藏在其内部管理制度或经营模式中的犯罪因素，阻断了犯罪发生的因果链条，能够有效防止甚至杜绝今后相同或类似犯罪的再次发生。那么，企业如果只关注体系化的合规整改，意图构建一种综合性的合规管理体系，而不针对已经查明的犯罪原因，提出防止企业自身或其员工再次实施犯罪的具体解决措施或方案，则这种合规整改并不能有针对性地堵塞已经暴露出的管理漏洞、修复制度缺陷，最终也只能是流于形式。[2] 因此，以犯罪原因分析为导向，以合规体系化建设为基础，采取有针对性的纠正和修复措施，是有效合规的关键，也是涉案企业合规整改的重中之重。正如有研究者所言，企业在刑事诉讼中所要建立的合规计划不能无所不包，而必须具有针对性，具体应当包括对犯罪主客观原因的分析，并针对犯罪原因采取相应的补救措施，以预防企业再次实施犯罪行为。[3]

有研究者试图从合规文化建设的角度解答有效合规的实质性标准问题，主张企业合规是否有效并非取决于技术指标的简单拼接与堆砌，因为这充其量只是满足了有效合规的形式要件，而有效合规的实质要件则在于企业是否从员工态度、行为习惯以及组织氛围三个层面塑造了一种崇尚合规的组织文

---

[1] 参见王志刚：《论刑事合规计划的实质有效性》，载《西南石油大学学报（社会科学版）》2022年第1期。
[2] 参见陈瑞华：《有效合规管理的两种模式》，载《法制与社会发展》2022年第1期。
[3] 参见王焰明、张飞飞：《企业刑事合规计划的制定要把握四个特性》，载《检察日报》2021年7月13日，第7版。

化。① 然而，本文认为，合规组织文化本身就是一个极为抽象的概念，企业通过制定合规管理规范或构建实施合规管理运行机制等方式，在企业内部积极推广和培育依法依规经营的组织文化，这显然不是一朝一夕所能达成的，更何况对于实践中动辄 1 年或更短的合规考察期而言，要在极为有限的时间内实现这一目标更是难上加难，因而涉案企业的合规文化建设不宜作为评估其合规整改之有效性的主要参考指标。质言之，在现实有限的合规考察期内，评估涉案企业有效合规整改的关键，依然在于其是否针对与犯罪有密切联系的内部治理和经营管理等方面的问题，实施了专门性纠错，最终实现犯罪诱因的阻断。②

实践中，这种专门性纠错因应着企业所涉罪行的根因分析，并依据不同类型的犯罪成因采取相应的整改措施。例如，针对企业因内部治理结构缺陷而导致的犯罪，要及时完善内部机构设置，增设专门的合规组织机构，明确各层级的合规监管职责，保障股东会（股东大会）、董事会等集体决策机制的正常运转，并将对企业犯罪负有直接责任的人员彻底排除出企业核心决策圈，必要时还应更换领导团队；针对企业因内部管理制度不健全而导致的犯罪，要及时制定相关犯罪控制领域的专项合规管理规范，填补制度管理空白。同时，企业的法务部门或专门的合规管理部门应加强对大额财务支出、人力资源管理、税款缴纳、原料采购、产品销售、礼品招待、赞助捐款、商务合作等重点环节和业务流程的合规审查，③ 对于财务税收、劳动用工、市场交易、知识产权、安全环保等重点领域的业务管理流程开展常态化的合规审计和专项检查，④ 健全相应的风险识别防范机制。

举例而言，对于企业因落实安全管理责任不到位而涉嫌重大责任事故的，应及时修改完善安全生产领域的管理办法，出台相应的合规行为准则，加强员工安全教育培训，使重要风险岗位人员熟悉并遵守各项安全管理规定，

---

① 参见李勇：《涉罪企业合规有效性标准研究——以 A 公司串通投标案为例》，载《政法论坛》2022 年第 1 期。
② 参见李本灿：《刑事合规制度改革试点的阶段性考察》，载《国家检察官学院学报》2022 年第 1 期。
③ 参见《企业境外经营合规管理指引》第 14 条。
④ 参见《中央企业合规管理指引（试行）》第 13 条。

对作业施工现场安全保障条件与安全防护措施实行情况定期进行监督检查，并对第三方安全生产资质进行严格审查，及时更换不符合条件的合作方；而针对企业因自身不恰当的商业或经营模式所导致的犯罪，则应及时对其商业模式进行除罪化改造，或转变自身的商业模式，或裁撤存在违法犯罪隐患的产品、业务或生产线，① 最终达到犯罪预防目的。专门性纠错不排斥对合规文化建设的适当关注，涉案企业可通过设立合规培训和沟通交流机制，逐步提升员工的合规意识，使员工牢固树立依法合规经营的理念，并通过开展第三方尽职调查或要求第三方签署合规承诺等方式，将合规文化传递至利益相关方。

综上，涉案企业合规整改的有效性标准体系如下图所示：

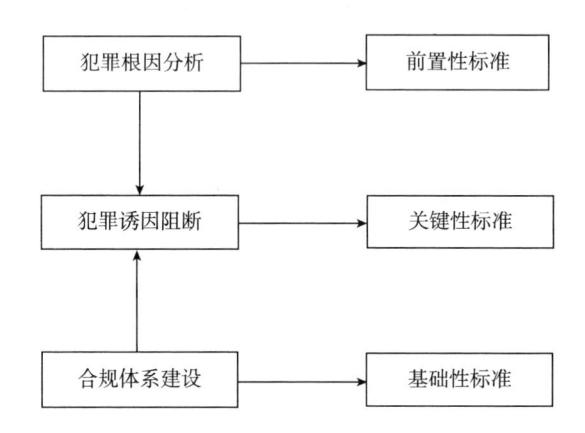

```
犯罪根因分析  →  前置性标准
     
犯罪诱因阻断  →  关键性标准
     ↑
合规体系建设  →  基础性标准
```

最后，本文在此需特别澄清两个问题：其一，如何协调标准化合规制度的推行和企业经营自由权的保障这两者之间的矛盾，历来是一个充满争议的问题，由于涉案企业的组织架构、规模体量以及所处的行业领域不同，在企业合规监督考察中，可能并不存在一套"放之四海而皆准"的有效性标准体系。② 这关系到检察机关或第三方组织在个案中，如何选取与涉案企业实际状

---

① 参见陈瑞华：《企业有效合规整改的基本思路》，载《政法论坛》2022年第1期。
② See Günter Heine, "New Developments in Corporate Criminal Liability in Europe: Can Europeans Learn from the American Experience—or Vice Versa?", in *St. Louis-Warsaw Transatlantic Law Journal*, 178 (1998), p. 173；转引自李本灿：《我国企业合规研究的阶段性梳理与反思》，载《华东政法大学学报》2021年第4期。

况和犯罪情节相契合的技术性指标，以此作为评估涉案企业合规有效性的恰当依据。但几乎所有类型的涉案企业，无论其适用何种合规范式，均应当遵循"犯罪根因分析——合规体系建设——犯罪诱因阻断"的整改模式，唯有三方面相结合，才能称之为一种有效合规整改。其二，在涉案企业合规改革试点过程中，一些实务界人士从总结实践经验的角度出发，对于一些轻罪案件推崇一种"简易合规范式"，认为只要涉案企业在既定时间内查明了犯罪原因，并进行了有针对性的纠错和修复，即可认定其合规整改有效。① 然而，正如上文所述，体系化的合规建设是企业实施专门性纠错的制度基础，缺少了这一步，涉案企业的合规整改将成为"无源之水""无本之木"。即使对于那些涉嫌轻微刑事犯罪的中小微企业，检察机关在评估其合规有效性时，仍然应当将涉案企业是否搭建了基本的合规管理体系作为验收评定合格的重要依据。唯一的区别可能在于，相较于那些人员众多、内部结构复杂的大型企业而言，中小微企业所要建立的合规体系只需具备一些通用的合规要素，满足最基本的合规管理要求。

五、结论

随着检察机关企业合规改革向纵深迈进，如何制定出一套行之有效的企业合规有效性标准，从而保障不起诉等从宽处理决定的司法公信力，已经成为实践中亟待解决的问题。综观当前域内外主要合规标准体系，我国企业合规标准化建设虽然已经取得了相应的制度成果，但其出发点在于为尚未涉嫌犯罪的企业提供日常合规建设标准，而非旨在服务于企业合规监督考察的司法实务。以美国"七要素"为代表的标准体系框架，其技术性指标的设置能够为我国制定合规有效性标准提供一定的参考借鉴，但在规则引介层面仍然需要一个本土化改造的过程。虽然从合规监督考察制度的规范运行上看，合

---

① 实践中对于此类适用"简易合规范式"的案件，检察机关一般采取"相对不起诉+检察建议"模式，也即先对涉案企业作相对不起诉，然后向企业提出合规整改的检察建议。参见陈瑞华：《有效合规管理的两种模式》，载《法制与社会发展》2022年第1期。

规有效性标准包括了企业合规建设的有效性标准与有效性评估标准两个方面，但这种区分只具有功能性意义。涉案企业合规建设的有效性体现在企业量身定制出一份精心设计的合规计划，能够形成纸面有效的合规管理体系；而合规评估的有效性则体现在涉案企业将纸面合规计划中的合规制度要素逐一加以激活，并使其中的合规政策要素得到贯彻执行。两者在技术指标上高度统一，实践中可不必作特别区分。

而以最高人民检察院等部门联合出台的企业合规第三方监督评估的规范性文件为指引，合规不起诉案件中涉案企业的有效合规整改应在注重"专门性纠错"的同时，兼顾合规的"体系化建设"，最终实现"因罪施策""标本兼治"。具而言之，对涉案企业合规有效性标准的探索，应以涉案企业实施彻底的犯罪根因分析为前置性标准，以适当的合规体系建设为基础性标准，以最终的犯罪诱因阻断为关键性标准。在企业合规监督考察程序中，涉案企业唯有做到以上三个方面相结合，检察机关或第三方组织方能认定其实施了有效的合规整改。

企业附条件不起诉制度研究

李书勤　吴妙纯[*]

摘　要　建立健全企业合规制度,既是检察机关服务保障经济社会健康长远发展的应然要求,也是助力推进国家治理体系和治理能力现代化的重要举措。本文结合检察机关办案实践,探索构建对实践具有指导意义的企业犯罪不起诉制度,由此激励更多企业自觉建立企业合规体系,让合规经营的理念蔚然成风,协助更多的中国企业在法治化的市场经济舞台上行稳致远。

关键词　企业附条件不起诉　认罪认罚从宽　刑事合规

所谓合规计划,是指用于预防、发现和制止企业违法犯罪行为的内控机制。1991年美国《联邦组织量刑指南》首次将企业合规计划引入到法律实践中。在中兴、华为事件之后,我国政府和企业也逐渐认识到"合规管理制度""合规计划"等一系列相关概念所蕴含的价值和意义。

刑事合规是合规的下位概念,是指为避免因企业或企业员工相关行为给企业带来的刑事责任,国家通过刑事政策上的正向激励和责任归咎,推动企业以刑事法律的标准来识别、评估和预防公司的刑事风险,制定并遵守刑事法律的计划和措施,其实质是企业自身对刑事犯罪风险的监管、防控和应对。在刑事法律回应合规的视角下,适当的刑罚激励机制能够促进企业识别自身遗留的问题、完善合规计划以及构建企业文化,进而使企业持续健康地发展。

---

[*] 李书勤,广东省深圳市南山区人民检察院办公室主任;吴妙纯,广东省深圳市南山区人民检察院干部。

而对于我国而言，企业合规面临的最大难题是刑事法律上缺乏有效的激励措施，由此造成了不少企业合规热情不高、合规动力不足的局面，亟须在立法上增设企业附条件不起诉制度。

一、构建企业附条件不起诉制度的必要性

（一）预防犯罪层面

从预防犯罪的层面来看，根据德国学者罗克信教授构建的机能主义犯罪论，传统的刑法惩罚机能开始向积极的预防功能转变，也即，通过培养刑法规范的信任来预防犯罪行为发生，事后惩罚和威慑效应不再是刑罚的主要功能。

在我国，一直以来企业犯罪未受到足够的重视，由此也制约了企业犯罪的刑法理论发展，比如，企业犯罪主体的责任能力、责任形式、共同犯罪等理论基本没有变化。相反，有关自然人犯罪的刑法理论一直处于蓬勃发展的状态，与自然人犯罪有关的刑事程序理论不断获得新的突破，域外的程序法理论不断被学者们探讨并介绍到国内，如暂缓起诉、非法证据排除等。我国也在根据具体情况，创设新的刑事法理论、制度以适应不断变化的实践需要，比如认罪认罚从宽、同案同判、类案检索及刑事和解等。前述法律制度的变化不断体现在刑事司法实践当中，对预防和规制犯罪发挥着积极作用。企业犯罪也应该根据社会发展而有新的改变，并在理论构建、制度设计及司法实践中体现出积极的一般预防观念。而在一定程度上，刑事合规与积极的刑法预防观念是契合的。也就是说，刑事合规同时具有了预防作用和抑制作用。基于此，构建企业刑事合规附条件不起诉制度，既是应对现代社会风险的外在需要，也是在内在本质上体现积极的预防刑法观，是根据预防性刑法理念对企业犯罪刑事责任的制度性改造。通过对企业犯罪司法理念的改造和完善，可以为企业构建合理的刑事合规制度提供充足的制度支持和激励效应，从而在我国真正形成企业刑事合规的理论氛围和实践动因。

（二）企业发展层面

从企业发展层面来看，刑事合规是现代企业制度和社会主义法治体系的重要组成部分，企业如果不能构建有效的合规方案，就不能充分参与社会主义法治建设和市场竞争。近年来，为了给企业发展提供更友好的外在氛围，国内一直在推进企业营商环境建设，并对与企业发展相关的法律制度进行检讨和完善，根本目的就是为企业经营和发展提供有利的外在环境。其中，法律制度的完善和发展是企业营商环境的重要内容，并持续在理论和实践上得到重视和发展。作为法律内容和法治体系的组成部分，企业刑事合规附条件不起诉就成为推进营商环境建设的制度保障，在未来一段时间内应成为法律完善和发展的重要内容。

（三）企业国际化层面

从企业国际化层面来看，刑事合规也是重要且不可忽视的内容。西方发达国家为了推动本国企业的国际化经营和全球化战略，基本都在法律体系中构建了与企业刑事合规相对应的激励性制度。从这个意义上看，域外先进的法律制度和法治体系基本都将企业刑事合规制度作为立法上的重要内容，并在司法实践中认真实施和推行，对本国企业对外发展起到了充分且有效的保障作用。随着我国企业走出去的范围愈加广泛，参与国际化的程度愈加深刻，需要在法律制度层面为国内企业参与国际化竞争提供有效的法律保障和激励措施。因此，推进企业附条件不起诉立法已势在必行。

二、构建企业附条件不起诉制度的可行性

（一）理论基础

根据建构主义系统论的代表人、德国学者迪兹提出的企业罪责的建构主义概念，企业属于自我再制的系统，通过企业内部的结构变化和演进，来抵御市场复杂性与偶变性，对行为过程进行固定，形成一种组织文化，这种企业文化对员工选择产生影响。当一个组织表现出一种"不遵守法律的企业文

化（不合规）"时，企业罪责就会显现出来。反之，当企业通过有效的合规计划实现了守法的企业文化时，就不应该受到惩罚，至少也应予以从宽处罚。

因此，合规的企业文化是企业作为一种组织体所体现出的守法意识，有效的合规计划体现的是企业作为一种组织体对法律的敬畏、遵从，体现的是一种认罪悔罪的态度。对于涉罪企业来说，"承诺合规"等同于"认罪认罚"，实施了有效合规计划的涉罪企业理应获得从宽处罚，基于此甚至可以对企业犯罪作出附条件不起诉。这为企业附条件不起诉奠定了理论基础，指明了建构方向。

（二）制度基础

从立法的角度来说，企业附条件不起诉应写入刑事诉讼法。这需在刑事诉讼法总则中找到相应的制度基础。而认罪认罚从宽制度经过多年试点，于2018年刑事诉讼法修改时写入总则第15条，即"犯罪嫌疑人、被告人自愿如实供述自己的罪行，承认指控的犯罪事实，愿意接受处罚的，可以依法从宽处理"。这为企业附条件不起诉奠定了制度基础。首先，认罪认罚从宽制度是一项"贯穿整个刑事诉讼程序的重要制度"，是被告人的一种权利，理当平等适用于所有犯罪主体。其次，认罪认罚从宽制度中的"从宽"既包括量刑从轻也包括相对不起诉。换言之，不起诉是认罪认罚从宽的应有之义。对符合条件的认罪认罚案件作出不起诉处理，是实体从宽的重要体现，单位犯罪认罪认罚，"可诉可不诉"的就可以作出相对不起诉决定。既然可以相对不起诉，那么在理论上就可以附条件不起诉，因为附条件不起诉在某种意义上就是附条件的相对不起诉。最后，认罪认罚从宽中"认罪"的内涵既包括自然人的悔罪，也包括企业的承诺合规。对于自然人来说，"认罪"就是指犯罪嫌疑人、被告人自愿如实供述自己的罪行，真诚悔过。对于企业来说，通过真诚努力建立并有效实施合规计划，展现出合规意识和努力构建合规的企业文化，反映出认罪悔罪态度，就理应获得从宽处罚。可见，认罪认罚从宽制度为企业附条件不起诉在刑事诉讼法总则层面奠定了制度基础。

(三) 实践基础

首先，未成年人犯罪附条件不起诉实践为企业附条件不起诉积累了实践经验。我国刑事诉讼法2012年修改时，针对未成年人犯罪设立了附条件不起诉制度，即对于未成年人涉嫌刑法分则第四章、第五章、第六章规定的犯罪，可能判处1年有期徒刑以下刑罚，符合起诉条件，但有悔罪表现的，设置6个月以上1年以下的考验期，人民检察院可以作出附条件不起诉。如果在考验期内遵守所附条件的，期满后作出相对不起诉决定；如果考验期内有违反所附条件情节严重等情形，则撤销附条件不起诉决定，提起公诉。实践证明，未成年人犯罪附条件不起诉制度运行多年以来，对涉罪未成年人的教育矫治发挥了重要作用，对于预防未成年人犯罪效果明显。这为企业犯罪附条件不起诉积累了重要经验。这与美国的暂缓起诉最初来源于少年司法具有异曲同工之处。

其次，检察机关的试点探索为企业附条件不起诉提供了实践样本。2020年3月，最高人民检察院启动企业合规试点工作。实践中合规不起诉大致有这样两种模式：一是不起诉前督促合规。利用审查起诉期限作为合规承诺考验期，以考验期内合规实施情况作为不起诉考量因素。采取该模式的有浙江省舟山市岱山县人民检察院、广东省深圳市南山区人民检察院等。在一起非国家工作人员行贿案中，南山区人民检察院采取"先作出相对不起诉处理再对企业进行合规监督考察"的模式，为试点工作开展探索有益经验，获评最高人民检察院企业合规改革的典型案例。二是不起诉后建议合规模式。该模式可以具体描述为"合规承诺书（认罪认罚具结书）＋相对不起诉＋检察建议书"。检察机关对于认罪认罚的企业作出相对不起诉后，给企业发出检察建议，督促企业建立合规计划。采取该模式的有江苏省南京市建邺区人民检察院、浙江省温州市人民检察院等。关于合规的监督、考察和评估问题，实践中主要有以下模式：一是检察官监控模式。犯罪嫌疑单位签署合规承诺书（认罪认罚具结书），由检察官跟踪评估，根据情况作出不起诉处理或提出从轻处罚的量刑建议。例如，深圳市龙华区人民检察院制定的《关于对涉民营经济刑事案件实行法益修复考验期的意见（试行）》规定了类似上述的内容。二是独立合规监控人模式。检察机关通过与司法行政机关、市场监管部门协作，选任独立的合规监控人。例如，深圳市人民检察院会同市司法局、市工商联等8家单位共同成立深圳企业合规第三方监管机制管委会，会签管委会及第三方监管人管理暂行规定等配套文件，提升合规监督考察的专业性和针对性。上述实践探索的基本特点是在现有法律框架内，依托认罪认罚从宽制度，最大限度给予企业合规刑事激励，这为我国企业附条件不起诉立法积累了宝贵的实践经验。

三、关于企业附条件不起诉制度的具体建议

（一）适当区分企业犯罪与企业负责人犯罪

由于难以区分涉企案件中单位和个人主观过错，当前实践中普遍采用对涉罪企业和主要负责人的混同处理或"放过企业，严惩责任人"的做法。此种对企业犯罪和企业负责人犯罪不加区分适用的做法，面临着不当适用企业合规刑事激励机制和不当出罪自然人的双重风险。因此，在对符合合规条件的涉罪企业适用合规不起诉制度的同时，企业的负责人员如主动承认自己的罪行，愿意接受刑事处罚建议，认罪态度好、愿意积极整改的，可以作为量刑从宽的情节予以考虑。在对企业和个人的责任做出适当分离的基础上，将企业合规作为责任人员出罪或从轻、减轻处罚的情节，将其纳入企业合规整改考察体系，以推动企业进行刑事合规的积极性。但将企业合规适用于负责人员应仅限于与企业市场经营行为相关的犯罪，与企业经营无关的个人犯罪不应纳入企业合规从宽情节体系中。

（二）适当区分大中小微企业

在国内的大中型企业中，企业合规本应属其组织体系和结构的组成部分。相对而言，对其实施较为全面的合规整改，聘请专业的第三方监管机构跟进、监督和评估，具有一定的可行性。但对于小微企业，全面合规就意味着过高的经营成本。当建立企业合规的成本超过企业正常经营的负荷，不起诉的保护作用难以实现应有效能。要实现企业合规的本土化，首先应考虑合规的大众面向，合规的全面推广才能真正做到优化营商环境。因此，中小微企业的合规无须大而全，而是具有针对性和现实执行性，可以根据涉及的罪名和情

节严重程度,确定刑事合规计划的具体内容。如以建立 1—3 个月不等相对较短的合规考察期,制定更为简化的专项企业合规计划,如无须聘请第三方监管机构,直接由检察机关或者行政机关督促合规建设与评估等。当然,除了要考虑中小微企业的合规计划特殊性外,还应当尊重其进行合规的自愿性。

(三) 建立层次性的企业合规有效性标准

企业刑事合规计划的有效性判断,并非简单地对照标准进行评估,而是围绕企业治理合规体系的整体性与科学性的规划。首要前提是确立刑事合规计划的制定原则,针对不同的犯罪类型和企业规模,设置层次性的评价标准。一方面,对于规模较大的涉罪企业,合规评价标准可以从合规计划的制定、实施效果、持续性跟进等三个方面进行评估。这一标准实际包括了刑事合规计划制定环节的有效性、执行的有效性。另一方面,对于中小微企业,合规的评价标准应具有针对性,围绕涉及的罪名、情节对重点风险领域制定合规工作计划,通过完善生产经营监管流程,集中加强风险点的自我排查,参与相关的企业合规、合法经营的法律培训等,实现精准化、高效的合规治理整改。同时,缩减第三方机制考察规模,以最大化降低合规成本。

(四) 建立常态化的监督回访机制

从目前的发展情况看,中国要建立起相对较长的企业合规考察周期的可能性较小。这就意味着,在完成企业合规的评估考察工作、检察机关作出不起诉决定后,企业恢复正常运转,合规计划的执行实施和改进由企业自我管理。但合规运营对以营利为目标的企业而言始终是一项负担。因此,要确保企业合规制度建设的长期有效,还需要公权力机关外部监督的支持。除了相关行政主管部门的日常检查外,检察机关可以设立"随机+定向"的监督回访机制,联合行政部门对已经完成合规整改的企业进行监督回访,尤其是针对已涉罪领域进行风险排查,如发现合规整改落实不到位,或者未及时修正合规计划的,可以向企业制发检察建议,推进企业开展合规建设,对企业的合规情况进行常态化的监管,在更广泛领域发挥检察机关在提高社会治理效能方面的作用。

（五）健全检察主导的具结评估机制

1. 强化检察机关第三方机制监管中的主导地位

在第三方机制监管中，检察机关主导地位主要体现在过程控制和结果裁断两个层面。在过程层面，第三方机制管委会通过选任第三方组织形成通力合作的"监管—实施"的合规整改格局。但检察机关不能因为有专业力量介入，便直接将合规考察任务交给第三方机制处理。作为监督审查部门，检察机关应全面、统筹考察进度，及时掌握、调查、督促合规计划进展，避免出现"纸面合规""形式合规"和"虚假合规"的现象发生。在结果层面，第三方监管机制是辅助检察机关进行合规考察和评估判断的外部力量，其形成的评估报告和意见是检察机关是否作出不捕、不诉决定的重要参考，但并非以其评估报告直接作为从轻、减轻的法定证据。在第三方的监管体系中，独立监管人以其专业知识与经验为企业搭建企业合规体系，第三方机制管委会以日常监督与巡回检查保障整改落实情况，检察机关则在监督的基础上，对企业合规建设和评估报告进行审查，并最后出具决定性意见。全流程应按照职责分工，围绕以检察机关为主导的核心展开。

2. 理性看待企业"社会危险性"和"慎捕少捕不捕"之间的关系

实践中，有将减少羁押作为企业合规的激励手段之一的倾向性，但这一做法容易产生混淆"个人危险性"与"社会危险性"的风险，企业的社会危险性大小和企业合规建设有关，但是和企业员工的人身危险性往往没有直接关联。因此，应严格按照被追诉人的人身危险性作为强制措施具体适用的判断依据，避免超出法律规范的范畴，陷入以"合规协议"换取"不捕"的窠臼。

3. 合理规范不起诉裁量权

在企业治理领域，尽管最高人民检察院通过制定各项政策鼓励各地检察机关用足、用好不起诉权，但实践中检察机关适用不起诉时仍相当慎重且存在标准不一的情况。目前检察机关作出不起诉决定的最主要依据是第三方出具的评估报告。但仅依赖合规报告的书面审查，恐怕不能完全确保检察机关不起诉决定的科学性。在未来，检察机关还可以设置一套针对合规考察的评价标准体系，以不起诉法定条件为基础，从起诉牵涉的经济影响、企业合规整改的难度、预期效果等方面具体设计科学的指标、要素，对是否起诉进行综合研判，从而明确不起诉裁量的标准，消除检察机关作不起诉决定的顾虑。

4. 加强检察权运行的监督制约机制

作为"企业版"的认罪认罚从宽，还应注意避免出现权力的滥用。其中，检察听证制度可以发挥重要作用。通过公开听证，可以让各方对涉案企业的不起诉决定和合规考察情况有清晰的了解。此外，在不涉及公司秘密的情况下，通过网络等媒介公开企业合规的进展和结果，让公众能够对企业合规进行监督，确保企业合规建设监督工作和评价的公开性、权威性和公信力。

量刑从宽激励与企业合规本土化

黄美华[*]

摘　要　企业合规改革已进入纵深发展时期，将企业合规与量刑建议相结合，既是检察能动履职的新发力点，也是检验企业合规改革成效的一种重要方式。在认罪认罚从宽制度等因素之外，量刑规范化改革为合规量刑从宽提供了正当性依据，并从酌定量刑情节的法定化与量刑精细化两方面推进合规量刑从宽的发展。区别于不起诉，合规从宽量刑在适用主体、犯罪类型、法定刑以及禁止性条件等方面有不同的范围与适用条件。在遵循企业优先原则的前提下，应从企业合规与罚金刑及自我披露等特殊情形的关系论证合规从宽量刑的幅度边界，并强调适时调整量刑建议的重要性。

关键词　企业合规　从宽量刑　合规激励

引言

2020年3月，最高人民检察院在上海浦东、深圳宝安等6地基层检察院开展企业合规改革第一期试点工作。2021年3月，最高人民检察院启动了第二期企业合规改革试点工作，试点范围扩大至北京、辽宁等十个省（直辖市）。2022年4月2日，最高人民检察院会同全国工商联专门召开会议，深入

---

[*]　广东省深圳市盐田区人民检察院党组成员、副检察长。

总结两年来检察机关涉案企业合规改革试点工作情况，并对全面推开改革试点工作作出具体部署。2022年6月14日，企业合规第三方监督评估工作推进会在北京召开并发布了《涉案企业合规第三方监督评估机制建设年度情况报告》（以下简称《报告》）。《报告》显示，截至2022年5月底，全国检察机关共办理涉企合规案件1777件，其中适用第三方机制的案件1197件，占全部合规案件的67.36%。对整改合规的333家企业、1106人依法作出不起诉决定，第三方监督评估机制管理委员会（以下简称第三方机制管委会）协同推动监督评估成果转化取得重要成果，企业合规改革已进入纵深发展时期。

在企业合规改革试点两年多的时间里，我们的目光大多是聚焦于合规不起诉，很多学者、实务人员针对附条件不起诉提出立法修改建议，但较少涉及合规整改之后的起诉。究其原因，一方面，相比于起诉，对涉罪企业作不起诉处理能形成更大的激励以及示范效应；另一方面，合规不起诉本身的障碍更突出，如企业与自然人责任的分离。对于合规从宽量刑，外界主要质疑：一是合规激励不足，涉罪企业投入成本与期望值不成正比；二是对涉罪企业判处罚金，对涉罪人员判处自由刑，两者均衡量刑的难度大；三是仍然绕不开企业与自然人的责任分离问题。企业合规改革已进入纵深发展时期，我们的目光不能仅聚焦于合规不起诉。涉罪企业不仅能因有效合规被不起诉，也可能会在被起诉后获得从轻处理。

在全球范围内，对企业定罪处罚并不罕见，民众更关注的是，如何处理"无灵魂可谴责，无身体可惩罚"的企业，特别是"大到不能关"的企业。"公司定罪应是一种常态，在检察官暂缓起诉的特殊情况下，公司应该缴纳威慑性的罚金并实施严格的合规要求。"[1] 有学者对美国适用暂缓起诉或不起诉的情况进行统计，发现在2001年至2012年有2000多家公司被定罪，而这些公司几乎都认罪。与其相比，只有255家公司签订了暂缓起诉或不起诉协议，只占1/10左右的比例。[2]

---

[1] [美] 布兰登·L. 加勒特：《美国检察官办理涉企案件的启示》，刘俊杰、王亦泽等译，法律出版社2021年版，第21页。

[2] 参见[美] 布兰登·L. 加勒特：《美国检察官办理涉企案件的启示》，刘俊杰、王亦泽等译，法律出版社2021年版，第76页。

如果对企业定罪处罚是符合诉讼规律的选择，那么对有效整改的企业进行从宽处罚，则是一种较优做法。对涉案企业作合规从宽处罚是一个有时代意义的命题，如何在实体以及程序设计上区别于自然人或者责任人，有哪些原则是必须坚持的，都将体现中国司法改革的智慧。对于检察机关而言，仅仅在起诉书后面附上一份量刑建议书是远远不够的。在企业合规纵深推进的背景下，通过检察机关的量刑建议权，进一步贯彻落实宽严相济刑事政策，落实认罪认罚从宽制度改革、司法责任制改革，促进司法公正，有赖于理论与实践的不断完善。

本文探讨的是在现有的法律框架内，检察官对涉案企业及相关责任人员如何作合规从宽处理，并以域外实践状况作比对参照，对未来的企业合规改革试点提出一些参考建议。为方便行文，本文对于合规有效性以及第三方机制的适用等问题并未作深入研究，而是在假设涉案企业已进行有效合规整改的基础上阐述相关观点。本文主要分为三部分：第一部分为合规从宽量刑建议的依据，论证的是合规从宽量刑的性质以及发展状况，着重于量刑规范化的制度衍变以及合规从宽量刑的现实动因。第二部分为合规从宽量刑建议的范围与适用条件，探讨的是在何种情况下可以从宽量刑，这既涉及从宽主体的选择倾向，也涉及合规整改达到何种程度才可以获得从宽处理等问题。第三部分为合规从宽量刑建议的方法，以企业优先等原则为前提，进一步探讨企业合规改革作为酌定量刑情节，其在量刑情节所占分量如何以及给予多大的从宽幅度，应该选择何种计算方式来确定减轻幅度，才能实现惩罚性、预防性、实效性相统一的目标。对于量刑中出现的罚金、资格刑等关键问题，以域外实践作为样本剖析，为企业合规改革试点提出有益的参考意见。

一、合规从宽量刑建议的依据

从最高人民检察院下发的企业合规改革方案以及一直贯彻落实的民营经济司法保护政策来看，对民营企业负责人涉经营类犯罪，依法能不捕的不捕、能不诉的不诉、能不判实刑的提出适用缓刑的量刑建议，检察机关在处理该类案件时必须考虑企业合规的情况并根据实际提出从宽量刑建议。这是检察机关的一项义务，也是检察履职的重要方式。最高人民检察院针对检察机关的量刑建议工作，于2010年2月下发了《人民检察院开展量刑建议工作的指导意见（试行）》。该意见对量刑建议的定义及性质作了明确规定："量刑建议是指人民检察院对提起公诉的被告人，依法就其适用的刑罚种类、幅度及执行方式等向人民法院提出的建议。量刑建议是检察机关公诉权的一项重要内容。"检察机关应当根据犯罪的事实、犯罪的性质、情节和对于社会的危害程度，依照刑法、刑事诉讼法以及相关司法解释的规定提出量刑建议，企业合规作为量刑情节，属于检察机关提出量刑建议时必须考虑的因素。与自然人犯罪后改过自新相比，涉案企业进行有效合规整改能获得从宽处理似乎是必然的结果，实际上有更多因素促成将企业合规纳入量刑情节考量，并推动量刑规范化进一步发展。

认罪认罚从宽制度是企业合规的适用依据之一，而企业合规从宽是认罪认罚从宽制度的进一步发展及延伸，那么在认罪认罚制度出现之前，企业合规是否也有从宽的依据呢？如果有，企业合规与认罪认罚又是一种怎样的关系？要论证企业合规量刑从宽的正当性，需要从量刑规范化改革整个进程入手，探讨企业合规如何介入量刑情节的发展。

（一）量刑规范化改革的制度衍变

"量刑问题不仅是刑法理论的问题，也是刑事诉讼的线路图。"[1] 长期以来，量刑失衡、量刑偏差既是一个突出的实践问题，也引起了对于量刑量化与量刑个别化、量刑模式、量刑辩护等问题的广泛讨论，这种广泛的讨论进一步推进了我国量刑规范化的进程。以最高人民检察院、最高人民法院等制定的司法解释、规范性文件为切入点，我国的量刑规范化进程大体可分为三个阶段。

1. 第一阶段（2003年至2009年）

该阶段主要为量刑程序的建立及完善。2003年，最高人民法院《人民法

---

[1] 陈兵、古立峰主编：《量刑正义的程序之维：量刑建议的峨眉山模式》，中国检察出版社2012年版，第8页。

院第二个五年改革纲要（2004—2008）》明确提出"研究制定关于其他犯罪的量刑指导意见，并健全和完善相对独立的量刑程序"。2007年8月，最高人民法院在《关于进一步加强刑事审判工作的决定》重申"既要保障法官在法律规定范围内行使自由裁量权，也要注意总结审判经验，完善制度和机制，加强指导和监督，确保量刑均衡，维护司法统一"，强调"制定死刑案件和其他刑事案件的量刑指导意见，建立和完善相对独立的量刑程序"。

2008年8月，最高人民法院结合审判实践，就量刑程序问题制定了《人民法院量刑程序指导意见（试行）》，该指导意见主要分为"量刑的诉讼原则""量刑的程序规则""量刑的证据规则"三个部分，对量刑程序的开展、量刑证据的调查及适用作了初步规定，并且就酌定量刑情节的适用进行大胆尝试，明确"在量刑事实的证明过程中，为了查明被告人的主观恶性和人身危险性，人民法院认为有必要时，允许使用能够反映被告人一贯表现或者特定品行、品质的证据"。

2008年11月，中共中央政治局通过的《关于深化司法体制改革和工作机制改革若干问题的意见》，将"规范自由裁量权，将量刑纳入法庭审理程序"纳入重要司法改革项目。2009年3月，最高人民法院《人民法院第三个五年改革纲要（2009—2013）》将"规范自由裁量权，将量刑纳入法庭审理程序"作为改革和完善刑事审判制度的重要任务，并指出要研究制定《人民法院量刑程序指导意见》。

2. 第二阶段（2010年至2018年）

该阶段主要是量刑建议改革的全面铺开以及常见犯罪量刑的推行。2010年2月，最高人民检察院制定《人民检察院开展量刑建议工作的指导意见（试行）》，推行量刑建议改革试点。该指导意见对提出量刑建议的原则、条件、建议幅度、审批程序、量刑建议形式、量刑程序等多项内容提出具体要求，其中针对有期徒刑，要求提出一个相对明确的量刑幅度并对幅度进行了限缩，是量刑规范化的重要体现。2010年9月2日，最高人民检察院下发了《人民检察院量刑建议书格式样本（试行）》，要求检察机关根据《人民检察院开展量刑建议工作的指导意见（试行）》在试行量刑建议时使用，对于量刑建议的原则及如何提出量刑建议等，要以上述指导意见为依据，进一步规范量刑建议工作。2010年9月13日,"两高三部"印发《关于规范量刑程序若干问题的意见(试行)》,总结之前的经验做法,扩大适用范围。

2010年10月,最高人民检察院下发了《关于积极推进量刑规范化改革全面开展量刑建议工作的通知》,对检察机关进一步做好量刑建议工作提出具体要求。2010年11月,"两高三部"《关于加强协调配合积极推进量刑规范化改革的通知》明确经中央批准同意,从2010年10月1日起在全国全面推行量刑规范化改革,强调要充分认识量刑规范化改革的重要意义,全面、深入开展量刑规范化改革,加强组织协调,确保量刑规范化改革取得实效。2012年11月,最高人民检察院颁布《人民检察院刑事诉讼规则(试行)》(以下简称《诉讼规则》),将试点经验上升为具体规则,并且在量刑方面有新的发展。依据《诉讼规则》相关规定,不仅可以提幅度量刑,也可以提出具体确定的建议,并明确"对于依法应当提起公诉的,人民检察院可以向人民法院提出从宽处罚的量刑建议"。

2014年1月,最高人民法院《关于常见犯罪的量刑指导意见》正式实施,首次明确"以定性分析为主,定量分析为辅"的量刑方法,进一步修改完善常见量刑情节的适用和个罪的量刑规范。2017年5月,最高人民法院下发《关于常见犯罪的量刑指导意见(二)(试行)》,进一步扩大量刑规范化范围,新增危险驾驶罪、非法吸收公众存款罪、集资诈骗罪等罪名的量刑规则。2016年7月,"两高三部"联合发布《关于推进以审判为中心的刑事诉讼制度改革的意见》,强调要严格按照法律规定的证据裁判要求,"人民法院作出有罪判决,对于证明犯罪构成要件的事实,应当综合全案证据排除合理怀疑,对于量刑证据存疑的,应当作出有利于被告人的认定",进一步强化量刑证据的适用。2018年6月,最高人民法院印发《关于加强和规范裁判文书释法说理的指导意见》,强调法官在行使自由裁量权处理案件时,应当充分论证运用自由裁量权的依据,并阐明自由裁量所考虑的相关因素,通过释法说理来实现对量刑自由裁量权的合理规制。2018年7月,最高人民检察院《人民检察院公诉人出庭举证质证工作指引》,对于量刑证据的出示顺序作了原则性规定,强调了量刑情节的重要性,倒逼公诉人在开庭前重视量刑证据的收集及运用。

3. 第三阶段（2018年至今）

该阶段为认罪认罚从宽制度的建立以及检察机关量刑权的规范化运行。2018年10月，认罪认罚从宽制度被写入刑事诉讼法，明确"犯罪嫌疑人认罪认罚的，人民检察院应当就主刑、附加刑、是否适用缓刑等提出量刑建议，并随案移送认罪认罚具结书等材料"。对于认罪认罚案件，法院一般应当采纳检察机关指控的罪名和量刑建议，认为量刑建议明显不当的，检察机关可调整量刑建议，强化了量刑建议的效力，也提高了检察机关精准量刑的主导责任。

2019年10月，"两高三部"联合发布《关于适用认罪认罚从宽制度的指导意见》，就基本原则、适用范围和适用条件、认罪认罚后从宽的把握、辩护权保障等方面作了具体的规定，操作性更强。区别于以往的做法，指导意见对于从宽的情况划分得更为细致，如"犯罪嫌疑人认罪认罚没有其他法定量刑情节的，人民检察院可以根据犯罪的事实、性质等，在基准刑基础上适当减让提出确定刑量刑建议"，明确认罪认罚是作为酌定量刑情节予以考量；"犯罪嫌疑人在侦查阶段认罪认罚的，主刑从宽的幅度可以在前款基础上适当放宽；被告人在审判阶段认罪认罚的，在前款基础上可以适当缩减。建议判处罚金刑的，参照主刑的从宽幅度提出确定的数额"，强调认罪认罚时间对于从宽幅度的影响以及将从宽效果扩大至附加刑。

2020年5月，最高人民检察院下发《人民检察院办理认罪认罚案件监督管理办法》，对检察官在办理认罪认罚案件中如何接触案件当事人、办案中特殊情况须及时报告的情形，量刑建议的提出、调整后的处理方式等内容予以明确，进一步对承办检察官履行职责可能存在的风险点进行了约束和规范。2021年6月，最高人民法院、最高人民检察院联合发布《关于常见犯罪的量刑指导意见（试行）》，明确量刑的指导原则、量刑的基本方法、常见量刑情节的适用和常见犯罪的量刑，将23种常见犯罪判处有期徒刑的案件纳入规范范围，同时规范罚金、缓刑的适用。

2021年12月，最高人民检察院下发《人民检察院办理认罪认罚案件开展量刑建议工作的指导意见》，对认罪认罚案件提出量刑建议的原则及条件、量刑证据审查、意见听取、调查评估、量刑建议调整、量刑监督等方面作了全面的规定,并在以往经验做法的基础上提出新的举措。如首次将"同案同罚"纳入原则之中,实现"量刑均衡";对于依法需要判处财产刑的案件,检察机关应当要求侦查机关收集并随案移送涉及犯罪嫌疑人财产状况的证据材料,并以犯罪情节为根据,综合考虑犯罪嫌疑人缴纳罚金的能力提出确定的数额;将自愿承担公益损害修复及赔偿责任等,作为从宽处罚的重要考虑因素;检察机关拟提出判处管制、缓刑量刑建议的,一般应当委托犯罪嫌疑人居住地的社区矫正机构或者有关组织进行调查评估,必要时也可以自行调查评估,提高量刑的精准性。

(二) 量刑规范化改革的特征及影响

量刑自由裁量权有其独特的价值,至少体现在"实现个别公正、保证法律的灵活性以及避免突变性立法"三个方面,是对"法有限而情无穷"现实的一种制度性回应,解决的是"刑罚既需要罪刑相适应,又需要个别化的矛盾",① 但量刑自由裁量权应当在规范的轨道内运行,否则容易造成对司法公正的侵蚀。我国的量刑规范化改革起步较晚,发展迅速,呈现出三个基本特征,即"从粗糙到精细""从程序到实体""从对外监督到对内监督",量刑制度有了较大飞跃。

从量刑规范化改革的制度衍变来看,产生了两个新的变化,即酌定量刑情节的法定化与量刑精细化,这两个变化又互相促进,推动量刑规范化向前发展。要规范自由裁量权,势必要采取一定的量化方式,即将犯罪行为及相关情节换算成一定数值,这种数值在美国组织量刑指南中表现为责任点数,在我国则是比例型调节方式,无论是哪种模式都有助于推广适用。量刑从"估堆式"发展为"数字化",使得更多的特质因素成为酌定量刑情节,纳入量刑建议的适用范畴,而且这种酌定量刑情节也呈现出逐渐法定化的趋势,即强制性适用,要求检察官、法官在确定量刑时必须要考虑相关因素,才能精准量刑,否则会造成量刑失衡。这种强制性适用,使得酌定量刑情节发挥

---

① 参见吕忠梅主编:《美国量刑指南——美国法官的刑事审判手册》,法律出版社2006年版,第11页。

出"溢出"效应,有些酌定量刑情节给予的从宽幅度甚至超过法定量刑情节,这也反向增强了适用酌定量刑情节的强制性。"两高"《关于常见犯罪的量刑指导意见(试行)》对于自首情节,一般情形可以减少基准刑的40%以下。而达成刑事和解协议,一般情况可以减少基准刑的50%以下,幅度更大。

在两种变化的影响下,企业合规成为酌定量刑情节是必然的趋势。有学者认为企业犯罪比传统犯罪更适合精细化量刑,原因在于"精细化量刑的本质就是根据单位组织的内部控制体系进行梯度样式的量刑",形成一种"轻轻重重"量刑激励模式,而且容易量化评估,对于自由裁量权的行使而言空间更小。① 在司法实践中,首先在污染环境类案件中出现合规从宽量刑的情形。2017年1月1日施行的"两高"《关于办理环境污染刑事案件适用法律若干问题的解释》规定,对于污染环境罪、非法处置进口的固体废物罪、擅自进口固体废物罪这三类犯罪,行为人刚达到应当追究刑事责任的标准,但及时采取措施,防止损失扩大、消除污染,全部赔偿损失,积极修复生态环境,且系初犯,确有悔罪表现的,可以认定为情节轻微,不起诉或者免予刑事处罚;确有必要判处刑罚的,应当从宽处罚。2018年7月,最高人民检察院下发的《关于充分发挥检察职能作用助力打好污染防治攻坚战的通知》亦将积极修复生态环境作为从宽量刑情节考量。

(三)企业合规对量刑规范化的反哺效应

量刑规范化的制度衍变为企业合规升华为酌定量刑情节提供了理论依据、制度支撑,而企业合规的实践状况也反过来影响量刑规范化改革的进程。企业合规作为酌定量刑情节,发挥着预防犯罪的功能。惩罚与预防并重是量刑的重要原则。"两高"《关于常见犯罪的量刑指导意见(试行)》规定:"量刑既要考虑被告人所犯罪行的轻重,又要考虑被告人应负刑事责任的大小,做到罪责刑相适应,实现惩罚和预防犯罪的目的。"其中,"罪行"体现的是报应刑思想,强调惩罚的必要性;"刑事责任"则强调犯罪预防,以社会危险性

---

① 参见赵炜佳:《企业犯罪治理的本土向度:量刑精细化——刑事合规语境下的考察》,载《北京政法职业学院学报》2021年第2期。

的大小体现预防的强度,"刑事责任在我国《刑法》中,是作为一种法律后果意义上的责任来适用的"①。检察官对于整改后的涉案企业及相关责任人员提出从宽处罚的量刑建议,所依据的不仅是企业合规背后的认罪认罚,还有有效整改后消除违法犯罪因子之后的再犯不能,更多的是基于公共利益考量的法益修复,"诉源治理"应当是检察机关履职的重要目标。在轻缓犯罪占据较大比例实践状况下,惩罚并不是首要目的,"刑罚的目的是面向未来的",企业合规是降低刑法风险的一种选择,是现代风险刑法的一个结果。② 从预防犯罪的角度出发,企业合规成为检察机关等主体参与社会治理的重要方式,已成为一种共识并得到广泛推广。

同时,对于企业的量刑仍存在不透明、不均衡的情况,如果对涉案企业及相关责任人员作从宽处理,容易引起争议。有学者曾对单位行贿罪的量刑情况进行统计,发现在 A 省 2016 年至 2018 年的 113 个判决样本中,无论是对单位还是直接责任人的处罚均明显畸轻。113 个样本中,直接责任人共 119 人,适用缓刑的有 90 人,占比约为 75.63%;免除刑罚的有 22 人,占比约为 18.49%。对于涉案单位的处罚,除有 14 个案件未判处单位罚金外,其余 99 个案件共判处罚金 4227.3 万元,平均每案 42.7 万元,其中判处 50 万元以下罚金的有 75 件,在判处罚金的案件中占比约为 75.76%。③ 如果涉案企业进行有效合规整改,那么对其从宽处理,则有了正当性依据,也更好防止量刑失衡情况的发生。

依据涉案企业有效合规整改的情况,提出从宽量刑的建议,符合量刑制度的预防性目的,也是量刑依据的制度回应,这将进一步促进量刑规范化的发展,从以"自然人"为中心的量刑体系衍变为"自然人"与"单位"并重的格局,量刑制度将有更细致的划分以及明确的操作规则。

---

① 白云飞:《规范化量刑方法研究》,中国政法大学出版社 2015 年版,第 116 页。
② 参见孙国祥:《刑事合规的理念、机能和中国的构建》,载《中国刑事法杂志》2019 年第 2 期。
③ 参见行江、陈心哲:《单位行贿罪量刑畸轻及其治理思路——基于 A 省 113 份样本的分析》,载《成都理工大学学报(社会科学版)》2019 年第 5 期。

二、合规从宽量刑建议的适用范围与条件

企业合规从宽作为刑事政策，在现有的法律框架下，是作为酌定量刑情节考量适用的。刑事政策的特点之一，就是对于符合适用范围、适用条件的，应当予以优先适用。刑事政策是具有普适性的，但不意味着符合适用范围及条件，就一定能获得从宽处理。对于罪行特别严重、犯罪情节特别恶劣的案件，应当严格限制从宽幅度。《人民检察院办理认罪认罚案件开展量刑建议工作的指导意见》第15条明确规定，犯罪嫌疑人虽然认罪认罚，但具有特殊情形，如罪行较轻但具有累犯、惯犯等恶劣情节的，检察机关提出量刑建议应当从严把握从宽幅度或者依法不予从宽。这衍生出一些问题：企业合规从宽作为刑事政策，有无适用的边界？合规从宽的适用在不起诉与起诉之间是否有差异？合规从宽的适用对象是仅指涉案企业，抑或是包括相关责任人？对于上述问题，应该从适用主体、犯罪类型、法定刑以及禁止性条件四个方面进行论述。

（一）合规从宽量刑与适用主体

1. 企业类型的适用问题

对于企业合规的适用主体，最高人民检察院下发的《关于开展企业合规改革试点工作方案》（以下简称《试点方案》）以及《关于建立涉案企业合规第三方监督评估机制的指导意见（试行）》（以下简称《第三方指导意见》）有初步的规定。《试点方案》并不限制企业的类型，将适用的企业范围扩大至各类市场主体，包括涉案企业以及与涉案企业相关联企业。国企民企、内资外资、大中小微企业，均可列入试点范围。《第三方指导意见》对适用情形进行细化，要适用指导意见首先要符合三个入选条件，即涉案企业、个人认罪认罚；涉案企业能够正常生产经营，承诺建立或者完善企业合规制度，具备启动第三方机制的基本条件；涉案企业自愿适用第三方机制。同时，还要不属于"个人为进行违法犯罪活动而设立公司、企业的"等五种情形。

在企业合规改革试点的推行过程中，对于中小微企业能否适用企业合规

产生过争议，主要原因在于对涉案企业追究刑事责任并加以合规整改的目的是重塑企业文化，而中小企业一般没有完善的公司治理结构，难以形成企业文化，不能消除再犯的可能性，即使适用企业合规，也不应支付高额成本适用第三方机制。在美国，与检察机关达成暂缓起诉协议或不起诉协议的几乎都是大型企业，"大多数被定罪的公司规模都很小，也没有多少可以改造的企业文化"[①]。大型企业才有进行合规整改的价值，毫无疑问是错误的观点，美国这种"大到不能倒"的合规模式一直受人诟病。平等保护是检察机关民营经济司法保护措施的重要原则，要明确区分不适用企业合规与有无条件适用企业合规，中小微企业、民营企业符合条件的也应当获得合规"优惠"。那些认为中小微企业无法保证合规效果的质疑，实际上是对中小微企业合规标准缺失的担忧，更因为第三方机制仍不够完善，这需要我们在试点基础上进一步探索。在最高人民检察院发布的第二批企业合规典型案例中，"张家港 S 公司、睢某某销售假冒注册商标的商品案"所涉及的企业规模非常小，注册资本仅 200 万元，在职员工 3 人。鉴于 S 公司有整改行为和较强的合规意愿，检察机关在综合考虑后，适用第三方机制对该公司开展企业合规监督考察。

在明确企业规模不是影响合规从宽重要因素的情形下，对于什么样的企业可以提出合规从宽量刑建议，《试点方案》《第三方指导意见》没有给出明确答案，但各地在实践过程中作出了一些尝试。辽宁省人民检察院等十机关《关于建立涉案企业合规考察制度的意见》在"主体条件"中，列明可以适用考察制度的五种情形，具体包括：在依法纳税、吸纳就业人口、带动当地经济发展等方面发挥一定作用；拥有自主知识产权、商誉、专有技术或商业秘密；符合现行产业政策或未来产业发展趋势；其经营状况影响所在行业、上下游产业链及区域竞争力；直接负责的主管人员和其他直接责任人员系该涉案企业负责人或实际控制人、核心技术人员等对经营发展起关键作用的人员。具有上述五种情形，意味着涉案企业具有挽救的价值。最高人民检察院发布的两批企业合规典型案例，都在强调涉案企业在专利技术、税费缴纳、

---

① ［美］布兰登·L.加勒特：《美国检察官办理涉企案件的启示》，刘俊杰、王亦泽等译，法律出版社 2021 年版，第 77 页。

服务就业等方面具有突出效果的更具备合规整改条件,而合规从宽之后能进一步放大这些效果。实践中,对于企业合规的适用范围是应试尽试,存在一些不规范的情形,对于是否适用企业合规更多的是个案把握。在试点后期应以规范适用为主,而且上述五种情形囊括的范围较大,有适用企业合规从宽量刑的数量基础。

2. 自然人的适用问题

《试点方案》未提及自然人能否适用的问题,《第三方指导意见》并没有明确限制,从意见中"个人认罪认罚"的表述来看,适用主体应当包括自然人。在最高人民法院检察院发布的企业合规典型案例中,有的检察机关根据企业合规整改情况对涉罪企业及责任人提出轻缓量刑建议并得到法院采纳,即企业合规从宽的效果是及于自然人的。

对于自然人获得合规从宽的"优惠",仍存在一些不同的观点,具体可以分为"放过企业,严惩自然人""放过企业,放过自然人""严惩企业,严惩自然人"三种。"放过企业,严惩自然人"最初是基于对企业严格责任的变通以及严格打击白领犯罪的政策要求而产生的,强调对于企业的处理不能因自然人而受阻,严惩自然人才能形成更好的合规激励。"放过企业,放过自然人"实际上是将企业与自然人的处理捆绑在一起,能区分刑事责任,但不好作单独处理,突出表现为符合相对不起诉的情形下,对涉案企业及责任人员均作不起诉处理。"严惩企业,严惩自然人"强调的是应该由企业承担的刑事责任,不能由自然人替代承担。从中国实际出发,这三种观点都具有局限性。挽救一个企业,绝不能生搬硬套西方国家的经验,企业的生存、发展与企业家紧密结合在一起,具有强关联属性,我们在处理时应灵活把握,不起诉企业但对企业家从宽量刑,抑或在起诉后对两者均从宽量刑,已经被地方检察机关吸纳为经验做法。

对于自然人的适用范围,《第三方指导意见》从案件类型的角度对自然人的适用范围作了大概的分类,包括企业实际控制人、经营管理人员、关键技术人员等人员。对于自然人的资格条件,各地作了细化规定,如辽宁省人民检察院等十机关《关于建立涉案企业合规考察制度的意见》将"直接负责的主管人员和其他直接责任人员系该涉案企业负责人或实际控制人、核心技人员等对经营发展起关键作用的人员"作为适用考察制度的条件之一，实际上还是强调自然人对企业的影响以及是否具备挽救的价值。如果不是上述人员，那么对自然人合规从宽量刑也无从谈起。

(二) 合规从宽量刑与犯罪类型

除了《第三方指导意见》规定的五种情形外，《试点方案》以及《第三方指导意见》对于案件的适用范围并没有明确的限制，只要涉案企业认罪并进行合规整改，原则上都可以适用合规量刑从宽，但适用范围稍小于认罪认罚从宽制度。对于适用范围，"两高三部"《关于适用认罪认罚从宽制度的指导意见》明确规定，认罪认罚从宽制度没有适用罪名和可能判处刑罚的限定，所有刑事案件都可以适用，强调"不能因罪轻、罪重或者罪名特殊等原因而剥夺犯罪嫌疑人、被告人自愿认罪认罚获得从宽处理的机会"。合规从宽量刑适用的犯罪类型虽然广泛，但还是具有一定限制。自然人获得量刑从宽的情形应限定在与企业生产经营相关的案件，不能因为其系企业家这一身份而在故意伤害、危险驾驶等案件中获得从宽处理。

对于适用罪名，各地实践在上述两个意见的基础上进行了细化。如广东省佛山市南海区人民检察院《关于办理企业合规案件的工作指引（试行）》规定重点评估危害税收征管、破坏环境资源保护、侵犯知识产权等十类案件；辽宁省人民检察院等十机关《关于建立涉案企业合规考察制度的意见》除设置了可进行合规考察的案件类型，还规定了涉嫌危害国家安全犯罪、恐怖活动犯罪、毒品犯罪、涉众型金融犯罪等案件，不适用合规考察制度。

细化罪名及适用条件，是企业合规改革的有益探索，需要注意的是，对于涉嫌非法吸收公众存款罪等敏感类型犯罪，是否一律不适用企业合规，需要辩证思考、灵活把握。不能因为案件敏感而放弃合规整改的机会，企业合规对于挽救企业、维护公共利益而言仍是利大于弊的选择。如果对于该类型犯罪，不能依据合规整改作不起诉，那么也应尽可能给予从宽量刑的机会。

(三) 合规从宽量刑与法定刑

由于企业与自然人的强关联属性，对于自然人判处的刑罚会直接影响到企业从宽与否。在试点初期，部分检察机关将企业合规的适用范围限制在宣告刑有期徒刑3年以下，一般不敢突破3年有期徒刑这个刑档。即使是在3年以上10年以下的幅度，也要加上自首等法定减轻情节，将刑档降至有期徒刑3年以下，如《从化区人民检察院涉案企业合规考察工作办法（试行）》规定，对于直接负责的主管人员和其他直接责任人员，涉罪法定刑为10年以下有期徒刑，且具有自首、立功或者在共同犯罪中系从犯等情节之一的，宣告刑可能是有期徒刑3年以下的，也是可以适用企业合规考察。对于可能判处10年以上有期徒刑的案件，暂未发现有类似文件规定可以适用企业合规。实际上这种与相对不起诉混合的做法，将刑期与适用条件捆绑在一起，无法真正检验企业合规的激励效果。

合规从宽量刑的案件范围，不应当以合规不起诉的范围为准。刑期的长短固然可反映出罪行的可谴责性程度，但如果仍然将目光聚焦于刑期，实际上无助于企业与个人责任的分离。如果离开了涉案人员，涉案企业仍然可以维持运营，那么对于涉案人员判处3年以上有期徒刑，其实并不影响企业合规的适用，也意味着涉案企业可因合规整改获得从宽量刑的"优惠"。在试点过程中，部分检察机关已经意识到并尝试解决这个问题，如深圳市人民检察院《深圳市检察机关企业合规工作实施办法（试行）》规定，可以先行起诉犯罪嫌疑人，对涉案企业的处理视合规考察验收情况另行决定。

（四）合规从宽量刑与禁止性条件

在适用主体、犯罪类型、法定刑这三方面均满足条件的情况下，是否仍存在阻碍适用合规从宽的情形。以美国的暂缓起诉制度为例，汤普森备忘录等重要政策文件以及《美国检察官手册》规定，对于选择起诉、暂缓起诉还是不起诉，需要考量犯罪的严重性、公司内部不法行为的普遍性、公司合规程序等九个因素，但没有就能否提出从宽量刑作出限制；《美国组织量刑指南》（以下简称《量刑指南》）也只是将防止和发现违法行为的有效措施、自首、合作和承担责任这四种作为情形减轻责任点数的因素。实践中，适用暂缓起诉还是不起诉，认罪与否、是否改变管理模式并不是限制条件。在暂缓起诉和不起诉协议中，有略高于 10% 的协议没有公司认罪认罚的条款，并且缺乏解释。① 在可查证的 255 份协议中，有 78 份的协议甚至没有要求公司实施合规计划，占比 30.59%。② 另外，从汇丰银行曾因涉嫌洗钱、操纵外汇、帮助逃税等行为与美国司法部签订暂缓协议来看，企业具有"累犯"情况不是阻碍适用暂缓起诉的理由，只是会增加责任点数，从而加重罚金刑。《试点方案》与《第三方指导意见》都将认罪认罚作为启动企业合规的必要条件，不认罪认罚就无法适用企业合规，也谈不上合规从宽量刑，即认罪认罚是合规量刑从宽的先决条件。前科记录等因素是否会影响适用呢？需要辩证看待。

1. 前科记录

有前科记录肯定对量刑从宽产生影响，如从宽的幅度变小，但是否排斥适用不能一概而论。湖北省随州市人民检察院《关于企业犯罪相对不起诉适用机制改革试点工作方案》将"犯罪嫌疑企业（人）因同种类行为受过刑事处罚"作为适用企业考察的禁止性条件。广东省佛山市南海区《关于办理企业合规案件的工作指引（试行）》不仅将"犯罪嫌疑企业、犯罪嫌疑人曾因同种类行为受过刑事处罚"设置为禁止性条件，还将禁止性条件扩大至"犯罪嫌疑企业被两个及以上部门列入失信惩戒名单"。无论是"因同种类行为受过刑事处罚"还是多次失信记录，反映的都是社会危险性，属于预防性情节，将其作为禁止性条件具有一定的合理性，但不是绝对排斥适用的理由。以虚开增值税发票为例，涉案企业在一段时期内为节省成本而多次虚开增值税发票，其后期的虚开行为先被定罪，随后发现前期也有虚开行为而被再次定罪。在此情况下，"因同种类行为受过刑事处罚"不是必然的禁止性条件，能否合规从宽量刑需要综合考量。

---

① 参见［美］布兰登·L. 加勒特：《美国检察官办理涉企案件的启示》，刘俊杰、王亦泽等译，法律出版社 2021 年版，第 71 页。

② 参见［美］布兰登·L. 加勒特：《美国检察官办理涉企案件的启示》，刘俊杰、王亦泽等译，法律出版社 2021 年版，第 87 页。

2. 新增犯罪

对于新增犯罪事实,《第三方指导意见》及实施细则规定,第三方组织发现涉案企业或其人员新实施的犯罪行为,应当中止第三方监督评估程序,并及时向负责办理案件的检察机关报告,由检察机关依照刑事诉讼法及相关司法解释的规定依法处理。《第三方指导意见》适用于第三方监督考察的场景,属于程序规则,但未使用"终止"这一表述,意味着可能重启第三方监督考察程序。这样的表述是准确的,以实践情况为例,如涉案企业未实施新的犯罪行为,但责任人再犯新罪,对于涉案企业,可以考虑继续适用企业合规;又如涉嫌污染环境罪的企业因技术条件限制等原因,在整改初期再次污染环境,并不必然放弃对其适用企业合规。

3. 社会效果

部分检察机关将可能引发群体性事件或社会负面影响大、群众反映强烈等情形作为禁止性条件,实际上考量的是社会效果。评价社会效果具有一定的模糊性,将社会效果作为禁止性条件不方便操作。如果作过多限制,反而无法发挥企业合规给涉案企业带来的正向效应。同时,还要考虑一种特殊情况,即合规进程的不完整性。涉案企业自愿适用是启动企业合规的前提条件,若企业在经营过程中因资金困难、市场萎缩等问题而无法持续整改,那么在起诉前的合规整改情况还是可以作为从宽的因素考量,只是在从宽幅度上有所缩减。广州市从化区人民检察院也是采取同样的做法,《从化区人民检察院涉案企业合规考察工作办法(试行)》规定,"企业和企业人员构成犯罪的,检察机关应当将案发前企业是否已经建立合规管理体系、案发后是否正在或者承诺建立合规计划、案发前后执行合规计划的有效性等,作为从宽处罚情节予以考虑",并不是未完成合规整改就不能量刑从宽。

4. 从业禁止与禁止令

从业禁止来源于《刑法》第37条之一规定,是指法院对利用职业便利实施犯罪或者实施违背职业要求特定义务犯罪的犯罪分子,除依法判处相应刑罚之外,还可以根据犯罪情况和预防再犯罪的需要,禁止其自刑罚执行完毕之日或者假释之日起从事相关职业。而根据《关于对判处管制、宣告缓刑的犯罪分子适用禁止令有关问题的规定(试行)》(以下简称《适用禁止令规定》)等相关规定，禁止令是指法院对判处管制或者宣告缓刑的犯罪分子，可以根据犯罪情况，同时禁止其在管制执行期间或者缓刑考验期限内从事特定活动，进入特定区域、场所，接触特定的人。从业禁止与禁止令是属于非刑罚性措施，既不是主刑，也不是附加刑。常见的从业禁止包括食品、药品类犯罪，适用对象包括企业及相关人员。从业禁止的时间是从刑罚执行完毕之日或者假释之日开始计算，期限为3年至5年；《适用禁止令规定》只是限定了适用对象为自然人，没有就罪名设置限制范围，适用面较广，适用禁止令的期限限制在管制执行期间、缓刑考验期限内，最长的期限与从业禁止相同，可为5年。实践中，对于从业禁止和禁止令的运用并不常见，随着对食药安全、环境安全的重视，适用频率有所提高，甚至出现了因法院未适用从业禁止而检察机关提出抗诉的情形。[①]

从业禁止包括"应当型"适用与"可以型"适用，而禁止令则是"可以型"。在某些情况下，从业禁止的适用时间要长于禁止令，甚至后果要远远严重于禁止令。如《食品安全法》第135条第2款规定，因食品安全犯罪被判处有期徒刑以上刑罚的，终身不得从事食品生产经营管理工作，也不得担任食品生产经营企业食品安全管理人员。如果对涉案企业及人员适用从业禁止或禁止令，则可能会使其无法再继续经营；如果是终身型的禁止职业，那么就根本无法适用企业合规，更谈不上量刑从宽。即使是以缩短禁止年限的方式从宽量刑，合规的激励也会大大减轻，无形中给适用企业合规设置了限制。因此，对此类案件能否启动企业合规程序，应谨慎对待。

[①] 详见（2018）豫01刑终1214号田某生产销售有毒有害食品二审刑事判决书。自2015年1月起，被告人田某在其生产的胶囊中添加了国家明令禁止在保健食品中添加的有毒、有害的非食品原料盐酸苯乙双胍、格列本脲，经过包装后在荥阳市等多地销售，销售金额达人民币328142元。郑州市金水区人民法院以生产、销售有毒、有害食品罪，判处被告人田某有期徒刑6年，并处罚金人民币66万元。郑州市金水区人民检察院认为该一审判决未依法对被告人田某判处从业禁止令，量刑不当，遂提出抗诉。经二审审理，郑州市中级人民法院除维持原判刑罚外，还判令原审被告人田某终身不得从事食品生产经营管理工作，也不得担任食品生产经营企业食品安全管理人员。

三、合规从宽量刑建议的方法

回顾量刑规范化改革的进程及变化，总体而言突出程序规制、细化量刑、以"自然人"为主，较少涉及对单位量刑的内容。从酌定量刑情节的法定化与量刑精细化这两个趋势来看，企业合规对于涉企类犯罪量刑有着重大影响。实践中，检察机关量刑建议工作取得不错的成绩。以认罪认罚案件为例，2021年全年认罪认罚从宽制度适用率超过85%，量刑建议采纳率接近95%，一审服判率超过95%。① 最高人民检察院《关于人民检察院适用认罪认罚从宽制度情况的报告》明确指出，认罪认罚案件中的量刑建议采纳率及一审服判率虽然高，但量刑建议工作仍存在一些问题，如确定刑量刑建议提出率和法院采纳率地区差异明显，对缓刑、财产刑量刑建议把握不准等。特别是罚金刑，不少检察官原则上只建议判处罚金刑，未提出具体数额，提出了也不说明计算依据。对于自然人的量刑尚存在较多问题，那么对于涉企类犯罪的企业及人员如何量刑就更难以精准把握。

（一）企业优先原则

《量刑指南》第八章"对组织的量刑"对组织（包括企业）如何量刑作出了详细的规定，具体来说，包括"一般适用原则""犯罪行为的损害赔偿""罚金""对组织的缓刑""特别征收、没收和诉讼费"五部分内容。并且，明确适用本章应遵循四个原则，具体包括：第一，法院应尽可能命令组织补偿其犯罪所造成的损害，这不应被视为惩罚而是一种弥补受害人损失的方法。第二，如果该组织的经营活动主要是出于犯罪的目的，或主要以犯罪为手段，所处罚金应当足以剥夺该组织的全部财产。第三，对任何组织的罚金幅度应当建立在罪行严重程度以及该组织的应受谴责性基础上。犯罪的严重程度总体取决于最高经济收入、经济损失或犯罪等级罚金表中的数量。应受谴责性总体取决于该组织在犯罪发生以前所采取的防止和发现犯罪的措施、参与的

---

① 数据来源于2021年《最高人民检察院工作报告》。

人数、涉及或容忍犯罪的范围和程度，以及组织在犯罪后的行为表现。第四，为保证另一个处罚的完全执行或保证该组织在内部采取必要措施预防同种犯罪发生，可以对组织被告判处缓刑。

在上述四个原则中，第一个原则着重于弥补因犯罪行为所造成的损失，这种弥补不应被视为惩罚，即我们现在合规整改中使用的"补救挽损"这一概念。组织的破坏力以及修复能力比自然人要大得多，弥补损失是其应尽的责任，在此之外还要通过判处罚金对其施以惩罚。第二个原则强调组织不能因为犯罪而受益，当组织不存在正常合法的经营活动时，可通过剥夺全部财产的方式消除其再犯的可能性。我们在处理涉黑涉恶案件时要坚持"打财断血"也是同样的道理。第三个原则是在重申对组织判处罚金要兼顾惩罚与预防，通过罪行先确定基本幅度，再通过预防情节决定罚金数额。第四个原则则是明确组织如同自然人一般，是可以对其判处缓刑的，体现犯罪后的积极预防。

《量刑指南》所强调的对企业适用的原则对于完善量刑制度具有借鉴意义，我们需要结合司法实际形成合适的指导原则。第一个原则是涉案企业开展合规的必要条件，无须重复强调。第二个原则适用于自然人犯罪，自然人不能以企业合规为由脱罪，属于适用企业合规的禁止性条件，当然不涉及量刑从宽。第三个原则实质就是罪责刑相适应原则，对涉案企业及人员也应当遵循该原则。鉴于我国缓刑制度仅适用于自然人，第四个原则需要变通适用。对企业判处缓刑，意味着企业也是承担刑责的重要主体，企业的刑事责任不能依附于自然人。在涉企类案件中，量刑应当遵循企业优先原则，量刑时应先考虑企业，再考虑责任人，而且企业的从宽幅度也应当大于责任人。另外，《人民检察院办理认罪认罚案件开展量刑建议工作的指导意见》等相关文件所强调的"宽严相济""依法建议""客观公正""量刑均衡"等原则，也是检察官进行量刑时必须遵守的原则。

（二）合规从宽量刑的计算

目前而言，企业合规只是作为一个酌定量刑情节适用，对于从轻、减轻和免除处罚的影响都是有限的，属于检察官、法官自由裁量的范围。由于不属于法定量刑情节,无法通过降档的方式减轻处罚,更别提免除处罚,对于涉案企业及个人的激励作用有限,这也反过来影响企业合规可以从宽的幅度大小。从企业合规的适用条件来看,认罪认罚、补救挽损、合规整改等均是企业合规的组成部分,那么企业合规与认罪认罚等情节相比,是否属于重复评价?如果不是,那么企业合规的量刑从宽幅度边界又在哪里?

1. 企业合规与基准刑

基准刑是针对自然人适用的,我们可以参照认罪认罚与自首、坦白这三种情节的处理模式,来明确企业合规对于基准刑的从宽幅度以及适用顺序。

第一,认罪认罚与自首、坦白在"如实供述"的范围是重合的,但认罪认罚比自首、坦白多的是"认罚",自首比认罪认罚、坦白多的是"投案"。认罪认罚与自首、坦白均是独立的量刑情节。

第二,"两高三部"《关于适用认罪认罚从宽制度的指导意见》(以下简称《指导意见》)规定:"认罪认罚的从宽幅度一般应当大于仅有坦白,或者虽认罪但不认罚的从宽幅度。对犯罪嫌疑人、被告人具有自首、坦白情节,同时认罪认罚的,应当在法定刑幅度内给予相对更大的从宽幅度。认罪认罚与自首、坦白不作重复评价。"根据上述规定,认罪认罚的从宽的幅度小于自首但大于坦白。认罪认罚与自首或坦白可以叠加适用以获得相对更大的从宽幅度,不属于重复评价。

第三,相对更大的从宽幅度,要依据本身幅度与适用顺序来确定。如果被告人属于"认罪认罚+坦白"的情形,那么最大的幅度应限制在认罪认罚本身的范围内,即先依据认罪认罚确定从宽幅度,然后依据坦白情节,在已确定的幅度范围内选取高位量刑。如果被告人属于"认罪认罚+自首"的情形,根据《指导意见》规定的"不具备减轻处罚情节的,应当在法定幅度以内提出从轻处罚的量刑建议和量刑",应该先适用自首情节调整基准刑,再以认罪认罚情节进行从宽,其中对认罪部分不作重复评价(属于自首与认罪认罚的共有部分,不能二次评价),最后得出从宽的幅度。

第四,如果被告人具有认罪认罚、自首、坦白、退赃退赔、赔偿谅解、刑事和解等情节,一般情况下不得突破特定的减轻幅度;犯罪较轻的,可以适用更大的减轻幅度,甚至免除处罚。安徽省高级人民法院、安徽省人民检察院《关于二十三种常见犯罪量刑规范的实施细则（试行）》第 22 点规定："对于被告人认罪认罚的，综合考虑犯罪的性质、罪行的轻重、认罪认罚的阶段、程度、价值以及悔罪表现等情况，可以减少基准刑的 30% 以下；具有自首、重大坦白、退赃退赔、赔偿谅解、刑事和解等情节的，可以减少基准刑的 60% 以下，犯罪较轻的，可以减少基准刑的 60% 以上或者依法免除处罚。认罪认罚与自首、坦白、当庭自愿认罪、退赃退赔、赔偿谅解、刑事和解、羁押期间表现好等量刑情节不作重复评价。"在多种量刑情节并存的情况下，认罪认罚与自首等情节的叠加效应还是具有幅度的限制。

参照认罪认罚与自首、坦白的处理模式，添加"企业合规"情节后，可以得出以下计算方式：第一，企业合规多了"补救挽损＋合规整改"，完全涵盖了认罪认罚情节，具有独立评价的价值。第二，在应然层面上，从预防效果来看，企业合规的从宽幅度应大于认罪认罚、自首，但小于刑事和解（目前单个量刑情节最大的幅度）。第三，分成两种情形：根据企业合规情节确定幅度范围，再根据坦白等情节选取幅度档位（不需要评价认罪认罚情节）；优先适用自首等可降档量刑的情节，然后再适用企业合规情节，对于重复的"认罪"等部分不再评价。第四，综合企业合规、认罪认罚等多个量刑情节，确定最大的减轻比例。

根据上述分析，企业合规作为酌定量刑情节，其适用情形与其他情节并无不同。因此，对于案件中存在多个量刑情节以及被告人犯数罪的情形，也应该按照《指导意见》《关于常见犯罪的量刑指导意见》等相关规定执行，遵循"以定性分析为主，定量分析为辅"的量刑总要求，运用调整基准刑的方法，按照三个量刑步骤最终确定宣告刑。

2. 企业合规与罚金刑

罚金是企业承担刑责的主要方式，对企业判处过高或者过低的罚金都不利于发挥罚金的作用，金额过低无法起到预期的惩罚效果，金额过高则可能使企业将支付罚金的成本转嫁给消费者。《刑法》第 52 条、第 53 条规定了判处罚金的依据以及罚金的执行方式，明确"判处罚金，应当根据犯罪情节决定罚金数额""罚金可以分期、延期或者免除"。从该表述来看，罚金刑的性质更多的是预防性情节，是依附于有期徒刑等主刑的附加刑，而附加刑会对主刑的执行产生影响。

（1）我国罚金刑概况。

对于判处罚金是否应有明确的数额，随着量刑规范化改革的发展有了新的做法。2010年《人民检察院开展量刑建议工作的指导意见（试行）》规定，检察机关建议判处附加刑的，可以只提出适用刑种的建议，即只需要建议判处罚金，无须列明建议判处的金额，也谈不上罚金执行的方式。2021年《人民检察院办理认罪认罚案件开展量刑建议工作的指导意见》第12条明确规定，检察机关建议判处罚金刑的，应当以犯罪情节为根据，综合考虑犯罪嫌疑人缴纳罚金的能力提出确定的数额。在缺乏对自然人进行罚金量刑经验的情形下，对企业的罚金量刑更难以把握。

除去经验不足的问题外，我国单位犯罪罚金刑的情况较为复杂，难以形成量化标准，这也是罚金型量刑建议提出率低的原因之一。这种复杂性表现为以下几方面：

首先，罚金型适用情形的多样化。就接受处罚的主体来说，存在三种情形：判处单位罚金，责任人无罚金，如走私普通货物罪；单位无罚金，判处责任人罚金，如重大责任事故（不起诉单位）；对单位及责任人均判处罚金，如贷款诈骗罪。从罚金计算方式来看，表现为三种情形：无限额罚金，即未设上限，而是设定起点基数以及递增规则，典型表述为"有期徒刑X年以下，判处罚金X元，每增加X年，罚金增加X元"；百分比倍比罚金，即以犯罪数额设置罚金的比例幅度，典型表述为"处XX数额百分之五以上百分之三十以下罚金"；倍比刑罚金，即以犯罪数额等情节设置罚金的倍数幅度，典型表述为"处XX数额一倍以上五倍以下的罚金"。以可否选择来看，可分为应当并处或者可以并处两种情形。

其次，在同种罪名的情况下，将对单位、责任人与个人判处的罚金相比，可能会出现量刑不均衡的情况。如虚开增值税专用发票罪，对单位判处无限额罚金，未对责任人判处罚金，在非单位犯罪的情况下对个人判处倍比罚金。责任人无罚金刑是否意味着单位替代责任人承担了这部分责任，容易引起争议。

再次，对于罚金的数额，一般是以销售金额、违法所得、犯罪金额、财产损失为参照标准进行综合考量适用,在司法实践中无法得到确切的数额,只能进行模糊式量刑。

最后,对于罚金与自由型的折算缺乏标准,即对自然人判处拘役、有期徒刑或者无期徒刑与罚金的对应关系、对应比例不明。以贷款诈骗罪为例,假设3年以下有期徒刑对应的罚金基数为10000元,那么每增加3个月,罚金增加5000元。这种计算方式仍较为粗糙:一是如何得出罚金基数及增加量,并不透明、准确;二是刑期有限,而增加的罚金数额与罪行及犯罪情节并不匹配;三是这种折算的适用对象模糊——是针对判处并处罚金刑的自然人,还是判处自然人自由型而判处单位罚金刑,抑或是三种情况皆有?

根据上述分析,如果将企业合规作为酌定量刑情节适用于罚金刑,最大的问题则在于对哪个主体从宽、从宽的幅度比例,又是以自由刑为参照来调整罚金幅度抑或是相反的方向。当然,企业合规情节也会对罚金的执行方式产生影响。

(2)域外实践与罚金刑。

《量刑指南》对于判处组织或者个人罚金,采取的是统一的计算模式,这得益于美国网格式的量刑方式。《量刑指南》采取的网格式体例,纵向为犯罪等级,代表了量刑基准点,横向则列明了前科记录等情况,两者的交叉点则是罚金数额。其中对于组织的罚金量刑有以下几个步骤:①确定是有犯罪目的的组织还是其他组织,对于有犯罪目的的组织,应处足以剥夺其犯罪能力的罚金,不需要适用一般量刑方法;②根据罪行确定犯罪等级;③依据犯罪等级或者组织从犯罪行为中获取的收益、组织的犯罪行为所造成的损失来确定基本罚金;④确定责任点数来调整犯罪等级,增加责任点数的因素包括企业规模、职员参与情况、主要领导人对犯罪的容忍情况、犯罪史、违反命令、阻挠司法等,而减少责任点数的因素有防止和发现违法行为的有效措施、自首、合作和承担责任;⑤确定与责任点数相对应的最小、最大罚金倍数,即罚金幅度的上下限;⑥在法定刑幅度内确定罚金具体数额;⑦根据是否退赃、支付赔偿款等情形调整罚金数额。

以"美国诉VimpelCom Ltd.案"为例,美国司法部(DOJ)以《量刑指南》为依据确定对VimpelCom Ltd.的罚金数据,具体步骤为:①根据《量刑指南》，确定 VimpelCom Ltd. 行贿外国官员的行为，其基准犯罪等级为12；②因为贿赂次数超过2次、贿赂所获利益超过4亿美元、被行贿的外国官员属于高级别、决策层，分别增加2个、30个、4个犯罪等级，总犯罪等级为48，在《量刑指南》中该等级对应的罚金范围为8.3亿至16.7亿美元；③因 VimpelCom Ltd. 在调查中全力合作，明确认可其所犯罪行并愿意承担责任，减少责任点数，最终确定罚金为4.6亿美元。① 这个案例给我们的启示有两点：一是罚金的计算要依据案件细节进行确定，考虑的因素越多，量刑说理就越充分，更容易被法院采纳；二是合规从宽幅度比一般量刑情节要大，更好起到激励效果。

《量刑指南》对于组织的量刑有部分值得借鉴的地方，如以罪行确定犯罪等级，进而确定基本罚金，保证罚金起到足以惩罚的作用。将量刑所需因素与企业管理状况、违法历史、合规整改情况等细节挂钩，有助于实现罚金的预防性作用。另外，《量刑指南》的制定脱胎于对大量量刑实践的研究，分析了数以万计判决前调查取得的资料、各种刑事实体法中区分此罪与彼罪的各种要素、美国假释委员会的指南和统计等资料，提炼出具有可操作性的《量刑指南》。但是《量刑指南》过于机械化的量刑方式以及强制最低刑的适用，不仅容易造成量刑的严苛化，还导致羁押人数逐年上升。其中，量刑的严苛化不仅指严重压缩法官的自由裁量权，也指通过《量刑指南》计算而得出的结论可能与被告人的罪行严重不符。鉴于《量刑指南》的固有缺陷，在经历"布克案"等案件后，《量刑指南》已不再强制适用，但仍具有重要参考价值。

（3）罚金刑的适用。

在对企业及责任人均要判处罚金的情况下，应当考虑企业优先原则，具体做法为：

第一，无论是对涉案企业还是责任人，能否在罚金上获得从宽处罚以及确定从宽幅度的比例，既要考虑案发后的合规整改情况，也要考虑案发前企

---

① 参见尹云霞、庄燕君、李晓霞：《企业能动性与反腐败"辐射型执法效应"——美国FCPA合作机制的启示》，载《交大法学》2016年第2期。

业违规历史等因素,而不是一味从宽。对于罚金的量刑,也应当具有梯度性。

第二,涉案企业的合规整改效果及于罚金的从宽量刑,既包括在幅度内选择较低额罚金,如在5%到30%的倍比罚金内,可判处涉案企业10%犯罪数额的罚金;也包括可调整罚金的基准刑,如在10万元的基准罚金上"打个9折"。

第三,对涉案企业从宽量刑的效果不一定及于责任人,如果对责任人减少罚金或者单处罚金,则需要以企业合规作为先决条件,并且减轻的幅度要小于涉案企业。如果对责任人在罚金和自由刑上都作从宽处理,那么涉案企业也应当获得从宽量刑。

第四,对于如何通过评价量刑情节得出精准的罚金,实践中出现了电脑量刑、设置量刑评价体系、提炼计算公式等尝试,基本上是通过数据统计分析和赋权两个步骤来实现对社会危害程度的量化。以计算公式为例,有学者根据裁判文书网的判决数据以及法院的量刑实施细则,得出两种计算公式,即罚金刑的涉案金额公式和罚金刑的自由刑公式。具体来说,罚金刑的涉案金额公式为:罚金金额 = f(涉案金额)×(1 − 修正量刑情节的调节比例)×(1 + 从重责任刑情节的调节比例 − 从轻责任刑情节的调节比例 + 从重预防刑情节的调节比例 − 从轻预防刑情节的调节比例),其中 f(涉案金额)不等同于具体案件涉案金额,而是需要乘以特定系数,该系数来源于统计过程中得出的涉案金额与罚金刑的回归方程。罚金刑的自由刑公式为:罚金金额 = f(自由刑),其中 f(自由刑)即为上述罚金刑中自由刑与罚金刑的回归方程。① 这种通过数据统计分析得出计算模式的方式,虽然容易出现《量刑指南》上机械化量刑的问题,但对于如何考量罚金与犯罪数额、刑期等因素的关系,仍有一定的参考意义。企业合规对于单位及责任人的影响是不相同的,在涉案金额等传统的统计因素之间加上企业合规,并设置合理的计算公式,有赖于更多实践样本及经验总结。

第五,对于罚金与自由刑的折算问题,应以对企业罚金刑调整为导向。以1999年最高人民法院《关于全国法院维护农村稳定刑事审判工作座谈会纪要》中对罚金刑适用的相关规定为例,该纪要规定对于应当并处罚金的犯罪,

---

① 参见文姬:《我国罚金刑裁量方法的改进》,载《清华法学》2021年第6期。

如被告人能积极缴纳罚金,认罪态度好,且判处的罚金数量较大,自由刑可适当从轻,或考虑宣告缓刑。上述规定是以单一主体为适用对象,且是以预防效果为出发点来考量自由刑的从轻情况。对于涉案企业与责任人两个不同主体的情况,应作变通适用。参照该规定,在不涉及单位与自然人量刑均衡与否的情形下,如果对涉案企业缩减罚金从宽的幅度,那么该效果也应当及于责任人的罚金幅度,对自由刑可适当从轻。如果放宽涉案企业的罚金幅度,那么责任人的罚金数额也应当减少,对自由刑也可以适当从轻。从流向来说,对责任人从重或者从轻量刑,不能推导出涉案企业也应被从重或者从轻量刑。

3. 企业合规与特殊情形

除去自由刑与罚金外,企业合规的自我披露、从业禁止与禁止令等问题,都会影响合规从宽量刑的效果。

(1) 自我披露。

自我披露作为合作的内容,是一种减轻企业责任的方式。正如《美国检察官手册》中所提及的,类似不当行为的历史可能是鼓励或至少纵容此类不当行为的企业文化的证明,而《美国检察官手册》及汤普森备忘录等文件也是基于该情况,将公司内部不法行为的普遍性作为是否决定起诉企业的考量因素之一。企业自愿披露这些行为,表明了企业积极认罪、配合调查以及决心重塑合规文化的态度,是企业获得从宽处理的正当性依据。对于自我披露、表现良好的企业,可获得降低罚金的优惠。《量刑指南》将"自动报案,合作和认罪"作为减少责任点数的情形,如果组织在罪行马上被发现或政府调查之前,以及在发现罪行后合理及时地向有关政府当局报案,积极协助调查,可减少5点责任点数。如果全面配合,明确表示认罪且肯定愿意对其犯罪行为承担责任的,还可以再减少2点责任点数。通过减少责任点数,企业可能被判处的罚金会较调整前有较大的差距。

需要注意的是,在企业合规改革试点过程中,虽然暂未出现企业自我披露犯罪事实的情形,但仍值得探讨自我披露与量刑从宽的关系。《第三方指导意见》及实施细则对漏罪的处理作了初步规定,第三方组织发现涉案企业或其人员尚未被办案机关掌握的犯罪事实,应当中止第三方监督评估程序,并向负责办理案件的人民检察院报告。从使用"中止"的概念来看,并未代表拒绝继续适用企业合规。

区别于检察机关将同种类刑事处罚作为禁止适用企业合规的条件，自我披露着重于办案机关尚未掌握的犯罪事实。自我披露意味着企业的前科记录可能涉嫌犯罪，要对责任人加重处罚，从鼓励消除违法犯罪因子、重塑合规文化的目标来说，原则上对于同种罪行，可继续适用企业合规，但不排除因增加犯罪事实而升格法定刑导致无法适用的情形；对于不同种罪行，需要综合考量后确定是否继续适用企业合规以及从宽幅度。即使不适用企业合规，涉案企业及责任人仍可以基于自首情节而获得从宽处理。在自我披露可从宽量刑的基础上，涉案企业自我披露的时机会直接影响从宽的幅度。在被追诉之前披露犯罪事实，可整体认定为自首；在被追诉后披露遗漏的犯罪事实，可认定为坦白。无论是自我披露后构成自首还是坦白，基于具有两次以上犯罪事实，都应当减小从宽的幅度或者选择较低的量刑比例。

（2）从业禁止与禁止令。

2020年11月"两高三部"下发的《关于规范量刑程序若干问题的意见》第4条规定了从业禁止与禁止令的提出主体、时间及要求。首先，侦查机关在移送起诉以及检察机关在提起公诉时，可以提出宣告禁止令和从业禁止的建议，将提出主体扩大至侦查机关，提出时间也提前至移送起诉时。被告人及其辩护人、被害人及其诉讼代理人也可以提出意见，并说明理由。其次，检察机关提出宣告建议的，应当根据被告人的犯罪原因、犯罪性质、犯罪手段、悔罪表现、个人一贯表现等，充分考虑与被告人所犯罪行的关联程度，有针对性地决定禁止从事特定的职业、活动，进入特定区域、场所，接触特定的人等。

对于涉企类案件，是否在量刑建议中提出从业禁止或禁止令，需要根据不同情况进行处理。提出禁止令的目的，主要在于强化对犯罪分子的有效监管，促进其教育矫正，防止再犯。对罪行虽然比较严重，但是几乎没有再犯可能的，不应当适用禁止令。[①] 检察机关是否提出宣告禁止令的量刑建议，应

---

① 参见张伟刚、谢晓曦：《加强对适用禁止令监督指导》，载《人民法院报》2011年5月11日，第1版。

该从有利于维护企业经营以及防止责任人再犯的角度出发。对于责任人与涉案企业关联性不大的情形，可以提出宣告禁止令的建议；对涉案企业的生产经营有重大影响的责任人，应当慎重提出宣告禁止令的建议。

是否提出宣告从业禁止建议的情形要比禁止令复杂得多。《刑法》第37条之一对于从业禁止作了原则性规定，并明确"其他法律、行政法规对其从事相关职业另有禁止或者限制性规定的，从其规定"。实践中，从业禁止既可能适用于责任人也可能适用于涉案企业，行政执法机关、法院均可以作出从业禁止的决定。从业禁止分为"应当适用"与"可以适用"两种类型，是否提出从业禁止的建议以及从宽建议的内容，还是要结合企业生产经营状况、再犯可能等因素作综合判断。对于"应当适用"类型，检察机关应依法提出建议，根据是否有选择的幅度空间提出相应建议。对于"可以适用"类型，与禁止令的适用情形一致。

（三）企业合规从宽量刑的调整

企业有效合规整改是检察机关提出从宽量刑的依据，企业生产经营是一个动态的过程，涉案企业与责任人的认罪认罚态度可能会出现变化，就会出现需要调整量刑建议的情况。《人民检察院办理认罪认罚案件开展量刑建议工作的指导意见》第19条明确规定，检察机关可以根据案件实际情况，充分考虑提起公诉后可能出现的退赃退赔、刑事和解、修复损害等量刑情节变化，提出满足相应条件情况下的量刑建议。检察机关是依据当时的企业合规整改情况而提出量刑建议，当合规整改等考量因素发生变化时，也应当适时主动调整量刑建议。

常见情形有以下几种：一是企业出现经营困难而无法继续整改的，现阶段的合规整改只体现了部分成效；二是实践中，涉案企业及责任人特别是实际控制人、经营负责人，为了防止企业被定罪而影响日后发展，拒绝认罪但愿意继续整改或者是验收合格的；三是起诉后出现再犯新罪等情形导致合规整改不达标的。

对于上述三种情形，应作具体分析：针对第一种情形，是由于客观原因导致无法继续合规整改，对于其已经整改的情况，可以适当缩减企业合规量刑情节的从宽幅度。针对第二种情形，检察机关应该依据《指导意见》《人民检察院办理认罪认罚案件开展量刑建议工作的指导意见》等相关规定，建议法院不再适用认罪认罚从宽制度并撤回认罪认罚情节的从宽量刑建议。由于缺乏认罪认罚的前提条件，对于尚未整改完毕的，应终止适用企业合规，撤回企业合规从宽情节的量刑建议；对于验收合格的，在依据企业合规整改情况提出从宽量刑建议时，应限制从宽的幅度。针对第三种情形，也要根据新罪的情况作分别处理。如果是责任人再犯新罪，撤回对责任人的从宽建议，对被告企业的从宽幅度要根据新罪与合规整改的关联性决定是否调整；如果是被告企业再犯新罪，要根据新罪与合规整改的关联性，决定是否撤回从宽量刑建议或者限制从宽幅度，对责任人的处理与被告企业同步。

风险刑法下的企业合规与第三方监管机制

王德明[*]

摘 要 由于"风险刑法"所蕴含的功能主义与司法实践的高度契合性，刑法日益地从以形式逻辑为中心转变为以目的为中心，成为分析社会变化的一种有力工具。"风险刑法"仍应遵守刑法谦抑性等原则，其与企业合规是相互影响、相互促进的关系。在"风险刑法"的影响下，合规有效性问题以及第三方监管机制的完善是推进涉案企业合规改革的重点。检察机关作为合规监督评估的当然主体，应进一步探索监督评估标准与企业合规标准的融合问题，并切实发挥第三方监管机制的作用，推动涉案企业有效合规整改。实践中，第三方监管机制仍面临人员组成、费用、考察期限等问题，需要结合司法实践持续完善。

关键词 风险刑法 企业合规 有效合规 第三方监管

一、"风险刑法"的工具价值

（一）风险刑法的语境

风险刑法理论并非新起之秀，是刑法学继受社会学研究的产物。在风险刑法理论产生之前，西方曾对风险理论进行了深入研究，经历了从最初的表象到制度研究再到对社会的自我反思的过程。风险社会理论由德国社会学家

---

[*] 广东省深圳市宝安区人民检察院第一检察部副主任。

乌尔里希·贝克所主创，他较早提出风险社会的概念，并作为理解后工业社会的核心概念。贝克认为："风险的概念直接与反思现代化的概念相关。风险可以被界定为系统地处理现代化自身引致的危险和不安全感的方式。"① 贝克将"风险"的界定放置于对社会变迁的宏观思考当中，并认为风险原理的出现与反思现代性有关。英国学者吉登斯对贝克的理论进行了发展，他认为现代性风险是科技进步与全球化趋势所致，然而风险也并不只有负面性，其对当代社会发展的二重性作了精辟的表述："风险一方面将我们的注意力引向了我们所面对的各种风险——其中最大的风险是由我们自己创造出来的——另一方面又使我们的注意力转向这些风险所伴生的各种机会。"②

随着经济水平提升和社会结构调整，制度风险与技术风险逐渐成为社会的主要危险源，社会的治理难度提高，风险增多，为应对不断出现的社会新背景和新问题，风险刑法概念应运而生。德国刑法学家 Prittwitz 将风险刑法理论表述为：风险刑法为一种目的性刑法，处罚对象由传统"结果恶"演变为"危险行为恶"③，在危害结果发生之前便提前进行预防。从可查找的资料来看，劳东燕教授作为我国最早研究风险社会与风险刑法的学者之一，其在 2007 年发表的《公共政策与风险社会的刑法》中率先提出刑法理论面临着刑事实践严峻挑战的论断，引起了学者们研究风险刑法的热情。以"风险刑法"为关键词，在中国知网可搜索出 600 多篇文献。通过对相关文献进行梳理发现，"风险刑法"的概念较为统一，即"对社会风险予以预防和治理的刑法"，强调"通过规制行为人违反规范的行为所导致的风险，以处罚危险犯的方式更加早期地、周延地保护法益，进而为实现刑罚的积极的一般预防目的

---

① ［德］乌尔里希·贝克、威尔姆斯：《自由与资本主义：与著名社会学家乌尔里希·贝克对话》，路国林译，浙江人民出版社 2001 年版，第 124 页。
② ［英］安东尼·吉登斯：《第三条道路——社会主义的复兴》，郑戈译，北京大学出版社 2000 年版，第 66 页。
③ 转引自魏东、何为：《风险刑法理论检讨》，载《刑法论丛》（第 35 卷），法律出版社 2013 年版，第 1 页。

而形成的一种新的刑法体系"①。

(二) 关于风险刑法理论的争议

出于维护社会稳定的目的，刑法的干预范围也逐渐从人类自身的行为转向风险的控制，对有效预防和控制风险问题进行探讨，进而让刑法起到保护社会的功用。近年来刑法修正案的不断出台、新罪名的增设、共犯行为的正犯化等也为风险刑法理论提供了有力的支撑。总的来说，以风险社会或社会转型为背景，试图发展出一套旨在回应社会需要尤其是风险控制的刑法理论，此类理论一般笼统地被归入风险刑法理论的范畴。在相关研究中，既有否认社会基础的变化从而全盘拒绝风险社会理论的，也有将风险刑法理论当作时代潮流而积极予以支持的，还有的是持兼顾论的立场，肯定刑法体系面对风险问题应作出必要的回应，同时强调基于"风险刑法"所蕴含的重大危险，应将其限定在适当的范围之内。当然，在兼顾论的阵营中，各个学者的立场也不一致，主要是对风险刑法理论的适用范围存在不同看法。

劳东燕教授曾提出，风险刑法理论的研究是希望通过寻找一种新的方式来解决现在刑法学界很难作出合理解释的问题，诸如现在刑法学中的危险犯，以及责任形式的变更为何逐渐成为各国刑法发展的共同现象。② 劳东燕教授还提到，目前有关风险刑法理论的研究，可分为两种进路：一是以风险社会为背景的刑法基础理论研究，关注的是整个刑法体系经历的演变；二是将之定位为刑法体系的局部领域的变迁，作为体系的特殊或例外部分来进行处理。虽然目前学界对风险刑法的概念仍存在争议，但无法否认风险刑法本身的提出就是解决现有刑法无法解答的问题。③ 风险刑法正是着眼于刑法无力应对现代风险这一现实基础，提出刑法理论需要自我省思和调适革新，由传统报应性惩罚的事后应对模式转变为保障社会安全的事前预

---

① 黄明儒、王振华：《风险刑法理论在中国的发展概览与评析》，载《佛山科学技术学院学报（社会科学版）》2019年第1期。

② 参见劳东燕：《公共政策与风险社会的刑法》，载《中国社会科学》2007年第3期。

③ 参见劳东燕：《风险刑法理论的反思》，载《社会科学文摘》2020年第1期。

防模式。

（三）风险刑法的合理扩展与限缩

在对风险刑法的研究中，有学者认为"法益保护早期化"是风险刑法的标志性特征，但"风险"不等同于"危险"，若以保护法益为由，让刑法过早、过深地介入社会生活，将促使刑法的任务从保障个人利益往保障社会公益集中，从惩罚行为发展为惩罚思想，古典刑法所注重的刑法谦抑性等精神将岌岌可危，风险刑法与传统刑法并不兼容。实际上，风险刑法并非完全地与传统刑法观点割裂开来，越来越多学者认识到风险刑法作为发源于社会学的理论学说要想获得长远发展而非一时的喧嚣，不能空喊口号，而是应融于中国司法实践。风险刑法理论已开始自我设限，仍然保持传统刑法的基本理论框架，并且将其作为基础进一步扩展延伸，刑法谦抑性仍是风险刑法所应遵守的原则。风险刑法实质上是在传统的法益保护基础之上，对目前无法涵盖的领域进一步细化，在价值和法益的权衡上作出新的解释，提供新的侧重思路。在价值方面，风险刑法除自由之外，更多侧重于秩序维护，并且对危险性标准也更加明确；在法益方面，将面临危险的紧迫程度作为判断必要性的重要因素。[①]

法律并不是完美无缺的，随着时代的改变和发展，弊端与不足会越来越明显，风险刑法是为了弥补传统刑法的缺陷而发展。因此，不仅要基于传统刑法学理论，坚持以维护刑法基本原则为宗旨，还要结合社会化发展和社会学特征应对新情况和新变化，除此之外还需要提出可提前预防化解风险、降低风险处理成本的理论，以提高风险刑法理论的社会时效性和整体性。而风险刑法作为目前具有现实紧迫性的话题，以理解和把握社会现实为基础、维护社会秩序和预防风险为目的，牢牢把握风险刑法与理论刑法的连接点，由此促进"现代式预防"的风险规制早日实现。

---

① 参见郑祖星：《风险刑法的理论风险与应对策略》，载《云南大学学报（社会科学版）》2020年第6期。

(四) 风险刑法和企业合规的关系

1. 风险刑法与企业合规的区别

从字面意义来看，风险刑法强调对不良风险的控制与企业合规对刑事风险的尽早化解是一致的，但两者并非简单的相似，而是相互影响、相互促进的关系。"严厉的刑罚促进了自我管理的实现，同时，刑罚的最后手段性客观上消解了其严厉性"①，风险刑法与企业合规正是处于"紧张—宽松"的平衡状态。在介入时间及效果方面，风险刑法与企业合规有明显的区别。风险刑法是从定罪方面出发，着重于事前预防，如增设部分危险犯，对部分犯罪预备行为予以实行化以及对部分帮助行为正犯化。根据最高人民检察院涉案企业合规改革试点工作方案的相关规定，涉案企业合规改革试点工作是指检察机关对于办理的涉企刑事案件，在依法作出不批准逮捕、不起诉决定或者根据认罪认罚从宽制度提出轻缓量刑建议等的同时，针对企业涉嫌具体犯罪，结合办案实际，督促涉案企业作出合规承诺并积极整改落实，促进企业合规守法经营，减少和预防企业犯罪，实现司法办案政治效果、法律效果、社会效果的有机统一。上述概念表明，涉案企业合规已进入刑事诉讼阶段，属于预防性情节，着重于事中预防，注重的是通过有效合规整改获得从宽处理的机会。另外，企业合规作为落实刑事政策的载体，虽然目前属于酌定情节，却发挥出超过认罪认罚等法定情节的溢出效应，表明了对企业合规促进减轻罪责的肯定，企业合规的辅助作用有利于缓冲严厉刑罚与经济社会发展之间的冲突。"检察机关把企业合规作为刑事司法的一个酌定情节，将来国家通过立法将其确定为一个可以从轻、减轻或者免除刑罚的法定情节，目的就是要更好地适用刑罚，更有效地预防犯罪，更好地促进经济的发展，更好地实现对企业的平等司法保护。"②

---

① 李本灿：《企业犯罪预防中的合规计划研究》，南京大学 2015 年博士学位论文。
② 谢鹏程：《论涉案企业合规从宽检察改革的内在逻辑》，载《民主与法制》2021年第 42 期。

2. 风险刑法对企业合规的渗透

企业合规与风险刑法有明显的区别，但两者仍有密切的关系，风险刑法对企业合规的影响具体表现为以下五个方面：

一是针对特定罪名，涉案企业因未做好合规管理而被定罪处罚。这涉及单位犯罪的归责问题，典型例子就是"拒不履行信息网络安全管理义务罪"。陈瑞华教授认为"本罪给那些网络服务提供者创设了较大的刑事风险"，"单位内部员工可能构成侵犯公民个人信息罪等特定犯罪，而单位则成立拒不履行信息网络安全管理义务罪，单位责任与员工责任发生了分离"，[①] 但涉案企业可以建立合规管理体系为由进行无罪抗辩。

二是风险评估是启动企业合规的前置性条件。《关于建立涉案企业合规第三方监督评估机制的指导意见（试行）》（以下简称《第三方指导意见》）及其实施细则，对适用第三方机制设置了多个条件，分别是认罪认罚、企业具备条件、自愿适用以及非恐怖活动等禁止性情形，未明确要进行风险评估。实际上，各地检察机关在启动企业合规时均抱有谨慎推行的态度，将经风险评估后不适宜的案件排除在外。

三是将法益修复作为企业合规的必备内容。《涉案企业合规建设、评估和审查办法（试行）》（以下简称《建设、评估和审查办法》）第3条规定了涉案企业的全面配合义务，注重修复破损的社会关系，涉案企业"应当全面停止涉罪违规违法行为，退缴违规违法所得，补缴税款和滞纳金并缴纳相关罚款，全力配合有关主管机关、公安机关、检察机关及第三方组织的相关工作"。

四是强调针对涉嫌具体犯罪即刑事风险进行治理，而不是泛泛而谈，更强调合规的有效性、持续性。《建设、评估和审查办法》对于"涉案企业合规建设"的概念作了明确规定："涉案企业针对与涉嫌犯罪有密切联系的合规风险，制定专项合规整改计划，完善企业治理结构，健全内部规章制度，形成有效合规管理体系的活动。"

五是涉案企业合规整改不达标要受到严惩，这不仅在于开展企业合规要耗

[①] 参见陈瑞华：《企业合规不起诉改革的八大争议问题》，载《中国法律评论》2021年第4期。

费司法资源，也在于在保持企业合规严肃性的同时提升涉案企业的加强合规管理的积极性。《建设、评估和审查办法》首次提出对合规整改不通过的企业将从严处理，"对于涉案企业合规建设经评估未达到有效性标准或者采用弄虚作假手段骗取评估结论的，人民检察院可以依法作出批准逮捕、起诉的决定，提出从严处罚的量刑建议，或者向有关主管机关提出从严处罚、处分的检察意见"。

3. 企业合规对风险刑法的限制

风险刑法对于企业合规的影响是巨大的，但企业合规也对风险刑法的发展产生影响，具体表现以下两个方面：

一是企业合规为"严厉"的刑法提供出口。作为预防性情节，涉案企业经过有效合规整改，检察机关可以依法作出不批准逮捕、变更强制措施、不起诉的决定，提出从宽处罚的量刑建议，或者向有关主管机关提出从宽处罚、处分的检察意见。因此，涉案企业的合规整改是否符合有效标准，是检察机关作出相应处理决定的重要参考。

二是企业合规为风险刑法的介入形成了限制。具体表现在：第一，是否适用企业合规需要以企业的意愿为主，《第三方指导意见》将"涉案企业自愿适用第三方机制"规定为必备条件之一。企业意愿的重要性在涉及企业商业秘密上尤为突出，如果合规整改涉及企业商业秘密，就必定需要企业先行反馈、沟通，以确定合规计划。第二，企业合规原则上仅针对涉嫌具体犯罪开展专项合规，但检察建议的适用情形更广。《第三方指导意见》规定了"人民检察院发现涉案企业在预防违法犯罪方面制度不健全、不落实，管理不完善，存在违法犯罪隐患，需要及时消除的，可以结合合规材料，向涉案企业提出检察建议"；《建设、评估和审查办法》也规定了"对与涉案企业存在关联合规风险或者由类案暴露出合规风险的企业，负责办理案件的人民检察院可以对其提出合规整改的检察建议"，将合规整改的范围扩大至关联企业，但检察建议的制发及落实仍需要企业配合，另外检察建议并不能完全满足企业合规建设的需求。第三，对涉案企业适用企业合规，要求检察机关筑好"隔离墙"。根据《建设、评估和审查办法》的规定，对于合规案件应尽量适用第三方机制。在全国办理的1777多件涉企业合规案件中，适用第三方监督评估机制的案件为 1197 件，占 67.36%。① 针对未启动第三方机制的小微企业合规，可以由检察机关对其提交的合规计划和整改报告进行审查。在缺乏中间角色（第三方）的情况下，检察机关更应当做好隔离措施，如通过信息建设，为检察机关与企业提供沟通平台。

4. 风险刑法与企业合规的结合点

在当前企业合规道路的探索过程中，中国越来越多的"走出去"企业面临着无法预知的风险，稳妥的方式便是提前做好企业合规并与风险刑法理论的衔接。提前预防风险，评估风险，进而准确地防控风险。在每一个关键点做到落实，在实践中达到有效合规。由于目前合规管理在刑事领域欠缺具体评价，更应当结合风险刑法理论，从企业合规做起，减少刑事领域的不当规制，避免难以挽回的后果发生。防控的不仅是未知风险，同样也是未知审判，要最大发挥企业的经济体本能，就必须做好企业合规。

对于风险刑法与企业合规的研究应当避免极端化，既不能过度强调预防，重打击犯罪而轻人权保护，也不能一味强调合规出罪，导致法律刚性不足。一方面，刑法惩罚犯罪必定涉及风险预防，但风险不能成为企业合规区别于其他事物的本质特征，要实现风险刑法以及企业合规中打击与预防平衡的效果，两者结合点在于合规的有效性而非风险本身。另一方面，风险泛化的弊端严重，刑罚处罚早期化、法益概念抽象化，容易失去罪刑法定、刑法谦抑性等传统刑法所坚持的精神。只有坚持合规的有效性，才能将"严管"落到实处，"厚爱"才具有正当性。"不管是合规不起诉还是合规从宽量刑，它都不是不惩罚犯罪企业，而是要更有效地惩罚犯罪企业，即既要罚又要预防。"② 合规有效性作为涉案企业合规改革试点的重点问题，最高人民检察院等九部委适时出台了《建设、评估和审查办法》，对企业合规有效性标准作了有益探索。

实现有效合规，需要在第三方机制方面持续发力，这不仅是涉案企业合

---

① 数据来源于 2022 年 6 月 14 日发布的《涉案企业合规第三方监督评估机制建设年度情况报告》。

② 谢鹏程：《论涉案企业合规从宽检察改革的内在逻辑》，载《民主与法制》2021年第 42 期。

规改革试点的难题，也是重点、关键点。最高人民检察院党组副书记、副检察长童建明在全国检察机关全面推开涉案企业合规改革试点工作部署会上强调，推进涉案企业合规改革，要紧紧依靠第三方机制，做好"后半篇文章"。对于第三方机制的建设，在最高人民检察院等九部委出台《第三方指导意见》之后，连续制定了实施细则、《涉案企业合规第三方监督评估机制专业人员选任管理办法（试行）》《涉案企业合规第三方监督评估机制管理委员会办公室工作规则》等规范性文件，进一步规范第三方机制。

二、关于合规有效性的探讨

（一）有效合规的定义：过程及结果

鉴于合规本身是一个舶来概念，在论述其有效性时，可以从域外定义着手。以美国《联邦量刑指南》为例，2004年在1991年"合规黄金标准七条"的基础上补充对企业的周期性评估合规风险要求，正式形成"合规黄金标准八条"，此前七条为：（1）建立标准和程序以预防和识别犯罪行为；（2）领导层对公司合规体系的内容及运行知情并负责监督其执行和效果，同时有效授权其他管理层落实公司合规体系；（3）阻止有违法行为或不合规行为的人出任实权岗位；（4）对合规体系的标准、程序和其他必要内容组织全员范围的定期宣传与培训；（5）监督、审计、评价、举报机制以确保合规体系得到遵守；（6）建立合规行为激励与不合规行为惩罚机制；（7）及时调整合规体系应对不合规行为或者说犯罪行为。此外，从英国2010年《反贿赂法》、瑞士《有效合规管理的原则》、法国2016年《萨宾第二法案》等涉及的有效合规的定义或评价来说，域外西方国家关于这个概念的认识整体上相似。[①] 既注重对合规体系计划、执行、检查、处理的纵向过程评估，亦关注合规体系对犯罪行为与不合规行为的预防与应对效果评价，大体上是过程评价与结果评价相结合的模式。而此时呼之欲出的有效合规的概念显然落在这个范畴：公司具备

---

① 参见陈瑞华：《对"有效合规计划"的反思》，载《民主与法制》2021年第45期。

完整的合规体系,并有执行该合规体系的严密控制程序,在周期性的内部审核和外部认证中持续改进而起到预防企业犯罪和不合规行为的实际效果。

(二) 有效合规的标准

因为不同的行业和企业之间业务范围差异甚大,需要防范和应对的主要合规风险各具特点,这里对有效合规的界定只能是偏于概括性和原则性的,有效标准和程序也只是通用的一般性标准和程序,是一个整体性的效果评价。

从企业性质来看,国有企业与民营企业在内部合规建设上起步时间不同且存在明显的资源投入差异。此前,国资委有关负责人在2021年5月13日举行的"法治央企建设媒体通气会"上表示,国资委在中国移动等5家企业开展合规管理体系建设试点的基础上,于2018年印发央企合规管理指引,此后陆续编发反垄断、出口管制、反商业贿赂等一系列重点领域合规指南;并且介绍道,中央企业已全部成立合规委员会,出台管理制度,完善工作机制,其中不少企业还探索构建法治框架下的法律、合规、风险、内控协同运作机制,着力打造"法律合规大风控"管理体系。[①] 国务院国资委2021年12月3日召开的中央企业"合规管理强化年"工作部署会更是明确要求从领导、工作机制、境外合规、监督问责、资源投入上综合发力全面推动中央企业合规管理工作再上新台阶。[②] 与之相比,民营企业的内部合规建设则是在其之后才逐步跟进的。

从企业规模来看,大中小微企业在进行内部合规建设上能投入的人力物力及其他相关资源存在显著差距,各自所需要承担的社会责任亦有轻重。大型企业的营业收入和从业人员的体量更大,能投入内部合规建设的资源更多、能力更强,社会对大型企业承担相应的社会责任更加期待和敏感。大型企业如西门子,截至2016年9月底在全球各地拥有35.1万名员工,总收入达到796亿欧元、净收入56亿欧元,合规团队也从2007年的大约60名(大部分

---

① 参见《中央企业已全部成立合规委员会》,载中国政府网,http://www.gov.cn/xinwen/2021-05/13/content_5606202.htm。
② 《国务院国资委召开中央企业"合规管理强化年"工作部署会》,载微信公众号"国资小新",2021年12月5日。

是兼职合规官）发展为几百名全职员工（合规官和主题专家），并且建立了独立而权威的合规组织体系。而小微企业，员工数少、业务单一，能投入合规建设的资源极为有限。

从企业的类型来看，金融行业、互联网行业、医药行业等各自的合规建设重点不同，有的需要重视反洗钱、有的需要重视数据与个人信息保护、有的需要重视反商业贿赂，难以套用完全一致的有效合规标准。

基于此，若想通过企业合规做实对民营企业的依法平等保护，在有效合规的标准方面，则需要充分考虑企业的性质、规模、类型的差异性，具体问题具体分析，在有效合规的通用的一般性标准和程序的整体性基础上，拓展有效合规专项性标准和程序。国内企业合规建设推进的实践也充分验证了这点，在通用性合规指南出台与不断修订的过程中，各种专项合规指南也陆续出台。

比如2021年4月6日国际标准化组织ISO制定发布的ISO 37301：2021《合规管理体系要求及使用指南》已被预备为我国国家标准暨GB/T 35770《合规管理体系指南》修订采用。2021年4月28日，商务部安全与管制局发布公告2021年第10号《关于两用物项出口经营者建立出口管制内部合规机制的指导意见》，指导出口经营者建立并完善出口管制内部合规机制。2021年7月1日，重庆市市场监督管理局出台《重庆市网络社区团购合规经营指南》，是全国首个社区团购合规指南，对社区团购从准入、经营到退出全过程全链条进行了规范。2020年9月11日国务院反垄断委员会印发《经营者反垄断合规指南》，为鼓励经营者培育公平竞争的合规文化，建立反垄断合规管理制度，提高对垄断行为的认识，防范反垄断合规风险，保障经营者持续健康发展。2021年12月7日，由北京市市场监管发展研究中心和中国政法大学竞争法研究中心组成课题组研究制定的《北京市平台经济领域反垄断合规指引》（2021年版）正式对外发布，其内容包括：反垄断合规建设、反垄断合规重点、行政性限制竞争行为合规、配合反垄断调查、法律责任、反垄断相关法律规定等六大方面；结合互联网业态特点，指导平台企业进行反垄断合规管理；列举12个案例和8个示例，指导经营者提高垄断风险识别能力；回应"二选一""大数据杀熟"等互联网领域的业态和竞争行为，旨在提高经营者垄断风险防范意识；对经营者作出15处风险预警提示，培养其反垄断合规和风险预警意识。

值得注意的是，以上关于有效合规评价的整体标准与专项标准均不能被定义为有效合规的最低限度的标准。很难说存在最低限度的有效合规标准，一方面，静态的有效合规标准与程序是抽象的概括性的原则性的要求，而且如上论述不同性质、规模、类型企业的内部合规建设重点不一；另一方面，有效合规评价本身是一个动态概念，是一个持续改进的过程。有效合规虽然没有最低限度的标准，但有效合规标准必然具备起到预防违法犯罪的实质性作用。只是这里的预防不是杜绝违法犯罪而是尽量地减少违法犯罪活动，毕竟，经验证据表明，精心设计的合规计划也不能完全阻止企业内部的犯罪活动。①

2022年5月23日，中国中小企业协会发布《中小企业合规管理体系有效性评价》团体标准（以下简称《中小企业合规标准》），这是我国首部关于中小企业合规管理体系有效性评价的团体标准，对中小企业合规管理体系的评价方法、评价流程、评价指标等方面作了有益探索，可适用于中小微企业对自身合规管理体系进行评价，也适用于国家机关、行业协会、认证机构等主体对中小微企业合规管理体系有效性的评价。总体而言，《中小企业合规标准》对于合规标准的相关规定仍较为粗糙，需要结合企业自身情况进行调整、优化，实践中还可能会出现小微企业不知道如何使用《中小企业合规标准》。更重要的是，涉案企业进行合规整改，所需考虑的标准与上述标准并不等同。陈瑞华教授将有效合规管理分类成两种模式，日常性合规管理模式（面向市场的合规计划）与合规整改模式（应对危机的合规计划），强调两种模式"各有其适用范围与制度构造，可以各自发挥独立的功能，但在企业合规管理体系的建构方面，这两种模式既可以相互转化，也可以相互补充和完善"。②以有效预防为目标，根据涉案企业的具体情形，有侧重性地选择"针对性"

---

① 参见［美］菲利普·韦勒：《有效合规计划与企业形式诉讼》，万方译，载《财经法学》2018年第3期。

② 参见陈瑞华：《有效合规管理的两种模式》，载《法制与社会发展》2022年第28期。

或者"体系性"合规。

（三）有效合规的考察主体和方式

关于合规的考察主体，在美国是检察官负责，1991年的《组织量刑指南》从制度上赋予了检察官依据合规计划的有效与否自由裁量是否对涉案企业进行起诉。在法国，根据《萨宾第二法案》，有效合规的考察主体是法国反腐败局（AFA）。在我国，《第三方指导意见》第一章第1条规定，涉案企业合规第三方监督评估机制，是指人民检察院在办理涉企犯罪案件时，对符合企业合规改革试点适用条件的，交由第三方监督评估机制管理委员会选任组成的第三方监督评估组织，对涉案企业的合规承诺进行调查、评估、监督和考察。考察结果作为人民检察院依法处理案件的重要参考。下面分析最高人民检察院2021年发布的第一批企业合规典型案例，梳理有效合规考察实践情况。

案例一：张家港市L公司、张某甲等人污染环境案，检察机关对L公司作出合规考察决定后，第一阶段由L公司聘请律师自查整改；第二阶段由检察机关委托税务、生态环境、应急管理等部门对合规计划进行专业评估，并且L公司每月向检察机关书面汇报合规计划实施情况；第三阶段由检察机关邀请人民监督员、相关行政主管部门、工商联等各界代表，召开公开听证会，参会人员提供建议后，由检察机关最后审查后提出检察意见。

案例二：上海市A公司、B公司、关某某虚开增值税专用发票案，检察机关以A公司、B公司、关某某涉嫌虚开增值税专用发票罪对其提起公诉并适用认罪认罚从宽制度后，联合税务机关上门回访企业的合规建设情况、制发检察建议并公开宣告，后又及时组织合规建设回头看。

案例三：王某某、林某某、刘某乙对非国家工作人员行贿案，检察机关作出不起诉决定后，与Y公司签署合规监管协议指导合规建设，检察机关通过回访并进一步提出指导意见。

案例四：新泰市J公司等建筑企业串通投标系列案件，检察机关作出不起诉决定后，还向6家涉案企业发出检察建议，要求企业围绕所涉罪名及相关领域开展合规建设，并对合规建设情况进行跟踪监督，最后举办检察建议落实情况公开回复会，对合规建设情况进行验收。

综上可知，我国有效合规的考察主体是检察机关，虽然过程中也会邀请相关组织机构代表进行专业评估或者听证，但均是为辅助检察机关最终评定提供依据和公信力。同时亦可发现我国有效合规考察的方式主要是提出检察建议、进行跟踪督查、举行听证、验收答复的路径。而这里的考察标准也与一般意义下的有效合规标准存在出入，一般意义下的有效合规标准是整体性的原则性的标准，而考察标准一般则是个性化的，是针对涉案企业实际合规建设需求提出具体检察建议后的回溯性评定。《建设、评估和审查办法》根据不同的参与主体，对于"涉案企业合规建设""涉案企业合规评估""涉案企业合规审查"作了明确规定。其中涉案企业合规建设是对涉案企业合规整改的总体性要求，并不涉及合规标准，内容包括合规组织架构、高层合规承诺、合规资源投入、相应合规机制等方面。这需要检察机关充分发挥第三方机制的优势，不断总结实践经验，提升涉案企业合规审查能力。

三、第三方监管机制的实践现状

（一）构建第三监管机制的现实需要

推动企业合规不起诉制度建设，不仅是以合规激励的方式促进企业合规整改来防范风险和预防犯罪，也是最高人民检察院推进司法改革的新的突破口，是检察机关参与社会治理的一个重要探索。在这场涉案企业合规改革试点中，检察机关创造性地引入了第三方监管机制，对涉案企业合规承诺和合规计划落实情况进行考察和监督，并以考察结果作为审理案件的重要参考。构建第三方监管机制有其理论的应然性，也有现实的必然性，企业的合规承诺想要落实落地，就必须建设好、使用好第三方监管机制。[1]

构建第三监管机制有着很强的现实需要，首先，构建第三方监管机制，

---

[1] 参见邱春艳、李钰之：《最高检召开企业合规试点工作座谈会，张军强调——创新检察履职，助力构建中国特色的企业合规制度》，载《检察日报》2020年12月28日，第1版。

能够彰显检察机关的公信力。《检察官法》第 5 条第 1 款规定："检察官履行职责，应当以事实为根据，以法律为准绳，秉持客观公正的立场。""客观公正的立场"要求检察官在刑事诉讼过程中不仅要全面收集证据并依法进行审查、核实，也要在审查逮捕、审查起诉前充分考虑案件事实，认真听取辩护人意见并予以合理采纳。在涉案企业合规改革试点中，检察官需坚持客观公正的立场，在决定起诉或者不起诉涉案企业之前，要全面深入考察涉案企业的合规建设情况。但如果由检察机关直接与涉案企业连接，对其进行合规监督与评估，难免会引起检察机关"既当裁判员，又当运动员"的争议。引入第三方监管机制，由专业的第三方对涉案企业的合规建设情况进行监督与评估，这样既可以防止检察官滥用检察权，随意对案件作出起诉或者不起诉的决定，也可以避免权力寻租，彰显检察机关的公信。

其次，引入第三方监管机制有助于检察机关高效决策。专业的第三方向检察机关提供的真实、专业的合规评估及建议，可以帮助检察机关降低决策成本，减少决策风险。同时，第三方的专业性意见也是检察机关在办理具体案件的过程中应当考虑的，《第三方指导意见》明确规定，检察机关在办理涉企犯罪案件过程中，应当将第三方组织合规考察书面报告作为依法作出批准或者不批准逮捕、起诉或者不起诉、提出量刑建议或者检察建议、检察意见的参考因素之一。

最后，第三方监管机制可以提升合规有效性。涉案企业的合规整改虽然是由检察机关来推动的，但由于检力资源和专业能力的限制，检察机关在实践中难以对涉案企业的经营状况和合规建设进行全面、准确的评估。企业合规不起诉制度本质上是一种合规激励方式，涉案企业若想获得不起诉"奖励"，就必须落实好合规整改的计划。合规计划的主要内容是加强企业在环境污染防止、反垄断、商业贿赂、安全生产等方面的合规建设。但想要把这些合规计划落实落地，就需要来自专业的第三方监管者的指导、监督与评估。第三方监管者主要是法律、审计、税务、会计等方面的专业机构或者人员，他们清楚企业的经营状况，了解企业在具体执行合规计划会遇到的现实问题并提供相应的解决方案。借助这些专业力量能够使企业合规计划产生实效，避免出现"纸面上的合规"。

（二）国内第三方监管机制的实践

目前，各地的企业合规试点改革都已引入了第三方监管制度，实践中的第三方监管制度主要有三种模式："独立监控人模式""行政机关监管模式""企业合规监督管理委员会＋第三方监管人模式"。

1. 独立监控人模式

即检察机关决定对涉案企业启动企业合规程序后，要求涉案企业在合理期限内聘请第三方的独立监控人对企业合规计划进行监督。独立监控人主要是律师、会计师、税务师等专业人员。试行该模式有深圳市宝安区（早期实践）、泉州市洛江区（该地区独立监控人被称为"合规监督员"）等。以深圳市宝安区的早期实践为例，宝安区司法局发布的《关于企业刑事合规独立监控人选任及管理规定（试行）》中规定独立监控人是指受犯罪嫌疑企业委托，对企业进行调查、监督和规划的律师事务所，由区法院和区检察院协同负责建立独立监控人名录，涉案企业可在其中选择想要委托的独立监控人。

2. 行政机关监管模式

是指在检察机关在审查起诉阶段，委托有关行政机关作为第三方监管者，对涉案企业实施合规计划进行监督考察。按照这一模式，检察机关在考察期间应当同行政监管机关保持密切的交流，确切掌握涉案企业合规承诺落实情况，针对其间出现的合规问题，及时提出整改意见，并在考察期满后，根据行政监管机关的监管评估报告，综合案情，决定是否对涉案企业提起公诉。采取这种模式的检察机关有辽宁省人民检察院和浙江省宁波市人民检察院等。

3. 企业合规监督管理委员会＋第三方监管人模式

该模式以上海市金山区人民检察院为代表。金山区人民检察院会同区司法局等 10 家单位共同成立企业合规监管委员会，负责第三方监管人的指导、监督工作。[①] 该模式下，以律师事务所、会计师事务所等专业化的机构或者人员组成的第三方监管人负责对涉案企业合规计划落实情况进行直接监督、指

---

① 参见谈倩、李轲：《我国企业合规第三方监管实证探析——以检察机关企业合规改革试点工作为切入点》，载《中国检察官》2021 年第 11 期。

导,并定期出具检查报告反馈给监管委员会。监管委员会除对监管报告进行审核外,还可以对第三方监管人违法违规和侵害企业合法权益的行为进行调查,并作出处理。在这种模式下企业合规监管委员会负责防范化解企业合规工作中可能出现的风险,并对第三方监管人的工作进行指导、监督。第三方监管人注重微观的把控和监督,而监管委员会则负责宏观的指导、监督、争议解决。

4. 大合规+第三方监督评估模式

与依据《第三方指导意见》及相关规定而成立的第三方机制管委会略有不同,深圳市宝安区在遵循上级规定的基础上,探索出新的第三方监管模式,得到最高人民检察院的肯定并作为经验做法进行推广。[①] 宝安区人民检察院在前期试点工作基础上,积极推动宝安区委区政府、区委政法委统筹、协调,并联合区纪委监委、区法院等34家单位,创新设立促进企业合规建设委员会(以下简称区合规委),整合资源优势,全力构建"大合规"建设格局,推动企业合规工作走深走实。依托于区合规委平台,第三方机制并不限适用于刑事领域涉案企业合规,而是将行政机关纳入,将第三方机制的适用起点前移至行政执法环节,进一步发挥第三方机制的优势。

(三) 第三方监管机制的域外实践

1. 美国

美国的企业犯罪暂缓起诉制度(Deferred Prosecution Agreement,DPA)或不起诉制度(Non-Prosecution Agreement,NPA)和第三方监管机制在20世纪90年代建立起来。在1993年的所罗门兄弟公司舞弊案中,美国司法部和美国证券交易委员会同该公司达成不起诉协议,协议中该公司除了要缴纳罚金、赔偿投资人损失、实施内部合规程序外,也要任命一名独立的监察员配合检方调查和接受内部员工的合规反馈。

---

① 详见《广东省深圳市宝安区检察院设立促进企业合规建设委员会全力构建"大合规"建设格局》,载最高人民检察院企业合规问题研究指导工作组办公室《检察研究参考》企业合规专刊第一期。

此后，美国企业合规不起诉中的第三方监管机制虽然不断地发展，但缺乏政策制度层面的引导，对这项机制的适用并没有确切、清晰的规范。直至2008年，美国司法部发布了《在与企业签订推迟起诉协议和不起诉协议中选择和任用监管人备忘录》（《morford备忘录》），对美国的第三方监管机制——独立监管人制度作出了规范化要求。该文件正式对独立监管人作出了明确定性，即"监管人的首要责任是评估监督企业是否按照针对其违规行为设计的协议条款完成合规工作"，并对独立监管人的工作提出了9项基本原则。2009年，时任美国司法部部长助理LannyA. Breuer发布了《在刑事分部中的监管人选任事宜》（《Breuer备忘录》）针对选择监管人的政策和程序作出了补充。2010年，时任美国司法部部长Grindler对《morford备忘录》作了补充，增加第10项基本原则"基于具体的案件情况和事实，协议应当考虑政府部门在解决监管人和企业之间可能产生纠纷中所扮演的角色"，此项条款是为了应对监管人和企业之间可能产生的争议。2018年，司法部发布了《在刑事分部中的监管人选任事宜》（《Benczkowski备忘录》），进一步明确了选择监管人时的标准、政策和程序问题，并要求检察机关权衡成本与收益分析后，再决定是否向涉案企业指派独立监管人。2020年，美国司法部和美国证券交易委员会联合发布了第二版《美国反海外腐败法资源指南》（A Resource Guide to the U. S. Foreign Corrupt Practices Act，Second Edition，FCPA指南），其中有专门的章节对选择独立监管人的机宜进行详细的说明。

2. 英国

英国通过在2013年颁布《犯罪与法院法》，正式确立了企业犯罪暂缓起诉协议制度。该法案暂缓起诉协议作出了详细的规定，并确认由英国的皇家检察署（CPS）和反严重欺诈办公室（SFO）适用暂缓起诉协议程序处理企业犯罪。第三方监管机制在上述两部门联合制定的《暂缓起诉协议实施细则》（Deferred Prosecution Agreement Code of Practice）中有着具体的规定。该细则中明确了第三方监管人的主要责任：（1）评估、监督受诉企业的内控系统；（2）以防范暂缓起诉所针对的违规行为为目的提出"必要"的合规建议；（3）向检察机关报告其他"具体的"违规事件。另外，监管人必须在工作开始之前向政府和企业提供第一年的具体工作计划和符合企业要求的预算方案供双方审核。英国严重欺诈办公室于 2020 年 10 月 23 日发布了有关延期起诉协议的综合指南，其中也指出检察机关可以引入第三方监管者来评估企业的合规计划。

3. 法国

2016 年，法国国会通过了《关于提高透明度、反腐败以及促进经济生活现代化的 2016-1691 号法案》，因该法案沿袭了法国财长米歇尔·萨宾于 1993 年提交的第一份反腐败法案，故被称为《萨宾第二法案》。该法案吸收了英国和美国的合规不起诉经验，确立法国的暂缓起诉制度和强制合规制度。法国的强制合规制度要求符合标准的企业承担起建立合规制度的义务，促使企业采取合规措施，预防腐败、洗钱等行为的发生。《萨宾第二法案》规定企业同时符合以下两个条件要建立合规制度：（1）用工人数达到 500 人，或隶属于总部设在法国且总用工人数达到 500 人的公司集团；（2）单独报表或合并报表中的营业收入达到 1 亿欧元的企业。符合条件的公司及其高管负有建立合规制度的法定义务，如果不履行义务，就可能面临行政处罚。同时，由根据该法案设立的法国反腐败局来监督企业按照上述规定建立合规制度，并评价合规有效性。

法国反腐败局并非检察机关，而是没有司法权力的行政部门，发现企业存在腐败行为时，需要向检察机关报告，由检察机关对企业提起诉讼。在暂缓起诉协议案件中，反腐败局充当了在检察机关与涉案企业之间的第三方监管者的角色，负责监督和协助涉案企业建立合规制度，并定期向检察机关报告企业建立和执行合规制度的情况。在空客腐败案中，空客与法国国家金融检察官办公室达成合规不起诉协议。协议中该公司除了要缴纳罚金、合规整改外，还要接受法国反腐败局为期 3 年的合规监管。这为由行政部门作为监管者的第三方监管机制提供了很好的借鉴。

四、第三方监管机制的实践难题

（一）第三方监管人的组成问题

第三方监管人制度的引进是企业合规试点工作探索中取得的重大突破之

一，在试点工作开展过程中，各试点地方对于第三方监管人的具体规定和探索不尽相同，主要争议集中在以下三点：

第一，合规监管人是单位还是个人。部分企业合规改革试点单位在建构第三方监管人制度时规定，合规监管人应当是律师事务所、会计师事务所等单位；部分试点单位则规定第三方监督评估专业人员名录库由具体人员组成，而非由单位组成。合规监管人是单位还是个人成为试点实践中一个需要厘清的问题。

第二，第三方组织的成员组成。第三方组织成员是否可以包括行政机关专业人员和具有企业合规专业知识的退休公务员存在争议。关于第三方工作组成员数量，是应当统一规定人员数量，还是根据涉案企业的不同情况，尤其是针对不同规模的民营企业，具体问题具体分析，成为企业合规改革试点中需要进一步探索的问题。

第三，第三方人员的选任分类问题。按照何种分类方式选出第三方人员，关系到第三方人员是否与合规整改目标相契合。对于分类问题，从国家到地方的实践，并没有统一的标准，实践中出现了四种类型，分别是依据第三方人员的专长、涉案罪名、涉案行业、涉案领域进行划分。哪怕是采取统一维度（如行业），也会面临地方行业与国民经济分类不对应的情况。这种地方与中央标准不统一的情况，短期内可以满足地方发展需要，但长此以往，对于第三方人员的统一管理带来一定障碍。

（二）合规监管人的费用问题

关于企业合规监管费用来源的问题，试点实践中存在四种不同的模式：涉案企业单独承担模式、地方财政年度经费预算模式、检察机关年度经费预算模式、"涉案企业自付＋财政保障"相结合模式。企业合规监管费用来源是目前改革试点工作中的重要问题，也是争议最大的问题之一。由涉案企业单独承担模式类似于美国的独立监管人制度的监管费用模式，但是也有观点认为，该模式容易造成涉案企业与合规监管人之间的利益牵连，影响合规监管人的独立客观性。地方财政或者检察机关财政年度经费预算模式存在的问题是，不是所有试点地方的财政都有能力或者意愿支付该笔费用，随着适用企业合规案件的增多，该笔费用也会相应增加，更加影响财政预算的支付。而且，公共财政用于特定企业开展合规工作也值得商榷。

(三) 合规考察期限问题

对于我国刑事诉讼法中的侦查羁押期限和办案期限的关系问题存在较大争议，第一种观点认为，一般而言，我国刑事诉讼法施行羁押期限与审查起诉办案期限同一的制度，但对于取保候审或者监视居住的案件，只有在犯罪嫌疑人被羁押，在审查起诉期间案件不能办结，变更为取保候审、监视居住的案件，审查起诉期限不受《刑事诉讼法》第172条的限制，一般取保候审或者监视居住的案件仍受上述办案期限的限制；第二种观点认为，取保候审或者监视居住案件的办案期限应当受取保候审、监视居住期限的限制；第三种观点认为，取保候审、监视居住案件的审查起诉期限都不受《刑事诉讼法》第172条规定的审查起诉期限限制，实际上取保候审、监视居住案件没有办案期限。

企业合规案件多为无社会危险性不羁押案件，上述取保候审、监视居住案件办案期限的争议问题导致企业合规考察期限设置的困难，成为试点实践中争议最大的问题之一。

(四) 合规考察标准问题

目前，合规整改与考察、验收缺乏客观标准的问题已经成为制约企业合规改革试点深入推进的关键问题。《第三方指导意见》中规定，企业合规第三方监督评估机制管委会的重要职责之一就是研究制定涉企犯罪的合规考察标准。因为合规整改、验收标准属于专业性极强的工作，所以由哪一级检察机关制定相关标准、如何制定相关标准成为亟待解决的问题。

(五) 合规互认与跨区域协作问题

企业合规不仅是检察机关一家之事，而是关系到多个执法司法环节、多家执法司法机关。在刑事案件进入检察机关刑事诉讼阶段之前，在公安机关侦查阶段，如果已经开展企业合规整改，待案件进入检察机关诉讼阶段之后，如何认定已经开展的企业合规程序；在检察机关对涉案企业或相关责任人作出不起诉决定之后，如果行政执法机关还需要对涉案企业进行行政处罚，已经开展的企业合规是否可以作为行政处罚从宽处理的重要参考，检察机关是否可以依据已经开展的企业合规提出从宽处罚的检察意见等问题，成为改革试点实践中需要厘清的重要问题。

在改革试点实践中，常有刑事案件的管辖权属于一家检察机关，而涉案企业的注册地或者主要经营地却属于另一家检察机关管辖地区的情况，启动企业合规程序后，如果由办案检察机关所在地的第三方组织对涉案企业进行企业合规整改监督评估考察，则存在异地成本大的问题，如何实现更优化的企业合规考察方式成为需要探索的实践问题。

（六）检察机关的主导责任和第三方组织客观中立属性的关系问题

企业合规监管中存在三方主体，即办案检察机关、合规监管人和被监管企业，其中检察机关既可以监督涉案企业的合规整改，又可以监督合规监管人的履职情况，企业合规监管人是受检察机关委派、代表检察机关对企业进行合规监管的主体，监管人与企业并非代理人与被代理人的合同关系，而是监管与被监管的关系。① 如何处理检察机关与合规监管人即第三方组织的关系问题，成为企业合规监管中需要厘清的重要问题。

五、第三方监管难题的破解路径

（一）关于第三方监管人的组成

1. 合规监管人应当是个人而非单位

有学者指出："合规监管人不能由单位担任，因为单位担任合规监管人会带来很大的弊端。例如，律师事务所、会计师事务所、税务师事务所、研究中心等机构不适宜担任合规监管人，某律师事务所可能因为拥有著名的专业合规律师而入选，但是该律师事务所的其他律师并不一定具有合规监管的能

---

① 参见陈瑞华：《企业合规不起诉改革的八大争议问题》，载《中国法律评论》2021年第4期。

力和经验,因此,应当建立以著名的合规律师、会计师、税务师、特定领域专家领衔担任合规监管人、组建合规监管人团队的制度。"① 根据《第三方指导意见》第 17 条规定 "第三方组织组成人员系律师、注册会计师、税务师（注册税务师）等中介组织人员的",也可以看出,顶层设计层面倾向于合规监管人为自然人而非单位。

深圳的做法为破题提供了新的思路。深圳市检察院等 9 家单位联合印发的《企业合规第三方监督评估机制管理委员会及第三方监控人管理暂行规定》（以下简称《第三方监控人暂行规定》）,将第三方监控人的范围设置为专业机构或个人,包括但不限于律师事务所、会计师事务所、税务师事务所以及取得执业认证资格的企业合规师等。一方面,专业机构成为第三方监控人,可以发挥团队协作的力量,解决无合适人员替换的问题。另一方面,《第三方监控人暂行规定》亦将具备专业知识的个人纳入组成人员,根据具体情况添加成员,无论是以专业机构为主导还是以专业人员为主导,均可灵活调整。

2. 关于第三方组织成员组成

笔者认为,第三方组织成员范围应当秉持开放包容的原则,具体可以包括律师、注册会计师、注册税务师（税务师）、审计师、企业合规师、企业合规专家学者、相关行业协会专业人员、政府部门专业人员以及具有企业合规专门知识的退休公务员等。关于律师等中介组织人员、专家学者、行业协会专业人员并无争议,存在争议的是政府部门专业人员和退休公务员是否能作为第三方组织成员。根据部分企业合规改革试点地方的实践经验,将行政部门专业人员纳入第三方组织成员范围,有利于提出针对性较强的预防违法犯罪措施,为企业制定专业化的合规管理体系提供指引。行政部门在相关领域对涉案企业有行政监管职责,其监督合规整改的行为能对企业产生较强的约束力,从而提高监督的效果。例如,在深圳市市区两级检察机关对某公司涉嫌走私普通货物罪合规考察过程中,第三方监督评估工作组吸纳了深圳海关的专业人员,在监督评估过程中,海关专业人员有针对性地提出了合规整改

---

① 陈瑞华：《企业合规不起诉改革的八大争议问题》,载《中国法律评论》2021 年第 4 期。

意见，从而使涉案企业建立起向海关定期提供货物采购价格的通道，有利于从源头预防违法犯罪行为的发生。具有企业合规专门知识的退休公务员作为第三方组织成员起源于美国的合规监管制度，在美国合规监管实践中，大量的退休检察官作为合规监管人领衔组建合规监管团队，因其具有成熟的专业优势，可以确保合规整改取得良好效果。

第三方组织成员数量应当结合涉案企业规模大小、案件复杂程度、企业合规风险点多少等具体问题来确定，不宜一刀切，比如可以针对小微型企业成立1—2名专业人员组成的第三方工作组。

3. 关于第三方人员的分类问题

《涉案企业合规第三方监督评估机制专业人员选任管理办法（试行）》规定，市级以上第三方机制管委会应当组建本级第三方机制专业人员名录库，有条件的县级第三方机制管委会可以组建名录库。在国家、省、市、县均组建名录库的情况下，可以效仿安全生产领域行业分类方法。《国民经济行业分类》（GB/T 4754—2017）对行业定义为从事相同性质的经济活动的所有单位的集合，并将行业分为20个门类、97个大类。实践中，各地行政主管部门根据自身职责以及当地实际对《国民经济行业分类》进行调整，但均是以《国民经济行业分类》作为基础，可从中找到相应的映射类别。解决上述问题的有效方法，在于国家层面应尽快出台统一的分类标准，各地方可根据实际情况参照适用。

（二）关于合规监管人的费用

从域外角度比较，美国的企业合规制度中，由企业对独立监管人支付监管费用，而且该费用往往都非常高昂。与国内其他领域相比，我国的破产管理人的费用也由企业支付。笔者认为，鉴于目前企业合规改革试点中多种经费保障模式各有利弊，暂时不宜规定统一的经费保障模式。在改革试点实践中，在合规监管费用问题上应当坚持以下原则：

第一，合规监管费用的标准应当尊重市场规律。正如有学者所言："实践中有的试点机关不向监管人支付任何费用，让律师无偿提供法律援助，有的试点机关则主张由检察机关从财政拨款中拿出部分经费象征性地支付给监管人。但是，就像法律援助案件难以保障有效辩护一样，如果监管人费用不由企业支付，就会造成合规监管人的激励不足，难以保证监管人尽职尽责提供监管服务，使合规监管流于形式。"① 从法经济学角度而言，应当尊重成本收益的经济规律，确保合规监管人在提供服务过程中可以获得符合市场标准的基本费用。在美国，合规监管人薪酬绝不会低于商业服务的市场标准，有的甚至远高于市场价。我国的监管人费用至少应相当于担任企业合规顾问的薪酬。事实上，监管人无法获得必要的费用激励，反而更容易出现职业伦理问题，一旦企业私下向其输送利益，监管人就很可能产生动摇，从而与企业发生利益勾连。② 因此，待企业合规改革试点更为成熟之后，检察机关可以根据市场标准和监管时长制定合规监管费用的基本标准。

第二，合规监管费用的支付方式。笔者认为，在由企业支付合规监管费用的情况下，该监管费用不宜由企业直接支付给合规监管人，在目前各地相继成立第三方管委会的情况下，可以由涉案企业将合规监管费用支付给第三方管委会，再由第三方管委会支付给合规监管人，也可以用来支付在涉案第三方监督评估中产生的其他费用。

第三，加强对合规监管费用的司法监督。目前我国改革试点中，合规监管费用存在远远低于咨询费用的问题。随着合规改革试点的发展，合规监管费用存在变化的可能，应当赋予检察机关评估和审查合规监管费用的职权，从而使得合规监管费用更趋合理。

（三）关于合规考察期限

习近平总书记强调，凡属重大改革都要于法有据。企业合规改革试点是检察工作的改革创新，更不能随意突破法律，这是改革试点的底线，《第三方指导意见》也明确规定第三方机制的建立和运行应当遵循依法有序的原则。

对于适用企业合规的取保候审或者监视居住案件的办案期限问题，笔者认为应受取保候审、监视居住期限的限制。目前，检察机关统一办案系统已

---

① 陈瑞华：《企业合规不起诉改革的八大争议问题》，载《中国法律评论》2021年第4期。

② 陈瑞华：《企业合规不起诉改革的八大争议问题》，载《中国法律评论》2021年第4期。

经将该类案件的期限调整至取保候审、监视居住的期限,且改革试点中已经有试点检察机关适用该种办案期限。最高人民检察院强调,要将企业合规改革试点工作与清理侦查机关"挂案"相结合,努力做到案结事了。从清理"挂案"工作的主旨来看,适用企业合规的案件更不能出现"挂案",不能在审查起诉阶段无期限的限制。

在上述逻辑基础上,如何确定合规考察期限仍然存在一定争议。域外的合规考察期限大多时间较长,短则三五年,长则十几年。笔者认为,根据《第三方指导意见》第12条第1款规定,第三方组织应当"根据案件具体情况和涉案企业承诺履行的期限,确定合规考察期限",并未明确规定合规考察期限应当在办案期限以内,而且根据《第三方指导意见》第14条第1款规定:"人民检察院在办理涉企犯罪案件过程中,应当将第三方组织合规考察书面报告、涉案企业合规计划、定期书面报告等合规材料,作为依法作出批准或者不批准逮捕、起诉或者不起诉以及是否变更强制措施等决定,提出量刑建议或者检察建议、检察意见的重要参考。"该条款可以解读出两个层次:第一,合规考察报告等合规材料不仅可以作为是否起诉的重要参考,也可以作为其他处理决定的重要参考,因此合规考察报告等材料并不局限于为作出是否起诉的决定提供参考;第二,决定是否起诉前,不仅仅局限于将合规考察书面报告作为参考,也可以将涉案企业合规计划、定期书面报告等材料作为是否起诉的重要参考。因此,在企业合规改革试点实践中,很多试点单位确定的考察期限长于办案期限,在作出不起诉处理决定之前,根据涉案企业合规计划、定期书面报告作出决定,后续再对涉案企业合规整改进行考察验收。

此处引申出另一个问题是,如果检察机关对涉案企业作出不起诉决定后,合规考察验收不合格,应当如何处理。一种观点认为,检察机关可以撤销不起诉决定,对涉案企业或者责任人提起公诉。另一种观点认为,检察机关不能撤销不起诉决定,只能通过检察建议或者检察意见的方式来处理。笔者赞同第一种观点,可以参考最高人民法院、最高人民检察院、公安部、国家安全部、司法部《关于适用认罪认罚从宽制度的指导意见》第51条第3项规定:"排除认罪认罚因素后,符合起诉条件的,应当根据案件具体情况撤销原不起诉决定,依法提起公诉。"

（四）关于合规考察标准

"在改革初期，检察机关对于合规不起诉改革的专业性和复杂性没有给予足够的重视，也没有就企业进入合规考察和合规验收确立较为具体的标准。随着改革的逐步进展，这一问题显得越来越突出，并成为制约合规不起诉改革深入推进的一大瓶颈问题。"[1] 对于该问题，最高人民检察院高度重视，已经会同中国标准化研究院理论战略所、中国工商银行等多家单位和多名专家共同研究企业合规管理体系有效性评价原则、评价内容、测量指标等内容，逐步推动合规整改和验收标准的制定工作。笔者认为，参与改革试点的省级检察机关也可以与省级行政监管部门、行业协会、专业机构等进行合作，制定本辖区内常见多发企业合规案件的合规整改、考察、验收标准，为辖区内检察机关开展企业合规改革试点提供规范标准和指导。

（五）关于合规互认与跨区域协作

关于合规互认的概念，已经在部分改革试点单位的规范性文件中明确提出，例如深圳市宝安区人民检察院在关于企业合规第三方监督评估机制的实施办法中就明确提出了"合规互认"条款，规定对于在纪检监察机关、行政机关、公安机关办案阶段已经作出合规承诺、开展合规整改的，检察机关经审查认为符合企业合规适用条件的，对于已经开展的企业合规程序予以认可。检察机关因涉案企业开展企业合规而作出不起诉决定后，行政执法机关仍需对涉案企业进行行政处罚的，检察机关可以提出从宽处理的意见，并将企业合规计划、定期书面报告、合规考察报告等移送相关行政机关、公安机关。在深圳市宝安区人民检察院通过宝安区促进企业合规建设委员会开展对深圳某民营企业涉嫌走私普通货物罪的第三方监督评估考察后，第三方组织经评估认为该企业经过合规整改建立了相对有效的合规管理体系，办案检察机关对涉案企业作出相对不起诉决定后，协调深圳海关通过合规互认的方式，将

---

[1] 陈瑞华：《企业合规不起诉改革的八大争议问题》，载《中国法律评论》2021 年第 4 期。

合规考察报告作为海关对涉案企业作出处理决定的重要参考。

针对异地合规考察的情况，改革试点实践中，上海、浙江、广东等地已经开始实施报送上级检察机关或者协调异地检察机关协助启动第三方监督评估机制的举措。需要进一步探讨的是，在民营企业较多的粤港澳大湾区，如果涉案企业系香港或者澳门企业，如何进行合规考察。对于该问题，笔者认为可以从两个思路来解决：一是参考美国对中兴公司的合规考察方式（美方委托美国的律师事务所对中兴公司开展合规监督考察），办案检察机关也可以在当地组建第三方监督评估组织对涉案香港或澳门公司开展合规考察；二是参考香港律师通过考试在粤港澳大湾区承接法律业务的政策，由在粤港澳大湾区具有执业资格的香港或澳门律师承接本案的合规考察工作。

（六）关于检察机关的主导责任和第三方组织的客观中立属性的关系

《第三方指导意见》在总结前期企业合规改革试点经验、研判不同模式利弊得失的基础上，探索建立了"检察主导、各方参与、客观中立、强化监督"的第三方监督评估机制，对检察机关的职责、巡回检查机制、回避制度等均作出明确规定。

首先，应当明确检察机关的主导责任。第三方机制是检察机关在司法办案过程中委托第三方组织进行监督评估的机制，检察机关对其启动和运行负有主导职责，绝不能放任自流、不管不问。《第三方指导意见》第16条明确规定，负责办理案件的检察机关对第三方组织组成人员名单、涉案企业合规计划、定期书面报告以及第三方组织合规考察书面报告负有审查职责，必要时还可以开展调查核实工作。

其次，确保第三方组织的客观中立立场。根据《第三方指导意见》的相关规定，从第三方组织的选任、成立，到第三方机制的运行，包括审查合规计划、确定考察期限、确定监督评估方法、提出合规考察报告，第三方组织应具有客观中立的属性。第三方组织负责对合规整改进行监督评估，秉持客观中立立场最终形成考察报告，检察机关的主导责任并不影响和干涉第三方组织的客观中立属性，两者发挥作用的领域不同，并不矛盾。

企业合规改革下单位犯罪刑事归责的理论检视与完善[*]

鲁冰婉[**]

摘 要 企业合规改革制度推行使我们将目光重新投向刑法中单位犯罪的规定以及单位犯罪的刑事归责理论。比较美国、德国以及意大利的域外法人犯罪可知,单位犯罪的刑事归责原则是刑事合规制度能否具有广阔适用空间的基础。与大多数国家相比,"单位意志"为我国单位犯罪的特殊构成要件,而对于单位意志的判定,实践中存在标准不统一等问题,难以认定个人意志上升至单位意志,以致我国单位犯罪一直隐藏在单位内部成员犯罪的阴影之下。为顺畅推进企业合规改革,应转变单位犯罪归责进路,由"个人—单位"转化为"单位—个人",强调单位的自身固有责任,以分离组合体责任与个人责任,为企业合规适用留有余地及空间。

关键词 企业合规 单位犯罪 刑事归责

一、问题的提出:企业合规背景下我国单位犯罪刑事归责路径讨论

2020 年 3 月,最高人民检察院以上海、江苏、山东、广东等地的 6 家基层检察院为试点,部署开展了第一期企业合规改革试点工作,就此拉开了企

---

[*] 本文系"广东省人民检察院 2022 年度检察理论研究课题""深圳市人民检察院 2022 年度检察理论研究课题"阶段性成果。
[**] 广东省深圳市龙华区人民检察院第一检察部二级检察官助理。

业合规改革帷幕。经过一年左右试点工作的开展,最高人民检察院于2021年4月颁布了《关于开展企业合规改革试点工作方案》,进一步做深做广企业合规改革。2022年4月,检察机关全面推开企业合规改革试点。

"刑事合规包括实体规则与形式规则之整体"①,随着全面铺开企业合规改革工作,我国单位犯罪法律规范支撑以及理论研究都稍显不足,与企业合规改革方向契合不足也逐渐凸显。因而近年来企业合规改革背景下刑事实体法内容相关的研讨热度逐渐升温,成为理论界关注的热点问题。

讨论企业合规改革视域下的刑事实体法根据无法避开对单位犯罪②这一理论的深层论证,无论是国内还是国外,刑事规范及刑法理论的对象均围绕着自然人展开,我国在计划经济时代,一直否定法人为承担刑事责任的犯罪主体,③ 1979年刑法未明文规定法人犯罪,对于法人相关的犯罪活动,采用自然人担责的方式予以处理。④ 此后改革开放因打击法人犯罪的需要,理论界强烈呼吁法人具有犯罪能力,能够构成犯罪,此后1997年刑法在总则中规定单位犯罪。虽然《刑法》第30条、第31条似乎表面上解决了单位能否构成犯罪,但对于"单位是否能够成为犯罪主体"以及"为何单位可被追究刑事责任"这一围绕单位犯罪刑事归责的基础问题,却没有基本回应。笔者认为从立法上来看,我国单位犯罪的刑事归责基础为拟人制责任,即将单位拟人化,将单位特定成员的意思拟制为单位的意思,从而使得单位具有单位意志,单位犯罪是一个整体犯罪,但是有两个应受刑罚对象,分别是单位自身和实施犯罪的内部自然人。⑤ 将单位拟人化归责所带来的问题显而易见,一方面,无论是立法还是司法,对单位意志的判断仍然来源于自然人的罪过和行为;另

---

① [德]弗兰克·萨力格尔:《刑事合规的基本问题》,马寅翔译,载李本灿等编译:《合规与刑法:全球视野的考察》,中国政治大学出版社2018年版,第62页。

② 本文不对法人犯罪、单位犯罪予以区分。法人犯罪与单位犯罪在本文中含义相同。

③ 参见中央政法干部学校刑法教研室编:《中华人民共和国刑法总则讲义》,法律出版社1957年版,第108页。

④ 1979年《刑法》第127条规定:"违反商标管理法规,工商企业假冒其他企业已经注册的商标的,对直接责任人员,处三年以下有期徒刑、拘役或者罚金。"

⑤ 参见何秉松:《单位(法人)犯罪的概念及其理论依据——兼评刑事连带责任论》,载《法学研究》1998年第2期。

一方面，双罚制又强调"单位犯罪是追究自然人责任之前提，之所以处罚单位成员，是因为成员行为对单位犯罪有心理或物理上的贡献"①，这就导致了在认定单位犯罪方面，既希望独立于自然人，但在行为认定和责任承担方面又不得不从属于自然人的行为予以判断，当前单位犯罪归责体系仍然无法跨越自然人与法人之间在存在论上的差异，也无法对于法人无意识，只能依靠自然人开展行动予以合乎逻辑的解释。

企业合规制度进入刑事司法领域得以深入推进改革的前提是企业能够成立犯罪并能承担责任，根据前文所述，当前单位犯罪归责的逻辑进路为"个人—单位"，判断单位能否具有罪过，要判断单位成员实施犯罪是否通过了单位的决策机关，司法实践中通常表现为"为单位利益＋经单位集体研究决定或单位负责人决定＋违法所得归属于单位"。这种"个人—单位"的逻辑进路看似清晰地反映出单位如何成为犯罪主体，但通过集体决策或单位负责人决定强行赋予单位意志使得单位应负有的组织、管理方面的责任隐藏在这一逻辑进路下，而企业这一责任正是开展合规的基础，因此在企业合规这一背景下，有观点提出"法人责任的追究，应从个人—组织的间接模式，转向直接追究法人的组织责任"②。

二、企业合规视野下单位犯罪刑事归责的域外实践与启示

（一）域外刑事归责理论概述

1. 以美国为主的替代责任论

美国的法人刑事归责采用"替代责任论"，当下国际范围内多以替代责任为原则开展制度构建。替代责任是指在不考虑法人过错的情况下，法人内部成员为了法人的利益行事，无论法人自身是否具有过错，直接认定法人应当对其成员的行为负责并承担刑事责任。

---

① 耿佳宁：《单位固有刑事责任的提倡及其教义学形塑》，载《中外法学》2020年第6期。

② 李本灿：《公共机构腐败治理合规路径的构建——以〈刑法〉第397条的解释为中心》，载《中国刑事法杂志》2019年第2期。

早期美国继承英国普通法传统，与绝大多数成文法国家相同，因法人与自然人在自然存在形态方面存在根本差异，否认企业能够构成犯罪。与国内发展过程相似，伴随美国国内经济进一步发展，企业数量以及规模增大，企业对美国社会影响逐渐加大，与法人相关的犯罪活动高发，因此司法实践中开始强调追究法人的刑事责任，拉开了替代责任的帷幕。替代责任的雏形始于19世纪中后期，直至1909年的 New York Central R. Co. V. United States 判例中，美国最终确认了替代责任原则，此后替代责任成立的范围不断扩大，不仅单位成员在雇佣范围内实施的行为一概由法人负责，[①] 而且法人有可能对授权犯罪外的行为也要承担责任，甚至有可能该行为违反了法人明确规定。已做了事前合规的公司有可能获得量刑上的减免。[②] 言外之意，合规仅仅是量刑上的考量，并不是承担刑事责任上的考量。由此看来。替代责任原则包括两个基本要素：一是企业成员实施了违法犯罪行为；二是该行为是为企业谋取利益。企业合规并不能为企业构成犯罪予以减免，仅仅是量刑上的减免。因此，有观点认为美国的替代责任为不考虑犯意的严格责任具有一定道理。[③] 此外，对于法人内部具有决策权的实际控制人、董事、股东等，为企业谋取利益，在职权范围内实施的违法犯罪行为可刑事归责于该企业。

英国同样以替代责任和同一性原则为法人犯罪刑事归责的基本原则，但近年来因成员犯罪对企业的影响逐渐扩大再加上证明上的困难，这一归责模式在英国受到了挑战，预防失职原则在立法和司法中逐渐发展。预防失职理论中，虽然法人承担的仍然是严格责任，只要员工为企业实施犯罪，企业应当承担责任，但这里企业作为组织体，因未尽到管理职责，承担的为特定的

---

① See United States v. Chon, 713 F. 3d 812, 820 (5th Cir. 2013). "公司对其代理人的非法行为负有刑事责任，只要该行为是在代理人的权限范围内，无论是实际的还是表面的。"

② 参见《美国量刑指南手册》§8C2.5（f）："将指南级别降低三分，如果违法行为发生时，组织已经有有效的合规和道德程序。"

③ 参见刘士心：《美国刑法中的犯罪论原理》（第1版），人民出版社2010年版，第296页。

失职犯罪，并不是为员工的罪名承担责任。①

刑事政策默认英美的企业应当为员工或者其代理人的违法犯罪行为承担责任，直接由个人行为推定法人行为，不考虑法人是否存在主观过错。正是在如此严格的刑事归责背景下，英美企业尤其是美国企业承担刑事责任的风险不断升高。企业高居不下的刑事风险使得英美国家具有广阔的适用刑事合规的空间，通过事先设置完备的犯罪风险预防、控制机制使得成员实施了组织体无法掌握的违法犯罪行为时，法人有理由减轻刑事责任甚至获得不起诉决定，这样看来，"刑事合规实质上是为企业的这种风险划定一个边界，从而减轻企业的负担"②。

2. 以德国为主的义务违反论

德国刑法教义学坚守以个人为基础的刑法原则，坚定认为法人无犯罪能力，因而德国刑法典中未规定法人刑事责任，《德国违反秩序法》第130条第1款规定了法人应当具有监督义务，③ 此外，第130条第2款以及第266条、第357条均为义务违反之规定。

对于法人的处罚，德国刑法典中同样未有明文规定，而是规定在《德国违反秩序法》中。《德国违反秩序法》第30条规定，法人及其成员实施犯罪或者违反秩序行为，并由此违反了公司义务或致使公司获益或将会受益，则可以对公司科处罚款。因此，根据德国相关规范，其认同企业及其管理层具有组织体相关的责任，如果法人成员在范围内实施违法犯罪行为，企业及其管理层人员有可能因违背监督义务而承担相应的责任。在这一刑事归责原则下，法人的组织义务和监督义务便是法人是否具有刑事可罚性的前置条件。

---

① 参见陈瑞华：《合规视野下的企业刑事责任问题》，载《环球法律评论》2020年第1期。

② 李翔：《企业刑事合规的反思与合理路径的构建——基于我国单位犯罪原理的分析》，载《犯罪研究》2021年第5期。

③ 《德国违反秩序法》第130条第1款规定："作为经营场所的所有人，故意或过失不采取为在经营场所或企业中放置产生违背义务行为而必要的监督措施，并且此种监督义务是作为所有人应当履行的，则在应为之监督下本可防止的违背义务行为发生时，上述违背监督义务的行为即为违反秩序行为。"

3. 以意大利为主的基于犯罪的责任

意大利第 231 号法令规定了"法人基于犯罪的行政责任",这一责任虽字面上为行政责任,但由于其处罚制裁措施不亚于刑罚,因此具有"准刑事性"。意大利第 231 号法令第 1 条便明示,根据该规范法人不具备犯罪能力,不能够成为犯罪主体,仅仅为归责主体,其归责的原因为"基于"某罪而不是"所犯"某罪。

与德国相同,意大利也认为法人与自然人在存在论上具有无法跨越的鸿沟,法人无法脱离自然人进行刑事乃至民事活动,同时根据法人犯罪理论由来可知,处罚法人犯罪,并不是基于自然法,而是出自功利刑法之目的。因此竭力将法人拟人化,并按照自然人予以处罚实无必要,只要解决法人犯罪的归责,在个人刑事归责的框架内将法人犯罪予以解释即可。根据意大利通说,个人责任原则实行主客观相统一,主观上看,只有行为人有罪过,存在故意或过失才应当为自己的行为负责,如不可预见或预见了但无法避免则不对自己的行为负责。客观上来看,行为人只能为自己行为负责,不能为他人实施的行为负责。将法人犯罪纳入自然人犯罪,首先需要解决的就是客观上法人只能对自己的行为负责,而不能对他人所做的行为负责,否则法人的刑事风险便会无限扩大,并且从主观上来看,法人只有没有罪过的时候,才应当对自己的行为答责。[①]

因此,意大利的归责体系中,一个核心问题便凸显出来:既然只有法人违背了这一应尽的义务或职责后,才能够让法人进行答责,那么究竟什么是法人应尽的职责?意大利这一问题与德国中的"义务违反"存在相似之处,即明确法人无犯罪能力,只有法人未尽到责任或违背其义务,才能够让法人进行刑事答责。由此,法人作为组织体其应尽的职责是单位刑事归责的重点。

(二) 域外法人刑事归责原则之启示

1. 单位刑事归责模式应为企业合规改革空间之基础

单位犯罪刑事归责解决的核心问题是自然人为单位实施违法犯罪行为后,

---

① 参见耿佳宁:《单位固有刑事责任的提倡及其教义学形塑》,载《中外法学》2020年第 6 期。

单位需要满足何种条件，才能够为该行为答责。从英国、美国、德国、意大利等其他国家的合规计划以及刑事归责原则来看，刑事归责原则是该国刑事合规制度具有广阔适用空间的基础。如美国采用替代责任原则，这种过于严格的归责原则大大提高了法人承担刑事责任的风险，被批评"将企业员工的犯罪直接与企业刑事责任挂钩，让企业对员工的犯罪承担绝对责任，不适当地扩大了企业刑事责任的范围"①。但从合规的视角来看，这种不由分说将个人行为牵连于企业，反而为企业为减轻刑事责任实施合规计划提供了大量的空间与隐藏激励。而在德国，由于法人刑事归责采用违反义务原则，合规计划反而成为入罪的重要证据，② 如 2008 年西门子公司的全球贿赂案中，企业中层因未就贿赂合规设立小金库的规定获得高层同意，因而违反义务，有可能导致加重刑事责任。因此，从德国经验来看，合规计划在实践方面并不完全为减轻法人责任，反而有可能因举证问题为企业承担责任"加码"。

2. 我国单位刑事责任应区分于个人责任，强调法人固有责任

将目光从域外转移到我国的单位犯罪理论，根据我国《刑法》第 30、31 条，从立法到司法实践中都认为，如果要构成单位犯罪，需要满足"单位意志"和"为单位利益"两要件，在司法实践中还存在"违法所得归属于单位"这一隐形要件。不难看出，与国外大多数国家相比，"单位意志"为我国构成单位犯罪的特殊要件，笔者统计了 100 宗单位犯罪为争议焦点的刑事案例，其中 36 宗案件最终法院认定为系单位犯罪，并且该 36 宗认定构成单位犯罪的理由均为单位法定代表人、实际控制人是为单位利益实施的犯罪行为。从实然层面上看，我国的单位意志实质上为单位法定代表人及实际控制人的意志，虽然有部分案件系企业普通成员为单位利益实施的违法行为，且未超出单位意志，但最终司法判决仍未认定构成单位犯罪。③

由此可知我国单位犯罪中的特殊概念——"单位意志"只是单位内部具有决策权的人员的意志体现，甚至即便是单位内部多名具有决策权的人员合

---

① 孙国祥：《刑事合规的刑法教义学思考》，载《东方法学》2022 年第 5 期。
② 参见刘昊：《刑事合规的德国模式及其本土启示》，载《福建警察学院学报》2022 年第 2 期。
③ 参见（2019）津 03 刑终 142 号刑事判决书。

意，也能够以未经过组织内部决策程序为由，不构成单位犯罪。① 这种归责模式使得组织体自身固有责任长期被忽视，企业合规实施的激励空间不大。为进一步深化企业合规改革，应重新审视单位犯罪刑事归责体系，将目光转移到组织体固有责任中，正视法人为拟制的犯罪主体，作为组织体，其不合理或存有缺陷的组织结构或运营方式才应当是单位承担刑事责任的根源所在。单位制定并落实合适的合规计划，是其组织机构完备的重要甚至是关键体现，这证明了单位已尽到作为组织体应承担的义务。

三、组织体自我责任之提倡

（一）由"个人—单位"到"单位—个人"

1. "单位意志"之实现不能："个人—单位"归责进路之批评

我国当前的单位犯罪归责的逻辑进路为"个人—单位"，个人违法犯罪行为归责于单位，在司法实践中通过对具有决策权的个人意志是否上升为单位意志进行判断，也可以说我国的单位意志通过是否经过单位决策予以认定。这种通过决策机制的归责逻辑在实践中存在两个问题：一是会导致认为单位是否构成犯罪的核心在于判断是否通过单位决策机制。有观点便认为："单位犯罪刑事责任的基础不是雇员或领导个人的意志、单位成员与单位的雇佣关系或单位自身的组织缺陷，而是单位的决策机制。"② 而这种决策机制在实践中如何认定标准并不统一，司法实践中多是采用决策权人意思推定是否上升到单位意志，也有相当一部分案件即便是单位法定代表人或实际控制人为公司利益进行决策，终审判决仍以没有经过单位决策程序为由，判定个人意志不能上升到单位意志，但企业在实际运营中多数违法决定通常不会通过合规的决策程序作出。这样一来便形成了一个两难的局面，一方面认定单位意志需经决策程序作出；另一方面单位犯罪行为通常会规避决策程序，这导致作

---

① 参见（2019）津03刑终142号刑事判决书。
② 敬力嘉：《单位犯罪刑事归责中数据合规师的作为义务》，载《北方法学》2021年第6期。

为个人意志转化为单位意志的决策机制被实质架空。二是将决策机制作为单位犯罪刑事归责的核心，为适应实际需求，必然需要将决策机制予以扩大解释。从实际的公司运营看，单位的组织、运营、监督等职能不仅源自单位各事项的决策，甚至企业文化、精神、关键人物的人格等都会对企业具体运营产生实质影响，采用决策机制归责必然要将各方面对企业运营的影响扩大解释为属于决策机制，这种扩大解释对统一决策机制判断标准反而不利。且如果将企业的组织、运营、监督等职能一概简化为决策机制，反而会导致企业合规实施范围限缩在合规的决策程序中，忽视其他高发企业刑事风险点，因此"个人—单位"的逻辑进路与企业合规改革不相匹配，应转换思维，从"单位—个人"入手，强调组织体固有责任。

2. 组织体责任原则与"单位—个人"归责进路

组织体刑事责任论认为，单位不依托于其组成人员，而应从单位组织体自身的结构、制度等因素中推导出单位自身构成犯罪并承担刑事责任的依据。[①] 多数观点认为将单位犯罪的刑事责任独立于个人，能够更好地妥当处理单位犯罪与作为成员的个人之间的关系，相较于将单位拟人化，通过具有决策权人的意思来证明单位具有犯罪的意思以及意志，代位单位内部成员以担责，重视单位的固有责任在处理单位与自然人责任分离方面逻辑上则更加顺畅。[②]

从功利刑法的角度来看，法人之所以需要被纳入刑事司法体系中，原因在于通过现代的组织结构，单位不仅是人和物的结合，而且是通过资源整合、机构设置成为具有影响力的创造社会价值的实体。在经济社会秩序中作为创造社会价值和社会财富的实体，同时引起风险，因此单位应当对这种引起的风险负有预见以及回避的义务。单位犯罪本质上是单位因自身的组织体构造、管理系统等方面不完善，创设了法所不容许的风险，因违反守法或回避危险的义务应当负刑事责任。[③]

---

① 参见黎宏：《单位刑事责任论》，清华大学出版社2001年版，第214页。
② 参见黎宏：《组织体刑事责任论及其应用》，载《法学研究》2020年第2期；时延安：《合规计划实施与单位的刑事归责》，载《法学杂志》2019年第9期。
③ 参见时延安：《单位刑事案件的附条件不起诉与企业治理理论探讨》，载《中国刑事法杂志》2020年第3期。

回归现代刑法中的责任原则，最重要的就是让单位因其组织上的过错或缺陷承担责任，而不是让单位自身固有责任躲藏在个人犯罪的阴影之下，只要将个人意志上升为单位意志，则完全不用考虑单位自有的组织缺陷。在企业合规改革的背景下，应重新审视这种"个人—单位"的逻辑进路，如果仍认为单位作为拟制的法律主体，没有独立的意志和行为，那么必然会导致单位责任与单位内部成员责任无法分割，这种情形下，"检察机关如果只对责任人员追究刑事责任，而对单位予以出罪，等于将单位的刑事责任推给直接责任人员"①。回到追究单位刑事责任的初衷，应将单位作为归责的逻辑起点，强调"单位—个人"，只有单位自身在组织架构方面存在瑕疵或者过错才能够对单位追责，自然人犯罪则回归到自然人犯罪，这一切割的归责进路实际上更为贴合我国《刑法》第31条双罚制的规定。

（二）组织体责任与我国现行单位犯罪的适配

1. 组织体责任原则下对《刑法》第30、31条的解读

当前单位犯罪的处罚中存在单罚制以及双罚制两种模式。《刑法》第31条规定单位判处罚金，并对负责的主管人和其他直接责任人员判处刑罚，实际上这种双罚制处罚模式与组织体责任原则更为契合，强调了单位和自然人分属不同主体，如果单位是替代自然人承担刑事责任，那么对单位和自然人分别作出不法评价则有重复评价之嫌。从组织体责任原则来看，单位因其组织架构方面存在瑕疵受到刑事处罚，而自然人则因实际上实施了违法犯罪行为受到刑事处罚，双方均存在值得刑法评价的组织缺陷，因此将不法行为归责到单位及其自然人。虽然有观点认为"影响企业合规不起诉制度的实体法障碍之一，就是《刑法》第31条所规定的，单位犯罪时，既处罚企业又处罚相关自然人的'双罚制'"②，但目前单位犯罪刑事归责存有合规障碍更多的因素是单位犯罪的认定与双罚制的处罚模式存在冲突：一方面需要通过非常

---

① 陈瑞华：《企业合规不起诉改革的八大争议问题》，载《中国法律评论》2021年第4期。

② 黎宏：《企业合规不起诉改革的实体法障碍及其消除》，载《中外法学》2022年第3期。

严苛的决策机制才能够将个人意志上升为单位意志，构成单位犯罪；另一方面如果已经通过这种严苛的决策机制，判断符合"单位利益＋通过单位决策＋违法所得归属于单位"要件，在实践中却能够以合规出罪或减轻刑罚，无疑会增加对合规合法性的争议。也就是说，立法、司法中采用严格单位意志的认定在一定程度上阻碍了合规改革的空间，而不是双罚制模式所致。

相较于双罚制，单罚制对企业合规改革的理论阻碍也许更多。一方面，存在单罚制是否将企业刑事责任转嫁到自然人身上的疑虑；另一方面，对于实行单罚制的企业，要求企业进行合规整改是否根据不足。根据表1，可知我国刑法分则中采用单罚制处罚模式的仅有9个罪名，其中5个罪名系过失犯罪，其他罪名多涉及国有企业等。可以说单位犯罪的单罚制模式多因刑事政策的因素而设立，并不是将单位的责任转嫁到自然人身上。对于实行单罚制的企业来说，只要被认定为单位犯罪，自然可以适用企业合规改革制度，处罚仅仅是量刑上的规定，在定罪量刑时便已经完成了认定构成单位犯罪的工作。

表1　刑法分则中对于单位犯罪作出规定的条款

处罚模式	类罪名	法条个数	具体罪名
双罚制	危害公共安全罪	3	（略）
	破坏社会主义市场经济秩序罪	62	
	侵犯公民人身权利、民主权利罪	2	
	侵犯财产罪	1	
	妨害社会管理秩序罪	34	
	危害国防利益罪	2	
	贪污贿赂罪	4	
单罚制	危害公共安全罪	5	重大劳动安全事故罪、大型群众性活动重大安全事故罪、工程重大安全事故罪、教育设施重大安全事故罪、消防责任事故罪
	破坏社会主义市场经济秩序罪	2	虚假破产罪、违法运用资金罪
	贪污贿赂罪	1	私分国有资产罪、私分罚没财物罪

2. 司法实践中单位固有责任之尝试

无论是单罚制还是双罚制模式，对于组织责任原则的认定都并不抵触，甚至相互契合，不仅在《刑法》第30、31条上存在组织责任理论的空间，在司法实践中也逐渐尝试开始将单位固有责任和单位成员个人责任分离，最为典型的案例便是被称为我国"企业刑事合规第一案"的雀巢公司员工侵犯公民个人信息一案。被告人的上诉理由是自己的行为系公司行为，应属于单位犯罪，兰州中院的判决理由认为："单位犯罪是为本单位谋取非法利益之目的，在客观上实施了由单位集体决定或者由负责人决定的行为。雀巢公司手册、员工行为规范等证据证实，雀巢公司禁止员工从事侵犯公民个人信息的违法犯罪行为，各上诉人违反公司管理规定，为提升个人业绩而实施的犯罪应为个人行为。"[①] 根据目前单位犯罪的构成要件，因公司履行合规义务，个人意志未上升为单位意志，因而不构成单位犯罪。笔者认为，本案判决书中强调了公司手册、行为规范等证据，证明单位在禁止员工侵犯公民个人信息方面无组织上的缺陷，因而不构成单位犯罪，单位不承担相应刑事责任，相较于需要从决策机制上予以判断是否上升为单位意志，采用组织责任理论则逻辑上更为直接，且与合规计划契合度更高，组织责任更凸显出单位做了什么，以致使其不承担单位成员违法行为的刑事责任，直接显示了合规计划对企业的价值。

深圳市检察机关也正在企业合规案件的办理中探索单位责任与自然人责任相分离。在打印机喷头系列走私案的处理上，考虑到对行业市场以及对龙头企业的保护，深圳市院大胆突破自然人责任人刑罚区间的束缚，为数额较大的涉案企业申请开展合规整改，整改合格后，对相关企业作出不起诉决定，并起诉部分数额巨大的自然人责任人，尝试探索单位不被其组成人员的意思和行为所绑架，只对其组织上的缺陷以及应尽的义务违反承担刑事责任，只有单位因自身存在过错而受罚，企业合规改革才能有较大广阔的适用空间，才能够有效地激励企业改正过错，积极制定合规计划，合规合法经营。

---

① （2017）甘01刑终89号刑事裁定书。

3. 单位犯罪规定的调整与修正

事实上，强调单位的固有责任并不完全与我国现行刑法之间契合，笔者认为，当前存在最大冲突之处在于刑法分则中关于追究单位刑事条款的规定。如第150条规定："单位犯本节第一百四十条至第一百四十八条之罪的，对单位判处罚金，并对其直接负责的主管人员和其他直接责任人员，依照各该条的规定处罚。"如果依照组织责任原则，强调单位自身的组织责任，则无法与刑法分则中的规定相协调。① 强调单位自身的组织责任，其来源是组织缺陷而不是单位实施了某个具体违法行为构成某个具体罪名，因此对目前条文中的"单位所犯某罪"无法运用刑法教义学予以合理解释。笔者认为稍加修改即可，如要强调单位的组织责任，将"单位所犯某罪"改为"本条追究单位的刑事责任"，不再强调单位实施某个违法犯罪行为；如果单位内部成员自然人实施了违法犯罪行为，应当追究单位的刑事责任，表明刑法允许因自然人犯该罪追究单位的刑事责任，单位有承担刑事责任的规范性前提。并且这一规定为企业合规的适用留存了空间，如果进行合格的合规整改，那么司法实务中单位便能够以实施合格的合规计划为依据，证明单位不承担刑事责任。

---

① 参见王志远：《环境犯罪视野下我国单位犯罪理念批判》，载《当代法学》2010年第5期。

检察视界中的企业合规附条件不起诉制度的构思

——以深圳市检察机关办理的企业合规案件展开

陈 娜 付艋舟[*]

摘 要 企业合规改革试点,是检察机关充分发挥检察职能优势,推动企业依法守规经营,服务经济社会高质量发展的一项制度创新。深圳市检察机关在改革试点中发挥主导作用,采取拓展企业合规不起诉的适用范围、创设第三方监控人制度、预设附条件不起诉制度等一系列举措将改革深入推进。但囿于当前缺乏明确的法律依据与评估标准,深圳市检察机关在司法实践中仍面临相当多的挑战,亟需新的制度作出指引。附条件不起诉制度作为一种犯罪的治理方式,在我国的未成年人犯罪领域和域外企业合规中被广泛运用,在当前企业合规改革试点取得积极成效的条件下,将附条件不起诉制度与企业合规结合起来,明确其适用主体、范围等内容,落实第三方评估机制,建立健全监督制约机制,才能更好地促进检察履职助推国家治理体系和治理能力现代化。

关键词 企业犯罪 企业合规 附条件不起诉

时至今日,在世界范围内普遍认为,合规是企业经营的最佳方式,也是

---

[*] 陈娜,广东省深圳市坪山区人民检察院第四检察部副主任;付艋舟,广东省深圳市坪山区人民检察院科员。

国家预防和治理企业犯罪的有效方式。有效的合规计划需要企业投入大量成本。在以中小型企业为主的我国企业中，如果缺乏明显的激励机制，企业合规无异于空中楼阁。

2020年3月，最高人民检察院部署启动企业合规改革试点工作。深圳市检察机关在改革试点中发挥主导作用，采取拓展企业合规不起诉的适用范围、创设第三方监控人制度、预设了附条件不起诉制度等一系列举措将改革深入推进。但囿于当前缺乏明确的法律依据与评估标准，深圳市检察机关在司法实践中仍面临相当多的挑战，亟需新的制度作出指引。有鉴于此，本文将从深圳市检察机关办理的企业合规案件展开，归纳合规案件呈现出的特点，总结案件办理中的困惑，从明确适用主体和范围等、落实第三方监督评估机制、建立健全监督制约机制等几方面对我国企业合规附条件不起诉制度进行构思。

一、深圳市检察机关办理企业合规案件情况及呈现出的特点

自第二批企业合规改革试点至2022年6月底，深圳市两级检察机关共办理企业合规案件102件，涉及合规整改企业124家，涉案人员199人。经分析，案件整体呈现出如下几个特点：

（一）罪名分布广泛，犯罪类型相对集中

深圳市检察机关办理的企业合规案件所涉及罪名共38个，除了传统的单位犯罪中常见的走私普通货物罪、单位行贿罪、重大责任事故罪等罪名外，诸如诈骗罪、职务侵占罪等较为典型的自然人犯罪也被纳入了企业合规案件之中。出现这种情况的主要原因是在办案中拓展了合规对象。一是将企业合规的对象扩展到被害企业，在办案过程中如果发现被害企业存在明显制度漏洞而引发犯罪的，在充分尊重其意愿的基础上，也可以指导其开展合规建设；二是将适用案件类型拓展至包括公司、企业实际控制人、经营管理人员等实施的与生产经营活动密切相关的犯罪。

同时，合规案件犯罪类型相对集中。其中，走私类犯罪29件，企业及其人员职务犯罪20件，重大责任事故类犯罪11件，侵犯知识产权类犯罪6件，

涉税类犯罪 5 件，非法经营类犯罪 4 件，破坏环境资源类犯罪 4 件，其他合计 24 件。

（二）涉案企业绝大多数为民营企业且为中小微企业

在 124 家涉及合规整改企业之中，民营企业为 113 家，占比达到九成以上，且绝大多数为中小微企业，普遍具有营业收入不高、从业人员从几人到几十人不等、家（宗）族式经营、合规意识匮乏的特点。其余 11 家企业为国有或国资控股企业，但作为涉罪企业进行合规整改的仅 3 家，另外 8 家均为被害企业，集中表现在银行作为职务侵占、骗取贷款案等被害企业而进行合规整改。

（三）合规整改中两种考察模式并行

深圳市检察机关在对涉案企业进行合规整改中运用了检察建议模式和第三方监控人模式，其中适用检察建议模式办理案件 61 件，适用第三方监控人模式办理案件 42 件。

检察建议模式被较多地运用于案情简单、犯罪嫌疑人认罪认罚的案件中。第三方监控人模式则更多地适用于案情复杂、案值较高、企业规模较大的案件，如罗湖区人民检察院办理的钻石系列走私案。

（四）合规案件办理中存在较多的"双不起诉"

"双不起诉"即在合规案件办理中，对涉案企业和涉案企业中的个人均作出不起诉处理。[①] 经统计，深圳市检察机关已办结的 55 件 125 人合规案件中，向法院提起公诉的为 26 件 52 人，且其中的 22 人并非涉罪企业内部人员，而是作为侵害企业权益的被告出现。深圳市检察机关对大量的涉罪企业及企业中的个人作出了不起诉处理。

而从企业合规不起诉的适用对象上看，主要是自然人犯罪法定刑为 3 年

---

① 参见李玉华：《企业合规本土化中的"双不起诉"》，载《法制与社会发展》2022 年第 1 期。

有期徒刑以下的案件，在不起诉的 29 件案件中有 19 件为自然人犯罪法定刑在 3 年有期徒刑以下。同时，深圳市检察机关还将合规不起诉的适用范围进行了拓展，对部分自然人可能判处 3 年以上 10 年以下有期徒刑的企业犯罪案件作不起诉处理；或对行为人与企业分别处理，对自然人提起公诉的同时，对企业作不起诉决定。

二、深圳市检察机关在办理企业合规不起诉案件中所面临的困境及其应对

企业合规试点改革，注定是一场意义深远的改革。经过企业合规试点，检察机关取得了良好的社会成效：一是加强了对民营经济的司法保护，对企业合规案件作出不起诉决定有效地避免了"案子办了、企业垮了"；二是助推了社会治理，检察机关从单纯地办理案件走向积极地参与社会治理，通过督促涉案企业的整改，规范了一个企业，影响了一个行业。

虽然取得了上述成效，但囿于当前缺乏法律适用依据、刑事理论存在争议等因素，深圳市检察机关在办理企业合规不起诉案件中仍然面临不少困境，主要体现在以下几点：

（一）关于企业合规不起诉的性质争议

关于检察机关对涉案企业适用不起诉这一行为的性质究竟是出罪理由还是刑事激励方式的争论，从合规改革试点以来从未停息。有学者提出"组织体刑事责任论"的概念，即通过企业自身的组织结构、规章、政策、宗旨、文化等企业自身特征来判断企业刑事责任。[1] 有观点认为主张追究企业刑事责任的根据在于企业没有实施有效的合规计划，减免企业刑事责任的根据在于企业实施了有效的合规计划，[2] 即认为企业合规不起诉的理论依据为出罪理

---

[1] 参见黎宏：《企业合规不起诉改革的实体法障碍及其消除》，载《中国法学》2022 年第 3 期。

[2] 参见孙国祥：《刑事合规的理念、机能和中国的构建》，载《中国刑事法杂志》2019 年第 2 期。

由——企业采取有效的合规计划，健全组织架构，提升企业文化，以此达到预防企业犯罪的目的。在司法裁判中，也能找到相关的案例支持这一观点，最典型的就是雀巢员工侵犯公民信息案，此案被称为中国"企业合规无罪抗辩第一案"。① 也有观点认为，对于企业来说，只有量刑从宽甚至不起诉的刑事激励措施，才能促使企业花费巨额成本来建立合规计划，从这个意义上来说，合规计划是以刑事激励措施为核心的。②

从深圳检察机关的试点来看，企业合规不起诉更应该是一种激励机制。这种激励机制一方面体现在程序上采取非羁押的强制性措施，在合规案件办理过程中，深圳检察机关对总计199名的涉案人员中38人批准逮捕，对其中的21人还因其承诺合规改造开展羁押必要性审查变更了强制措施；另一方面体现在实体上的从宽，包括不起诉、将合规建设作为量刑情节给予从轻或减轻处罚。

笔者认为企业合规不起诉是一种刑事激励方式，而非一种出罪理由，主要的理由有以下几点：首先，企业合规近几年才在我国兴起，其在犯罪论体系中的地位尚不清晰，既不是具体的法定义务，也没有被刑法规定为阻却犯罪事由，③ 检察机关在办理企业合规案件中不得突破现行法律。其次，从我国现实国情出发，中小微型民营企业数量在企业主体中的数量占比超过95%，

---

① 2016年兰州市城关区人民法院一审认定雀巢公司6名员工为抢占市场份额，推销雀巢奶粉，通过拉关系、支付好处费等手段多次从多家医院医务工作人员手中非法获取十余万条公民个人信息，构成侵犯公民个人信息罪。一审判决后，各被告人均以其行为是公司行为、本案应属单位犯罪为由上诉至兰州市中级人民法院，以寻求更为轻缓的量刑。2017年，兰州市中级人民法院经过不开庭审理后裁定驳回上诉，维持原判，理由是："雀巢公司手册、员工行为规范等证据证实，雀巢公司禁止员工从事侵犯公民个人信息的违法犯罪行为，各上诉人违反公司管理规定，为提升个人业绩而实施的犯罪为个人行为。"法院认为合规文件充分证明雀巢公司已尽到合规管理的义务，具有规避、防范合规风险的意识，并进行了合规培训，本案被告人违反雀巢公司的合规管理规定，应属个人行为，没有认定雀巢公司的单位犯罪。

② 参见李勇：《检察视角下中国刑事合规之构建》，载《国家检察官学院学报》2020年第4期。

③ 参见刘艳红：《企业合规不起诉改革的刑法教义学根基》，载《中国刑事法杂志》2022年第1期。

不少企业存在合规意识不强、合规机制不健全、应对法律风险能力不足等问题，如果以企业自身特征或企业实施了有效的合规计划来作为企业出罪的理由，这未免强人所难。再次，从激励效果上看，当前的企业合规改革中所面临的最大的问题即刑事激励严重不足，倘若采取量刑从宽至不起诉的激励措施促使企业完成"去犯罪化"的改造，无疑将对企业合规改革试点工作产生巨大的促进作用。最后，从推进企业合规改革试点的进程上看，一些重大单位犯罪案件已经被纳入了试点对象，而这一部分犯罪也将是改革试点中需要重点突破的地方。

（二）企业合规不起诉的适用对象与范围

1. 企业合规不起诉是否及于个人

普遍认为，企业合规不起诉的要求即"放过企业、严惩个人"，对企业追究刑事责任应当慎重，避免"水波效应"扩大导致大量无辜的第三人遭受不公平的惩罚。这一点同样也适用在检察机关的实践中，开展企业合规就是要竭力避免"案子办了、企业垮了"的现象。但如前文中提到的，在合规案件的办理中，出现了较多的"双不起诉"，即放过了企业，似乎也放过了企业中的个人。有学者质疑，采取"既放过企业，又放过企业家"的方式，甚至异化为"放过企业家，顺带放过企业"的企业家从宽改革，暴露出为"脱罪"而改革的功利化倾向。① 也有学者认为对企业和对企业个人的两种不起诉存在不同的理论和制度基础。②

2. 适用合规不起诉的企业类型

从已有经验来看，企业合规计划的建立往往需要花费巨大的成本，不可避免地会给公司业务和效益带来影响。③ 基于此，有学者认为企业合规不起诉

---

① 参见胡东林、赵宝琦：《推进企业合规工作应重点把握三个维度》，载《检察日报》2021年5月19日，第3版。

② 参见李玉华：《企业合规不起诉制度的适用对象》，载《法学论坛》2021年第6期。

③ 参见赵恒：《认罪答辩视域下的刑事合规计划》，载《法学论坛》2020年第4期。

制度应尽量适用于大型企业,对中小微企业应当慎重适用。① 但这也带来了相当大的局限。根据工信部的调查数据显示,2021年,中国企业类商事主体超过4100万家,但其中资金规模在5000万元以上的企业只有36.81万家,只占企业总量的8.9%,中国99%以上的企业均为中小型企业。将如此庞大的企业群体排除在企业合规不起诉的范围之外显然是不适宜的。

从深圳检察机关的合规改革试点来看,基于国情的考量同时也是办案的需要,合规不起诉被广泛地运用于中小微企业及其个人的案件中。相较于大型企业,数量众多的中小微企业合规建设更加迫切。同时,此类企业与企业个人高度相互依赖,如果合规不起诉的激励效果不能及于个人,企业开展合规建设的积极性以及有效性将会大打折扣。

3. 企业合规不起诉是否适用于重罪

在企业合规改革的初期,绝大多数适用合规不起诉的案件为涉案人员法定刑3年以下有期徒刑的轻罪案件。而随着第二批试点范围的扩大,越来越多重罪案件被纳入合规不起诉的范围。有学者认为,若对重罪案件因企业刑事合规建设实施免责,有放纵犯罪之嫌。② 亦有学者从我国未成年人犯罪附条件不起诉制度实践出发认为,轻罪才是合规附条件不起诉的适用对象。③ 还有观点认为,从刑罚的威慑力、有期徒刑3年以下的刑罚可适用缓刑等角度,将合规不起诉的刑罚适用范围限定在被判处3年以上10年以下有期徒刑的区间内。④

根据《深圳市检察机关企业合规工作实施办法(试行)》(以下简称《实施办法》)第23条、第24条、第26条,深圳市检察机关对涉罪企业及企业中的个人处理采取了不同的刑事理论。对于涉罪企业,犯罪嫌疑人可能被判

---

① 参见陈瑞华:《企业合规不起诉改革的八大争议问题》,载《中国法律评论》2021年第4期。

② 参见姜涛:《企业刑事合规不起诉的实体法依据》,载《东方法学》2022年第3期。

③ 参见赵运锋:《刑事合规附条件不起诉立法思考和内容构建》,载《上海政法学院学报》2021年第6期。

④ 参见肖峰:《刑事合规不起诉的中国面向》,载《南海法学》2022年第2期。

处 3 年以下有期徒刑或拘役的企业犯罪案件，经企业合规监督考察合规的，可以对涉罪企业作出相对不起诉；犯罪嫌疑人可能被判处 3 年以上 10 年以下有期徒刑的企业犯罪案件，综合评估政治效果、社会效果和法律效果的，可以适用附条件不起诉。对于个人，对符合条件的犯罪嫌疑人可以作出相对不起诉；对于罪行较重的犯罪嫌疑人则先行起诉，对涉罪企业根据合规考察情况另行决定。

（三）有效企业合规标准及考察模式

1. 有效企业合规标准

有效企业合规标准是指，检察机关在作出不起诉决定时，对涉罪企业的合规管理体系能否发挥防范、监控和应对违规行为的作用进行评估的标准。[①] 有效企业合规标准在兼具企业预防犯罪、"去犯罪化"改造以及检察机关对涉案企业作出不起诉决定的重要依据的同时，应当具有针对性，即针对特定的风险量身打造。有观点认为这种针对性应该具备两个要求：一是对犯罪主观和客观原因的分析，体现企业对自身犯罪行为的认识；二是对犯罪原因采取补救措施，以预防企业再次实施犯罪行为。[②] 然而，在实践中，各种企业行业领域有别、企业规模不等、组织结构不同、涉案阶段不一致等因素都让有效企业合规的标准变得复杂。

深圳市检察机关在试点中，采取联合相关行政主管机关、行业协会在涉案企业合规建设体系基础上共同制定行业刑事合规标准的方式在一定区域内推广，如罗湖区人民检察院联合珠宝行业协会制定钻石行业刑事合规标准，坪山区人民检察院联合律所制定生物医药行业刑事合规标准。

2. 考察模式

检察机关在对涉案企业进行合规考察时基本采取检察建议模式和第三方监控人模式，这两种模式在运行中也面临着许多难题。在检察建议模式中，

---

① 参见唐彬彬：《检察机关合规不起诉裁量权限制的三种模式》，载《法制与社会发展》2022 年第 1 期。

② 参见王焰明、张飞飞：《企业刑事合规计划的制定要把握四个特征》，载《检察日报》2021 年 7 月 13 日，第 7 版。

检察机关通常的做法是先对企业发出包含合规要求的检察建议，在企业完成相应整改后据此作出不起诉决定。这就带来了两个难题，一是对于涉案企业合规整改效果的判断，检察人员并非相关行业或公司管理方面的专业人士，整改效果是否能完成企业的"去犯罪化"改造很难去综合评价，有观点即认为此举难免有"纸面合规"之嫌；① 二是检察建议对于涉案企业并不具备较强的约束力，② 结合实践，因不履行检察建议而对涉案企业提起公诉的情况极少。第三方监控人模式虽然解决了合规整改效果的判断问题，但是在实践中存在如何考量"成本"和"效率"的难题。合规建设需要成本，不同行业、不同规模的企业完成合规改造需要多大的成本、应当达到怎样的程度是第一个难题，第二个难题在于第三方监控人模式下的合规建设少则几个月，多则几年，而检察机关当前在案件办理中受到审查起诉期限的限制，时间显然不够，同时，检察人员还需要在合规建设过程的不同阶段与第三方机构和涉案企业多次交换意见、开展座谈、实地走访，更增加了检察人员的办案压力。如何实现办案期限与合规建设时间相同步、公正与效率相兼顾，既保证涉案企业有效完成合规整改，又不为整改而无限制延长办案期限，需要进一步深入调研。

三、对于我国企业合规附条件不起诉制度的构思

根据中央全面依法治国委员会《关于支持深圳建设中国特色社会主义法治先行示范城市的意见》"探索完善附条件不起诉适用范围"的规定，深圳市检察机关开展企业合规试点工作的一个重要目的，就是为国家从立法层面建立企业合规附条件不起诉制度积累经验。随着最高人民检察院对企业合规改革试点工作的持续推进和深化，下一步，探索建立企业合规附条件不起诉制度将会是改革的重点方向，而企业合规附条件不起诉制度可以一举解决检察

---

① 参见周新：《涉罪企业合规不起诉制度重点问题研究》，载《云南社会科学》2022年第2期。

② 参见陈瑞华：《企业合规不起诉制度研究》，载《中国刑事法杂志》2021年第1期。

机关司法实践中的诸多问题。

企业合规附条件不起诉是指，检察机关在审查起诉过程中，设立一定的考验期，对涉嫌犯罪的企业暂时不予起诉，并对企业建立刑事合规的情况进行监督考察，在期满后根据企业建立合规管理体系的进展情况，对其作出起诉或者不起诉决定的制度。[1] 附条件不起诉制度在我国未成年人刑事检察领域有多年运行经验，在域外的实践中也多次证明该制度能取得"利益兼得"的效果：从国家层面来看，避免刑法的"水波效应"，取得良好的政治效果；从检察机关来看，可以提高办案的执法效率和执法力度；从企业来看，可以避免更大的损失。[2] 结合上文，笔者从以下几个方面对我国的企业合规附条件不起诉制度进行构思。

（一）案件适用范围

1. 适用于企业还是及于个人

笔者认为，企业合规附条件不起诉的效果应当及于涉案企业中的个人。主要理由有三点：首先，企业合规附条件不起诉实际上具有了双重构造的性质，"双不起诉"是对涉案企业进行合规整改后的附条件不起诉和对于涉罪个人的相对不起诉，涉罪个人参与合规整改而取得积极效果也是一个酌定从宽的情节。其次，我国刑法对于单位犯罪归责缘由来自"企业决策责任论"，而当前大部分企业的治理结构并未实现企业所有权和经营权的有效分离，涉罪企业本身可以作为犯罪主体，但是没有完全脱离成员作出行为的能力，企业与其内部个人高度绑定，涉罪企业难以区分犯罪主观方面是来源于单位意志还是个人意志。最后，将涉罪个人排除在企业合规改造之外也必将使合规改造的积极性和有效性大打折扣。因此，企业合规附条件不起诉应当及于个人，这是司法实践和当前企业治理现状的必然选择。

---

[1] 参见陈瑞华：《刑事诉讼的合规激励模式》，载《中国法学》2020年第6期。

[2] 参见陈瑞华：《企业合规视野下的暂缓起诉协议制度》，载《比较法研究》2020年第1期。

2. 适用企业类型

合规附条件不起诉应当适用于所有的企业类型。国家保护各种所有制经济产权和合法利益，坚持权利平等、机会平等、规则平等，适用于所有的企业类型才能体现平等保护的原则；将合规附条件不起诉适用于所有类型企业，也与检察机关落实"六稳""六保"，服务保障民营发展的历史使命相符合；同时，小微企业有合规经营、依法健康发展的内在需求和外在期待，合规成本不应成为进行合规不起诉的障碍，针对不同类型的企业可以制定不同标准的合规改造内容。[①]

3. 是否需要限定刑罚条件

笔者认为，对于犯罪嫌疑人可能判处在3年以上10年以下有期徒刑的企业犯罪可以适用附条件不起诉。首先，对于犯罪嫌疑人可能判处3年以下有期徒刑或拘役的企业犯罪本身便属于情节轻微的案件，在实践中，检察机关不论是从加强对民营经济的特殊保护出发，还是从宽严相济的刑事政策出发，均可以对涉案企业作出相对不起诉的决定。其次，从企业合规附条件不起诉的性质来看，其本身是一种特殊刑事激励机制，也是对企业犯罪的新型治理模式，将重罪纳入合规不起诉的范围之中，有利于企业合规改革持续深入推进并对企业建立有效的合规体系产生强大的示范作用。最后，从当前广泛适用的第三方监控人模式进行合规改造的结果出发，涉嫌重罪的企业往往要付出巨大的代价才能获得不起诉的结果，这非对涉嫌重罪企业的放纵。

对于法定刑10年以上有期徒刑的犯罪，笔者认为不适宜适用合规附条件不起诉。10年以上有期徒刑即意味着对社会利益破坏巨大，通过附条件不起诉已无法弥补损失。但即便如此，检察机关仍可以探索其他合规激励机制，如量刑建议模式，可以将涉案企业合规建设情况作为认罪悔罪态度的考量因素，以决定是否提出从宽处理的量刑建议。[②]

---

① 参见李玉华：《企业合规不起诉制度的适用对象》，载《法学论坛》2021年第6期。
② 参见李小东：《涉案企业合规建设"深圳模式"的探索与实践》，载《人民检察》2021年第20期。

（二）内容的设置

1. 合规标准的设置

最高人民检察院等《关于建立涉案企业合规第三方监督评估机制的指导意见（试行）》第 11 条就合规标准给出指导意见，就企业内部治理结构、规章制度、人员管理等方面制定合规管理规范。对不同规模企业可以制定不同的有效合规标准，大型企业的标准最高，起引领示范作用；中小微企业的合规标准可以根据情况降低，但要满足合规最基本的底线，体现合规的基本要义。[①] 具体而言，大型企业的合规标准可以参考《中央企业合规管理指引（试行）》，具体包括"制度规定、风险识别、合规审查、风险应对、责任追究、考核评价、合规培训等有组织、有计划的管理活动"等内容。中小微企业的合规评价标准则应具有针对性，围绕可能涉及的罪名、情节对重点风险领域制定。[②] 同时，所有的合规标准应当强调合规标准设计的有效性、执行的有效性和结果的有效性。[③]

2. 考察模式的设置

综合考虑第三方监控人模式的效用和效率。鉴于附条件不起诉的范围为犯罪嫌疑人可能被判处 3 年以上 10 年以下有期徒刑的案件，原则上，第三方监控人应当最大限度地介入合规监督考察。同时，考虑效率成本，对小微型企业的案件启动第三方监督评估机制的，可以从第三方监控人名库里随机抽取单个第三方监控人进行合规监督考察；对于中大型企业的案件，由律师事务所、会计师事务所等机构共同组成第三方监督评估组织进行合规监督考察。

3. 考察期的设置

考察期不宜太短也不能太长，太短不能给企业充足的时间实施或完善合规方案，太长则对实现司法效率不利。笔者认为，考察期应设置为 6 个月至 2

[①] 参见李玉华：《有效形式合规的基本标准》，载《中国刑事法杂志》2021 年第 1 期。

[②] 参见周新：《涉罪企业合规不起诉制度重点问题研究》，载《云南社会科学》2022 年第 2 期。

[③] 参见陈瑞华：《企业有效合规整改的基本思路》，载《政法论坛》2022 年第 1 期。

年不等。在具体落实时采取差异化标准，结合企业的规模、涉及罪名及其他情况，综合设定考察期限。

(三) 监督制约机制

1. 充分发挥检察听证制度的作用

通过公开听证，让各方参与对涉案企业的不起诉决定和合规考察情况，对部分有较大影响力的案件，可以采取网络等媒介方式公开案件进展和结果，确保合规建设监督工作的公开、公信和权威。

2. 对被害人的救济

被害人对检察机关作出的不起诉决定不服的，可以参照《刑事诉讼法》第 180 条关于被害人的救济程序进行设置，即被害人可以向上一级检察院进行申诉。

涉案企业合规第三方监督评估的实践难题与破解路径

刘 倩[*]

摘 要 涉案企业合规第三方监督评估在司法实务中存在诸多争议问题，包括涉及第三方监管人的内涵问题、合规监管人的费用问题、合规考察期限问题、合规考察标准问题、合规互认与跨区域协作问题等。本文认为，合规监管人应当是个人而非单位，第三方组织成员既可以是律师、注册会计师等中介组织人员、合规专家学者、行业协会专业人员，也可以是政府部门专业人员以及具有合规知识的退休公务员，第三方组织成员人数不宜一刀切；合规监管费用的标准应当尊重市场规律，可以探索多种经费保障模式；合规考察期限的确定应当顾及合规整改需要，同时不违背法律规定；合规考察应尽快出台相关专业标准，为改革试点提供规范标准和指导；应当实行合规互认和开展合规考察跨区域协作。

关键词 企业合规　第三方监督评估机制　合规监管人　合规考察

自 2020 年 3 月推行涉案企业合规改革试点以来，检察机关督促涉案企业作出合规承诺并践行合规整改，取得了积极而明显的成效。2021 年 6 月，最高人民检察院、司法部等九部门联合发布《关于建立涉案企业合规第三方监督评估机制的指导意见（试行）》（以下简称《指导意见》），为企业合规第三

---

[*] 广东省深圳市人民检察院第九检察部（筹）检察官。

方监督评估工作提供了基本遵循，随后，《〈关于建立涉案企业合规第三方监督评估机制的指导意见（试行）〉实施细则》《涉案企业合规建设、评估和审查办法（试行）》等具体规定相继出台，充实了第三方监督评估机制的规范依据。在理论层面，需要对第三方监督评估机制的底层逻辑进行深入思考和理解，在司法实务方面，在许多具体问题上也存在诸多适用争议，需要进一步厘清。

一、涉案企业合规第三方监督评估机制的底层逻辑

《指导意见》明确规定，涉案企业合规第三方监督评估机制（以下简称第三方机制），是指人民检察院在办理涉企犯罪案件时，对符合企业合规改革试点适用条件的，交由第三方机制管理委员会（以下简称第三方机制管委会）选任组成的第三方监督评估组织，对涉案企业的合规承诺进行调查、评估、监督和考察。考察结果作为人民检察院依法处理案件的重要参考。

2020年，第一期涉案企业合规改革试点基本完成了理论研究、建章立制、案例适用、理念宣贯等基础性改革工作，取得了一定成效。如何判断涉案企业合规整改的效果，实践中出现了检察机关自行考察、行政机关考察、独立监控人考察等不同的考察模式。其中，深圳市宝安区人民检察院创建的独立监控人考察模式，由第三方专业机构开展合规考察，具有一定的专业性、中立性、客观性。然而，在避免涉案企业和独立监控人之间的利益牵连等方面，仍需要进一步完善。因此，构建更高维度的涉案企业合规第三方机制成为第二期改革试点的关键环节和核心内容。

目前，第二期改革试点的十个省份已经全部建立了第三方机制。截至2022年6月，全国检察机关办理的涉企业合规案件中，有60%以上适用了第三方机制。2022年4月，涉案企业合规改革试点在全国检察机关全面推开，推进会着重强调了"推进涉案企业合规改革，要紧紧依靠第三方机制，做好'后半篇文章'"。充分发挥第三方机制的实践作用，需要深入研究和理解其底层逻辑。笔者认为，第三方机制的底层逻辑主要包括以下方面：

（一）引入合规专业力量

合规涉及管理学、经济学、法学等学科。涉案企业合规整改具有高度的专业性，尤其是在复杂合规整改的案件中，需要借助在专业储备上更为全面、综合的合规专业人员作为"外脑"协助检察人员考察涉案企业合规整改是否合格，为检察机关作出处理决定提供专业参考。

（二）着力构建三方架构

刑事诉讼中的权力集中，会直接导致被告人在行使辩护权方面陷入困境。[1] 在司法领域中，控辩审三方主体的诉讼构造，由于存在"中立第三方"，因此可以达成司法权力的分离和制衡。三方主体的诉讼架构是客观、中立、专业处理司法案件的基础。在涉案企业合规监督考察中，为了避免"治罪"和"出罪"以及专业判断和法律判断的权力过于集中，同时防止司法廉洁风险的增加，亦需要构建起三方架构。试点实践中出现的多种合规考察模式，可以抽象为"两方架构"和"三方架构"。比如，检察机关自行考察模式就是涉案企业和检察机关的"两方架构"；独立监控人模式则是涉案企业、专业人员、检察机关的"三方架构"。

从社会心理学上讲，三方架构比两方架构更成熟、更稳定，因为在三方架构中，提供了一种客观、中立的"第三方规则"，从而弥补了两方架构中任何一方的主观局限。第三方机制正是基于这样的原理，旨在构建更为科学合理、客观专业的三方关系。检察机关在进行案件处理考量时，因为有第三方专业力量的协助，从而避免了自行考察的局限。

（三）有效避免"纸面合规"

避免"纸面合规"，确保真合规、真整改，是涉案企业合规改革试点进一步深入推进过程中需要思考的问题。对涉案企业做实合规整改，除了进行客

---

[1] 参见陈瑞华：《刑事诉讼的前沿问题》（第五版），中国人民大学出版社2016年版，第846页。

观、公正的监督评估之外，还需要进行有效的考察，因此需要有以监督评估为主责主业的第三方组织的持续参与，从而确保监督评估的有效性。改革试点中，全国上下各个层面逐步成立了第三方机制管委会，组建了第三方专业人员名录库，在具体案件中分类随机抽取专业人员组成第三方工作组，从而切实做到客观、中立、专业、公正，促进、确保涉案企业真整改、真合规。

二、涉案企业合规第三方监督评估的实践问题

（一）检察机关在第三方监督评估工作中的职能定位

涉案企业合规监管中存在三方主体，即办案检察机关、合规监管人和被监管企业，其中检察机关既可以监督涉案企业的合规整改，又可以监督合规监管人的履职情况。涉案企业合规第三方监督评估工作组是受检察机关委派、代表检察机关对企业进行合规监管的主体，工作组成员与企业并非代理人与被代理人的合同关系，而是监管与被监管的关系。[①] 如何理解检察机关在涉案企业合规第三方监督评估工作中的定位，以及如何处理检察机关与第三方工作组的关系，成为企业合规监管中需要厘清的重要问题。

（二）第三方监督评估专业人员名录库入库主体及第三方工作组组成问题

在涉案企业合规第一期改革试点期间，最具创新性和突破性的即是第三方监管人制度的引入。随着改革工作的持续、深入开展，各地检察机关对于第三方监管人的具体规定和探索不同，主要争议集中在以下两点：

第一，专业人员名录库的入库主体问题。第三方监督评估专业人员名录库的入库主体应当是单位还是个人，实践中存在不同做法。在涉案企业合规改革探索过程中，部分地方在建构第三方监管人制度时规定，第三方监管人

[①] 参见陈瑞华：《企业合规不起诉改革的八大争议问题》，载《中国法律评论》2021年第4期。

应当是律师事务所、会计师事务所等单位；部分地方则规定第三方监督评估专业人员名录库由个人组成，而非由单位组成。第三方监督评估专业人员名录库入库主体是单位还是个人，成为试点实践中一个需要厘清的问题。

第二，第三方监督评估工作组的成员组成问题。在改革试点过程中，对于第三方监督评估工作组成员范围是否可以包括行政机关专业人员和具有企业合规专业知识的退休公务员存在争议。关于第三方监督评估工作组成员的数量，是应当统一规定人数范围，还是根据涉案企业的不同情况，尤其是针对不同规模的民营企业，根据比例原则，选择组建不同规模的工作组，也是企业合规改革试点中常常出现的问题。

（三）第三方监督评估的费用问题

关于涉案企业合规第三方监督评估费用来源的问题，试点实践中存在四种不同的模式：涉案企业单独承担模式、地方财政年度经费预算模式、检察机关年度经费预算模式、"涉案企业自付+财政保障"相结合模式。"兵马未动，粮草先行"，涉案企业合规第三方监督评估的费用来源是目前改革试点工作中的重要问题，也是争议最大的问题之一。由涉案企业单独承担模式类似于美国的独立监管人制度的监管费用模式，但是有观点认为，此种模式容易造成涉案企业与第三方工作组之间的利益牵连，影响第三方工作组的客观独立性。地方财政或者检察机关财政年度经费预算模式存在的问题是，不是所有试点地方的财政都有能力或者意愿支付该笔费用，随着适用企业合规的案件增多，该笔费用也会相应增加，更加影响财政预算的支付。而且，公共财政用于涉案的企业开展合规工作也值得商榷，财政税收支持涉嫌犯罪的企业开展合规整改，是否能获得社会公众的理解存在不确定性。

（四）合规整改考察期限问题

在刑事诉讼理论上，对于我国刑事诉讼法中的侦查羁押期限和办案期限的关系问题存在较大争议，第一种观点认为，一般而言，我国刑事诉讼法施行羁押期限与审查起诉办案期限同一的制度，但对于取保候审或者监视居住的案件，只有在犯罪嫌疑人被羁押，在审查起诉期间案件不能办结，变更为取保候审、监视居住的案件，审查起诉期限不受《刑事诉讼法》第 172 条的限制，一般取保候审或者监视居住的案件仍受上述办案期限的限制；第二种观点认为，取保候审或者监视居住案件的办案期限应当受取保候审、监视居住期限的限制；第三种观点认为，取保候审、监视居住案件都不受《刑事诉讼法》第 172 条规定的审查起诉期限限制，实际上取保候审、监视居住案件没有办案期限。

涉案企业合规案件多为无社会危险性不予羁押案件，上述取保候审、监视居住案件办案期限的问题导致企业合规考察期限设置的困难，成为改革实践中争议最大的问题之一。合规整改考察期限是否应当在办案期限内，复杂合规整改案件如何设置合规整改考察期限，办案期限终结合规整改尚未完成怎么办，诸多实践问题需要予以回应。

（五）合规整改考察标准问题

改革过程中，涉案企业合规整改与考察、验收标准的问题一度成为制约企业合规改革试点深入推进的关键问题。"在改革初期，检察机关对于合规不起诉改革的专业性和复杂性没有给予足够的重视，也没有就企业进入合规考察和合规验收确立较为具体的标准。随着改革的逐步进展，这一问题显得越来越突出，并成为制约合规不起诉改革深入推进的一大瓶颈问题。"[1]《指导意见》中规定，企业合规第三方机制管委会的重要职责之一就是研究制定涉企犯罪的合规考察标准，合规整改的考察标准问题是涉案企业合规改革进入深水区亟须解决的问题。

（六）合规互认问题

涉案企业合规工作不仅是检察机关一家之事，而是关系多个执法司法环节、多家执法司法机关的全流程工作。在刑事案件进入检察机关刑事诉讼阶段之前，在公安机关侦查阶段，如果已经开展企业合规整改，在案件进入检

---

[1] 陈瑞华：《企业合规不起诉改革的八大争议问题》，载《中国法律评论》2021 年第 4 期。

察机关诉讼阶段之后，如何认定已经开展的企业合规程序；在检察机关对涉案企业或相关责任人作出不起诉决定之后，如果行政执法机关还需要对涉案企业进行行政处罚，已经开展的企业合规是否可以作为行政处罚从宽处理的重要参考，检察机关是否可以依据已经开展的企业合规提出从宽处罚的检察意见；涉案企业合规整改尚未完结，检察机关将案件起诉至法院，之前的合规整改是否继续，法院是否认可等问题，成为改革试点实践中需要厘清的重要问题。

（七）涉案企业合规跨区域协作问题

在改革试点实践中，常有刑事案件的管辖权属于一家检察机关，而涉案企业的注册地或者主要经营地却属于另一家检察机关所属地区，甚至涉案企业在境外的情况，启动企业合规程序后，如果由办案检察机关所在地的第三方组织对涉案企业进行企业合规整改监督评估考察，则存在异地成本大的问题，如何实现更优化的企业合规考察方式成为需要探索的实践问题。

三、涉案企业合规第三方监督评估难题的破解路径

（一）关于检察机关的主导责任和第三方监督评估工作组的客观中立属性的关系

《指导意见》在总结前期企业合规改革试点经验、研判不同模式利弊得失的基础上，探索建立了"检察主导、各方参与、客观中立、强化监督"的第三方监督评估机制，对检察机关的职责、巡回检查机制、回避制度等均作出明确规定。

第一，检察机关在涉案企业合规案件中的主导责任。"第三方机制是检察机关在司法办案过程中委托第三方组织进行监督评估的机制，检察机关对其启动和运行负有主导职责，绝不能放任自流、不管不问。"[①]《指导意见》第

---

① 《关于建立涉案企业合规第三方监督评估机制的指导意见（试行）丨附典型案例、新闻发布会（含答记者问）》，载法思法律实务微信公众号，2021年6月3日。

16条明确规定，负责办理案件的检察机关对第三方组织组成人员名单、涉案企业合规计划、定期书面报告以及第三方组织合规考察书面报告负有审查职责，必要时还可以开展调查核实工作。涉案企业合规第三方监督评估是企业合规办案的重要一环，检察机关在此过程中，不能采取"放任不管"的态度，应当始终牢记自己的主导责任，对各个环节审查把关。

第二，第三方监督评估工作组的客观中立立场。根据《指导意见》的相关规定，从第三方组织的选任、成立，到第三方机制的运行，包括审查合规计划、确定考察期限、确定监督评估方法、提出合规考察报告，第三方组织都应保持客观中立的立场。《涉案企业合规建设、评估和审查办法（试行）》中对于第三方组织对涉案企业专项合规整改计划和相关合规管理体系有效性的评估进行了具体规定。第三方组织负责对合规整改进行监督评估，秉持客观中立立场最终形成考察报告。检察机关在办理涉案企业合规案件中的主导责任并不影响和干涉第三方组织的客观中立属性，两者发挥作用的领域不同，并不矛盾。

（二）关于第三方监督评估专业人员名录库入库主体及第三方工作组组成

1. 第三方监督评估专业人员名录库应当以个人为主体入库

《指导意见》第17条规定，"第三方组织组成人员系律师、注册会计师、税务师（注册税务师）等中介组织人员的"，国家层面的《涉案企业合规第三方监督评估机制专业人员选任管理办法（试行）》第5条规定，名录库以个人作为入库主体，不得以单位、团体作为入库主体。可见，顶层设计层面倾向于合规监管人为自然人而非单位。

其中的法理在于监督评估的归责主体确定性问题。正如有学者指出："合规监管人不能由单位担任，因为单位担任合规监管人会带来很大的弊端。例如，律师事务所、会计师事务所、税务师事务所、研究中心等机构不适宜担任合规监管人，某律师事务所可能因为拥有著名的专业合规律师而入选，但是该律师事务所的其他律师并不一定具有合规监管的能力和经验，因此，应当建立以著名的合规律师、会计师、税务师、特定领域专家领衔担任合规监管人、组建合规监管人团队的制度。"① 因此，合规监管人应由个人担任，可以由某领域专家领衔组建合规监管人团队，相应地，纳入第三方监督评估专业人员名录库的主体应当是个人而非单位。

2. 关于第三方监督评估工作组成员组成

（1）第三方组织成员范围应当秉持开放包容的原则，吸纳多方人员。具体而言，第三方组织成员可以包括律师、注册会计师、注册税务师（税务师）、审计师、企业合规师等人员，企业合规专家学者、相关行业协会专业人员、政府部门专业人员以及具有企业合规专门知识的退休公务员等。

在改革试点过程中，存在争议的是政府部门专业人员和退休公务员能否作为第三方组织成员。根据部分地区的经验，将行政部门专业人员纳入第三方组织成员范围，有利于提出针对性较强的预防违法犯罪措施，为企业制定专业化的合规管理体系提供指引，行政部门在相关领域对涉案企业有行政监管职责，其监督合规整改的行为能对企业产生较强的约束力，从而提高监督的效果。例如，在最高人民检察院印发的涉案企业合规第二批典型案例中，案例五即某公司涉嫌走私普通货物罪的合规考察，第三方监督评估工作组吸纳了深圳海关的专业人员，在监督评估过程中，海关专业人员有针对性地提出了合规整改意见，从而使涉案企业建立起向海关定期提供货物采购价格的通道，有利于从源头预防违法犯罪行为。具有企业合规专门知识的退休公务员作为第三方组织成员，肇始于美国。在美国合规监管实践中，大量的退休检察官作为合规监管人领衔组建合规监管团队，基于其成熟的专业优势，可以确保合规整改取得良好效果。

（2）第三方工作组成员数量应当坚持比例原则。考虑到涉案企业既包括大中型企业，也包括小微型企业，因此对于第三方工作组成员数量的确定，应当坚持比例原则，结合涉案企业规模大小、案件复杂程度、企业合规风险点多少等具体问题来确定，不宜一刀切，可以针对小微型企业组建由1—2名专业人员组成的第三方工作组。

---

① 陈瑞华：《企业合规不起诉改革的八大争议问题》，载《中国法律评论》2021年第4期。

（三）关于第三方监督评估的费用

从域外经验看，在美国的企业合规制度中，由企业对独立监管人支付监管费用且数额高昂；从国内其他领域看，以破产管理为例，我国的破产管理人的费用也由企业支付。笔者认为，鉴于目前企业合规改革试点中多种经费保障模式各有利弊，暂时不宜规定统一的经费保障模式，逐步形成以涉案企业支付为主、其他经费支付模式为辅的方式。在改革试点实践中，在合规监管费用问题上应当坚持以下原则：

第一，第三方监督评估费用的标准应当尊重合规业务领域市场规律。"实践中有的试点机关不向监管人支付任何费用，让律师无偿提供法律援助，有的试点机关则主张由检察机关从财政拨款中拿出部分经费象征性地支付给监管人。但是，就像法律援助案件难以保障有效辩护一样，如果监管人费用不由企业支付，就会造成合规监管人的激励不足，难以保证监管人尽职尽责提供监管服务，使合规监管流于形式。"[1] 从法经济学角度而言，应当尊重成本收益的经济规律，确保第三方监督评估工作人员在提供服务过程中可以获得符合市场标准的相应费用。以美国为例，合规监管人的薪酬不低于商业服务的市场标准，甚至大部分案件的合规监管费用要远远高于市价，动辄达到每年上百万美元。我国的监管人费用虽然难以达到如此高的标准，但至少应相当于担任企业合规顾问的薪酬。事实上，监管人无法获得必要的费用激励，反而更容易出现职业伦理问题，一旦企业私下向其输送利益，监管人就很可能产生动摇，从而与企业发生利益勾连。[2] 因此，在此问题上，应当尊重经济原理和市场经济规律，检察机关应当根据合规业务市场标准和合规整改期限时长确定第三方监督评估费用的基本标准。

第二，第三方监督评估费用的支付应当避免产生利益牵连。笔者认为，在由企业支付第三方监督评估费用的情况下，该费用不宜由企业直接支付给

---

[1] 陈瑞华：《企业合规不起诉改革的八大争议问题》，载《中国法律评论》2021年第4期。

[2] 陈瑞华：《企业合规不起诉改革的八大争议问题》，载《中国法律评论》2021年第4期。

合规监管人，可以考虑由第三方主体转付的方式避免利益牵连。可以由涉案企业将第三方监督评估费用支付给第三方机制管委会，再由第三方机制管委会支付给第三方工作组，该费用也可以用来支付在涉案第三方监督评估中产生的其他费用。

第三，加强对第三方监督评估费用的司法监督。在当前的改革试点中，第三方监督评估费用远远低于合规业务咨询费用，随着合规改革试点的进一步深入，可以考虑赋予检察机关评估和审查第三方监督评估费用的职权，从而使得合规监管费用更趋于合理。

（四）关于合规整改考察期限

习近平总书记强调，凡属重大改革要于法有据。企业合规改革试点是检察工作的改革创新，更应该坚守底线，不能随意突破法律，《指导意见》也明确了依法有序的工作原则。

在适用企业合规的取保候审或者监视居住案件的办案期限问题上，笔者赞同前述第二种观点，即取保候审、监视居住案件的办案期限受取保候审、监视居住期限的限制。目前，检察机关统一办案系统已经将该类案件的期限调整至取保候审、监视居住的期限，且改革试点中已经有试点检察机关适用该种办案期限。改革实践中，部分地方将企业合规改革试点工作与清理侦查机关"挂案"相结合，从该项工作的主旨来看，适用企业合规的案件更不能无限开展，在立法修改前，在审查起诉阶段不宜采用无办案期限的模式。

基于以上逻辑，如何确定合规考察期限仍然存在一定争议。域外的合规考察期限大多时间较长，三五年有之，十几年亦有之，即使是上述取保候审、监视居住的办案期限，相较于正常的合规考察期限仍然显短。笔者认为，根据《指导意见》第12条第1款规定，第三方组织应当根据案件具体情况和涉案企业承诺履行的期限，确定合规考察期限，并未明确规定合规考察期限应当在办案期限以内，而且根据《指导意见》第14条第1款规定，人民检察院在办理涉企犯罪案件过程中，应当将第三方组织合规考察书面报告、涉案企业合规计划、定期书面报告等合规材料，作为依法作出批准或者不批准逮捕、起诉或者不起诉以及是否变更强制措施等决定，提出量刑建议或者检察建议、检察意见的重要参考。该条款可以理解为,决定是否起诉前,不仅局限于将合规考察书面报告作为参考,也可以将涉案企业合规计划、定期书面报告等材料作为是否起诉的重要参考。实践中,以最高人民检察院涉案企业合规第二批典型案例案例五为例,合规考察期限长于办案期限,在作出不起诉处理决定之前,根据涉案企业合规计划、定期书面报告作出决定,后续再对涉案企业合规整改进行考察验收。

依此逻辑可以引申出进一步的问题是,检察机关对涉案企业作出不起诉决定后,合规考察验收不合格,应当如何处理。一种观点认为,检察机关可以撤销不起诉决定,对涉案企业或者责任人提起公诉。另一种观点认为,检察机关不能撤销不起诉决定,只能通过检察建议或者检察意见的方式来处理。笔者赞同第一种观点,基于检察机关具有不起诉决定的撤销权,可以参考最高人民法院、最高人民检察院、公安部、国家安全部、司法部《关于适用认罪认罚从宽制度的指导意见》第 51 条第 3 项规定,"排除认罪认罚因素后,符合起诉条件的,应当根据案件具体情况撤销原不起诉决定,依法提起公诉"。

(五)关于合规整改考察标准

在企业合规改革试点中,各地检察机关积极探索不同类型案件的考察标准,出台了涉及商业秘密、生物医药、知识产权等专项合规考察标准指引。2022 年 4 月,《涉案企业合规建设、评估和审查办法(试行)》出台,为涉案企业合规整改的建设、评估和审查提供了基本指引,如何将基本规范与具体行业、企业的合规整改相结合,探索出具有针对性的合规整改考察标准,是涉案企业合规改革进展到深水区需要面临的关键问题。

(六)关于合规互认

合规互认理念的提出,着眼于涉案企业合规的刑事诉讼全流程。例如,在深圳市宝安区人民检察院在关于企业合规第三方监督评估机制的实施办法中就明确提出了"合规互认"条款,明确规定了对于在纪检监察机关、行政机关、公安机关办案阶段已经作出合规承诺、开展合规整改的,检察机关经审查认为符合企业合规适用条件的,对于已经开展的企业合规程序予以认可。

检察机关因涉案企业开展企业合规而作出不起诉决定后，行政执法机关仍需对涉案企业进行行政处罚的，检察机关可以提出从宽处理的意见，并将企业合规计划、定期书面报告、合规考察报告等移送相关行政机关、公安机关。在最高人民检察院涉案企业合规第二批典型案例案例五中，深圳市宝安区人民检察院通过宝安区促进企业合规建设委员会对涉案企业开展第三方监督评估考察，第三方组织经评估认为该企业经过合规整改建立了相对有效的合规管理体系，办案检察机关对涉案企业作出相对不起诉决定后，协调深圳海关通过合规互认的方式，将合规考察报告作为海关对涉案企业作出处理决定的重要参考。

随着监察机关、审判机关也相继开展涉案企业合规的工作举措，在合规互认的理解上，应当具备全流程的视野。第一，监察机关、公安机关在调查、侦查阶段已经启动企业合规整改程序的，在移送起诉后，由检察机关继续开展企业合规整改程序，对于已经开展的企业合规整改予以认可。第二，对于审查起诉期限届满但合规评估验收尚未完成、需要先行提起公诉的案件，检察机关提起公诉后，审判机关在审判阶段继续开展合规整改工作。第三，检察机关因涉案企业开展企业合规而作出不起诉决定后，公安机关仍需对涉案企业进行行政处罚、处分或者没收其违法所得的，检察机关可以提出从宽处理的意见，并将相关材料等移送公安机关，公安机关以此为基础予以从宽处罚的考虑。

（七）关于涉案企业合规跨区域协作

改革试点实践中，在上海、浙江、广东等地出现针对异地合规考察的情况，通过报送上级检察机关协调或者协调异地检察机关协助启动第三方监督评估机制。在民营经济活跃的粤港澳大湾区，跨境犯罪较多，存在跨境合规整改的问题。如果涉案企业系香港或者澳门企业，因属于境外企业，对涉案企业开展企业合规程序，如何进行合规考察是涉及多个层面的复杂问题。以广东省某地发生的一起案件为例，涉案企业的注册地和主要经营地均在香港特别行政区，跨境对该企业开展企业合规存在诸多障碍。笔者认为，从域外经验来看，参考美国对中兴公司的合规考察方式，美国方面委托在美国的律师事务所对中兴公司开展合规监督考察。具体到本案中，办案检察机关可以在当地组建第三方监督评估组织对涉案的香港公司开展合规考察，可以考虑选取具有跨境业务的专业机构或者人员加入第三方工作组，或者根据香港的律师通过考试在粤港澳大湾区承接法律业务的政策，遴选在粤港澳大湾区具有执业资格的香港律师承接本案的合规考察工作。

涉案企业合规改革实证研究

——以深圳涉案企业合规改革试点为视角

李 梓[*]

摘 要 在企业合规的全球化浪潮中,我国检察机关积极开展企业合规改革试点工作是全面贯彻习近平法治思想,以检察履职助力构建有中国特色的企业合规制度,助力实现"十四五"规划和2035年远景目标的重要改革创新举措,对于服务保障经济社会高质量发展、促进国家治理体系和治理能力现代化具有重要意义。深圳是我国首批开展企业合规改革试点工作的城市之一。本文以深圳市检察机关的试点情况作为实证研究样本,总结成效,透视不足,对现实困境进行梳理剖析,并对今后企业合规改革的科学进路提出浅见,以期有助于将试点工作进一步推向纵深。

关键词 企业合规 合规整改 实证研究

一、企业合规改革的理论支撑

企业合规改革试点,是指"检察机关对于办理的涉企刑事案件,在依法做出不批准逮捕、不起诉决定或者根据认罪认罚从宽制度提出轻缓量刑建议等的同时,针对企业涉嫌具体犯罪,结合办案实际,督促涉案企业作出合规承诺并积极整改落实,促进企业合规守法经营,减少和预防企业犯罪,实

---

[*] 广东省深圳市宝安区人民检察院二级检察官。

司法办案政治效果、法律效果、社会效果的有机统一"①。

该项试点工作开展以来，有质疑声音认为该项工作是检察机关的自我扩权或自我授权。"知从何处来，方能知往何处去。"在具体剖析企业合规改革试点的实践探索、现实困境和优化路径之前，有必要先对企业合规改革的理论基础作阐释，以增强理论自信。

（一）企业合规改革是检察机关法律监督职能的应有之义

检察机关作为我国宪法所确立的法律监督机关，"指导和监督社会成员包括各类企业、社会组织依照刑事法律开展刑事合规管理，是检察职能的题中应有之义，将刑事合规监督纳入检察职能中，不仅可以有针对性地预防和减少犯罪，维护社会稳定和公平正义，而且可以提高检察机关自身的司法水平"②。

（二）企业合规改革是检察机关不起诉裁量权的自然延伸

"作为公诉权的重要组成部分，不起诉权在检察职能中具有重要地位，在强化检察官客观公正义务、保障无罪的人不受刑事追究、贯彻宽严相济刑事政策、落实诉讼经济原则等方面发挥着积极作用。"③ 然而，在长期的司法实践中，囿于各种因素，我国检察机关的不起诉裁量权运用得并不充分。

检察机关应合理运用不起诉裁量权，避免构罪即捕。在惩治涉企犯罪案件中，如何在现行刑事法律框架下做到既维护社会秩序，又能保证经济健康运行，是当前检察工作的一项重要课题。"而企业刑事合规运动的兴起，就成为解决这一问题的重要契机。"④

---

① 最高人民检察院《关于开展企业合规改革试点工作方案》。
② 最高人民检察院检察理论研究所专题研究报告：《检察职能有待拓展的空间：刑事合规监督》。
③ 童建明：《论不起诉权的合理适用》，载《中国刑事法杂志》2019年第4期。
④ 最高人民检察院检察理论研究所专题研究报告：《检察职能有待拓展的空间：刑事合规监督》。

(三) 企业合规改革是检察机关参与社会治理的可行路径

检察机关作为法治监督机关，在做好指控证明犯罪的同时，也要积极参与社会治理，通过司法办案助力各类企业依法合规经营。《人民检察院检察建议工作规定》第2条规定："检察建议是人民检察院依法履行法律监督职责，参与社会治理，维护司法公正，促进依法行政，预防和减少违法犯罪，保护国家利益和社会公共利益，维护个人和组织合法权益，保障法律统一正确实施的重要方式。"《人民检察院组织法》第21条也明确规定："人民检察院行使本法第二十条规定的法律监督职权，可以进行调查核实，并依法提出抗诉、纠正意见、检察建议。有关单位应当予以配合，并及时将采纳纠正意见、检察建议的情况书面回复人民检察院。"可见，检察机关主动通过检察建议模式督促涉案企业合规整改，帮助企业完善规章制度和内部治理结构，是检察机关发挥司法办案的职能优势、实现办案与大局更好结合的可行路径。

一言以蔽之，检察机关开展企业合规改革试点既不是检察机关自我扩权也不是自我授权，而是检察机关积极参与社会治理进而推动法治国家、法治社会、法治建设的重要手段，是检察机关法律监督职能的题中应有之义，是检察机关不起诉裁量权的自然延伸。

二、企业合规改革的现实必要

(一) 从深圳市情看，是服务保障企业发展的迫切需要

深圳市地处粤港澳大湾区核心地带，2020年全市地区生产总值27670.24亿元，经济总量居内地城市第三。作为我国最早成立的经济特区，深圳市经济社会发展活跃、经济发展外向型特征明显，目前有商事主体超过376万家，其中包括大量跨国企业、外贸企业和高科技企业，如华为、中兴、腾讯等。仅以深圳市南山区为例，该区共有各类上市企业186家，其中90%为高科技企业，国家级高新技术企业超过4000家，被誉为"中国硅谷"。

企业是经济活动的主要参与者、就业机会的主要提供者、技术进步的主要推动者，在经济发展中发挥着十分重要的作用。企业发展离不开法治环境，检察职能的履行也直接关系法治环境的营造，要把服务保障企业发展作为检察机关义不容辞的政治责任和法律义务。立足检察职能，通过案件办理，促进企业依法合规经营，为经济社会发展提供更优质的检察服务和法律保障，是当前深圳市服务保障企业发展的迫切需要。

（二）从国家层面看，是推进国家治理体系和治理能力现代化的必然要求

改革开放以来，我国社会治安持续稳定，刑事案件结构发生重大变化。从 1999 年至 2019 年，检察机关起诉严重暴力犯罪从 16.2 万人降至 6 万人，[①] 破坏市场经济秩序管理类犯罪常见多发。新时代新发展阶段，对检察工作提出了新的更高要求，因此，检察机关要主动适应案件结构变化的实际和国家治理现代化的要求，最大限度地减少社会对立面，通过企业合规改革试点工作厚植党的执政根基，参与到推进国家治理体系和治理能力现代化的进程中。

（三）从国际环境看，是中国企业做大做强、走向世界的必由之路

近年来，随着全球贸易摩擦升温加剧和国际贸易监管环境日趋严格，中国企业在"走出去"的过程中，因为对合规风险预判和应对不足而遭受巨大经济损失的事件时有发生，甚至成为被制裁打压的对象。可以说，合规问题已经成为中国企业境外投资经营的"头等风险"。中国企业要想在对外开放中实现更好的发展，就必须顺应国际潮流，加快构建有中国特色的现代企业合规制度，以合规的确定性来应对外部环境的不确定性。

[①] 相关数据参见 2020 年最高人民检察院工作报告。

三、深圳检察机关企业合规改革试点工作的成效与反思

（一）初步成效

1. 有效保障民营企业健康发展

改革开放40多年来，民营企业在推动发展、促进创新、增加就业、改善民生和扩大开放等方面发挥了不可替代的作用，民营经济已经成为我国公有制为主体、多种所有制经济共同发展的重要组成部分。深圳的民营企业数量占全市企业总量96%以上，已经成为城市高质量发展的重要动力。

深圳市检察机关在试点中努力将司法办案对企业生产经营的影响降到最低，避免"案件办了，企业垮了"。如南山区人民检察院（以下简称南山检察院）办理的某单位对非国家工作人员行贿一案，涉案企业为国家高新技术企业和南山区重点扶持的民营高新技术企业，因高管人员涉及刑事案件导致上市计划搁浅。南山检察院综合考量犯罪情节、决定对涉案企业开展合规监督考察，督促企业落实合规承诺。在南山检察院的监督下，涉案企业对公司治理结构进行了重整，建立起完善的合规管理制度，上市申报程序也得以重启。

又如深圳市人民检察院会同宝安区人民检察院（以下简称宝安检察院）共同办理的X集团有限公司走私普通货物案，涉案公司系国内水果行业的龙头企业，现有员工5000人，因主要管理人员在进口国外榴莲过程中低报价格涉嫌走私犯罪而被采取逮捕措施，企业经营出现重大困难。鉴于涉案公司长期以正规报关为主，犯罪动机与生鲜水果易腐、需快速通关的行业属性密切相关，深圳市人民检察院决定对该案启动合规监督考察。经合规整改，该公司目前已建立起完善的合规管理体系，被宝安区促进企业合规建设委员会（以下简称宝安区合规委）评为首批合规建设示范企业。该公司总裁在案发后由衷地感慨，正是因为深圳检察机关的主动作为、支持复工复产，才使得其企业重获新生。

2. 有效引导行业生态良性循环

企业合规聚焦于企业内部治理，而行业治理则强调优化外部营商环境，

两者缺一不可。试点过程中,深圳检察机关还针对行业共性问题积极探索"从个案合规到行业合规"的新路径,以期扩大合规建设效果,引导行业生态健康发展。如深圳市人民检察院在办理某两家快递公司走私普通货物案过程中,敏锐地觉察到类似该两起案件中"由货主操作刷单、快递公司加盟商协助完成走私犯罪"的现象在当前跨境电商行业中具有一定普遍性,故主动发挥检察机关司法办案的职能,从服务保障经济社会发展大局出发,决定对两家快递公司启动合规监督考察程序,结合个案暴露出的行业风险点,以点带面,通过向涉案企业的上级单位发送检察建议的方式,让合规整改发挥最大效用,推动整个快递行业形成合规建设的法治氛围,以期达到"办理一个案件,规范一个行业"的司法办案效果。

3. 有效增强全员合规建设意识

深圳检察机关通过兑现"合规激励政策"(如对涉案企业有效整改后作相对不起诉处理,或者向法院提出量刑酌定从轻的量刑建议[1]),邀请专家、人大代表、人民监督员等社会各界人士广泛参与企业合规案件公开听证活动,组建"企业合规讲师团"深入全市企业开展合规宣讲活动等方式,以实际成效和典型案例让更多企业和社会公众意识到企业合规建设在防控法律风险、稳定经营发展上发挥的重要作用,全市正在实现从"要我合规"向"我要合规"的积极转变,"企业合规示范城市"的氛围日渐浓厚。

(二) 实践反思

任何一项改革都是对未知事物的探索,而这种探索如果不建立在对过往经验的总结上都将是极其危险和低效的。通过亲历两期试点工作,笔者认为,以下几个问题值得我们反思。

1. 合规价值与必要性的问题

首批试点的6个单位均为基层检察院。从笔者亲历试点的感受来看,与

---

[1] 如宝安检察院对办理的某物流公司负责人杨某销售假药一案,就在依法提起公诉的同时,将合规整改情况作为酌定从轻情节并得到法院认可,最终宝安区人民法院判处杨某拘役5个月,并处罚金人民币3000元。

域外的涉罪企业多为跨国公司不同，受刑事诉讼职级管辖和区情特点所限，我国基层试点单位的涉罪企业普遍多为小微企业，规模小、人员少，经营业务流程也相对简单、缺乏现代公司治理结构，具备合规整改条件的企业不多，部分涉罪企业甚至在移诉前就已经倒闭，无法进行合规建设。而所涉罪名也多为3年有期徒刑以下轻刑案件，实质上进行合规整改的价值与意义有待商榷。在层层压力传导下，一定程度上存在"为合规而合规"的情形。随着第二期试点工作的铺开，全国共有27家市级检察院也被纳入试点范围，与之对应的，更多大型涉罪企业也可被纳为合规整改的对象，前述情况一定程度扭转。合规整改往往需要投入大量的人力、物力，从诉讼经济的原则出发，建议今后检察机关在启动合规考察程序之前，应充分论证案件进行合规整改的必要性和投入产出比，将"好钢用在刀刃上"，致力于打造更多的精品合规典型案例。

2. 是否所有合规案件都有必要引入第三方监督评估机制的问题

合规是有成本的。实践中，部分试点地区因无先例可循，故参照域外经验，一律引入第三方监控人来协助检察机关督促涉案企业合规整改，以至于有观点认为这种做法有"过度治疗"之嫌。而部分小微企业对启动第三方监控人来进行合规整改的高成本心存顾虑，加上对企业后续发展也并无过高期待，以致其积极参与合规建设的主动性并不强烈。

事实上，我国的企业合规制度构建极富中国本土特色，不宜一味照搬域外模式。应当根据比例原则鼓励各涉案企业量力而行，进行不同程度的合规整改。对于小微型企业所涉轻微单位犯罪案件，不妨适用"简式"合规程序，即利用"相对不起诉+检察建议"模式来督促涉案企业进行合规整改；而对于大中型企业所涉较为重大单位犯罪案件，则可适用"范式"合规程序，利用"合规整改+第三方监督评估机制+公开听证组织验收+不起诉+回访检查"的完整合规模式来帮助涉案企业真正消除犯罪基因、建立现代合规管理体系，让"严管"真正落到实处，让"厚爱"更有遵循。

3. 合规整改费用由谁承担的问题

试点过程中，合规整改费用究竟由谁来支付的问题一度引起热议，莫衷一是。以深圳为例，宝安模式是由涉案企业直接向独立监控人支付整改费用，而南山模式则是由检察院来支付第三方监管费用。两种模式都遭到了一定程度的质疑。对宝安模式，有观点认为，由涉案企业直接向独立监控人支付费用，而独立监控人又最终向检察机关出具在很大程度上决定涉案企业命运走向的评估考察报告，如何有效防范其中的权力寻租、利益输送是个问题。对南山模式，则有观点认为，对已经涉嫌刑事犯罪的企业，非但不受到任何惩罚，还不惜动用国家纳税人的钱款去帮其"治病"，对涉罪企业不应溺爱到这种程度，否则刑法的惩罚教育功能将无法体现。

应当说，上述质疑观点各有一定程度的合理性。正是意识到上述问题，深圳市人民检察院才会在 2021 年 7 月 28 日印发的《深圳市检察机关企业合规工作实施办法（试行）》（以下简称深检《工作实施办法》）的第 17 条和第 31 条第 4 款[1]中，明确第三方监控人对涉案企业进行监督考察、定期回访检查所产生的费用均由涉案企业承担。但相关管理账户的设立及具体支付途径尚在与相关单位进一步会商中，相信随着我国各级第三方监督评估机制的逐渐建立和完善，合规整改费用的相关问题终会拨云见日、日渐清晰。

4. 企业合规与认罪认罚从宽制度的关系问题

在目前法律框架下，检察机关很难突破现行法律规定创造性地开展企业犯罪附条件不起诉探索，而认罪认罚从宽制度已经在 2018 年被正式写入我国刑事诉讼法（以下简称刑诉法），是正式生效的法律制度。故理论界和实务界均有观点主张，认罪认罚从宽制度为"刑事合规的本土化建构创造了极佳的切入口"[2]，检察机关可以在开展单位犯罪认罪认罚从宽制度实践的基础上，"建立符合企业犯罪特点的认罪认罚从宽制度"[3]，探索企业合规制度与认罪

---

[1] 《深圳市检察机关企业合规工作实施办法（试行）》第 17 条规定："第三方监控人进行监督考察所需费用以考察所发生的实际费用为准，由涉案企业承担。费用支付方法另行规定。涉案企业自行委托专业机构辅助制定合规计划和实施整改任务所产生的费用，由企业自行承担。"第 31 条第 4 款规定："第三方监控人针对涉罪企业定期回访检查所产生的费用，参照本办法第十七条的规定执行。"

[2] 李勇：《检察视角下中国刑事合规之构建》，载《国家检察官学院学报》2020 年第 4 期。

[3] 赵恒：《涉罪企业认罪认罚从宽制度研究》，载《法学》2020 年第 4 期。

认罚从宽制度的有效融合。

但笔者认为，将企业合规制度内嵌于认罪认罚从宽制度中只是当下不得已的权宜之计。事实上，认罪认罚从宽制度和企业合规制度的功能定位和价值追求都迥然不同，倘若将企业合规制度一直内嵌于认罪认罚从宽制度中则难以充分发挥企业刑事合规的价值功能。因此，从长远来看，还是应当以此次试点改革为契机，积极探索并积累企业犯罪附条件不起诉的相关经验，为今后在立法层面进一步激活附条件不起诉制度积累有益实践经验。

四、深圳检察机关企业合规改革试点工作的现实困境

每一项改革试点都包含着对各项工作的纠偏、提炼和总结。从试点情况来看，笔者认为，司法实践中存在以下现实困难亟须解决。

（一）法律依据阙如

最高人民检察院一直三令五申试点工作要依法稳慎有序推进，不得突破现有立法。为了防止改革创新沦为"违法试验"，各试点单位出于稳妥考虑往往只能选取 3 年以下轻刑案件来进行合规探索，改革在一定程度上被束缚住手脚，影响了合规激励功能的真正发挥。随着改革走向"深水区"，法律依据的阙如，一定程度上使得探索举步维艰。具体体现在以下两个方面：

一方面，法定刑在 3 年以上的案件能否适用合规监督考察。首期试点被称为"企业犯罪相对不起诉适用机制改革"，也即内蕴着适用对象必须符合适用相对不起诉的前提条件。而根据立法和司法实践中的惯例，"犯罪情节轻微"的标准一般掌握在法定刑 3 年有期徒刑以下。故而，对于量刑幅度为 3 年以上 10 年以下的案件能否适用相对不起诉，一度引发理论界和实务界较大争议。然而，若从司法实务角度去反向审视，则会发现上述适用标准明显过于严苛。仅以最常见高发的涉企案件类型虚开增值税专用发票罪为例，根据我国刑法的相关规定，虚开税款数额 50 万元以上就要判处 3 年以上 10 年以下有期徒刑，而实务中涉税案件犯罪数额往往巨大，动辄几百上千万元，如果严格将企业合规监督考察的适用范围限定在法定刑 3 年有期徒刑以下的案件，

会导致司法辖区内可选案例寥寥无几。

另一方面，能否赋权探索企业犯罪附条件不起诉。此次企业合规改革试点的初衷是为今后在国家立法层面进一步激活附条件不起诉制度积累有益实践经验。而目前根据《刑诉法》第282条的规定，附条件不起诉的适用对象仅限定为可能判处1年有期徒刑以下刑罚的未成年人犯罪，故在刑诉法未修改的情况下，还未有试点单位敢于在真正意义上借鉴域外暂缓起诉制度（DPA）、探索符合中国国情的附条件不起诉制度，而只能游走于相对不起诉与附条件不起诉的边缘。

上述两方面的局限使得首期试点的案例多是涉小微型企业的法定刑3年有期徒刑以下轻刑案件，而不少极富合规整改价值且有强烈合规整改意愿的较大型企业，因其所涉犯罪情节较重无法参与合规整改。事实上，"越是针对涉嫌重大犯罪的大型企业开展合规考察，这样的合规整改和合规不起诉，才越具有示范作用和标杆意义"[①]。2021年6月，中央全面依法治国委员会《关于支持深圳建设中国特色社会主义先行示范城市的意见》中明确"支持深圳探索完善附条件不起诉适用范围"，深圳能否利用此次历史机遇，争取上级党委、领导机关的支持，用足用好特区立法权，在全国率先探索企业犯罪附条件不起诉制度，或许为解决上述问题提供了另一种可能。

（二）合规整改过程中的相关问题

1. 合规整改期限过短的问题

试点初期，有限的办案期限与合规整改期限之间的冲突如何调和一度困扰着实务人员，随着探索研究的深入，借用取保候审案件的1年办案期限来作为合规整改期，已经在实务部门基本达成共识。但随着第二期合规试点工作的全面铺开，更多大型涉罪企业也被纳入合规整改对象，对这些内部治理结构复杂、犯罪原因多元的大型企业来说，1年的整改期限仍然显得捉襟见肘。"即便企业建立了一套书面的合规体系，也还需要在合规监管人的帮助下

---

① 陈瑞华：《企业合规不起诉改革的八大争议问题》，载《中国法律评论》2021年第4期。

进行长达一年到两年的试运行,并根据试运行中出现的问题进行动态调整,才能够真正激活合规计划,使其得到有效的实施,营造出企业的合规文化。"① 可见,如何在有限的制度空间内进一步争取更长的合规整改期限,考验着实务人员的司法智慧。

2. 合规计划确认的重要性不容小觑

企业合规考察往往包括"检察机关决定启动合规程序—涉案企业提交合规计划—检察机关审查确认合规计划—涉案企业按确认的合规计划进行合规整改(必要时引入第三方监督评估机制监督整改)—检察机关组织验收—依验收结果作出起诉或者不起诉的决定"等步骤。合规验收环节因在很大程度上决定着涉案企业的命运走向而一直被理论界和实务界高度关注,但笔者认为,合规计划的确认环节同样重要。理由是:该环节须经检察机关审查,而后作出合规计划是否可行、有助于实现企业去犯罪化的专业判断。可以说,经检察机关确认后的合规计划无异于是涉案企业今后合规整改的"路线图""施工图",如无意外,涉案企业就将严格按照合规计划进行整改。倘若涉案企业大费周折、严格按照合规计划整改后,最终检察机关经过验收却告知整改不合格,则将极大程度有损检察机关的司法公信力、引发涉案企业的不满情绪。由此可见,合规计划确认的重要性不容小觑。

3. 如何评判合规整改有效

合规整改验收有其专业性。合规整改与验收标准的问题,已经成为制约此次改革走向纵深的一个瓶颈问题。2021年6月3日,最高人民检察院等九部门联合印发的《关于建立涉案企业合规第三方监督评估机制的指导意见(试行)》(以下简称《指导意见》)第12条规定:"第三方组织应当对涉案企业合规计划的可行性、有效性与全面性进行审查……对涉案企业合规计划履行情况进行检查和评估。"何谓有效的合规计划,美国《联邦量刑指南》详细列出了模范合规计划的七个要素,包括但不限于规范程序、组织管理、各类必要的措施、奖惩机制等。

---

① 陈瑞华:《企业合规不起诉改革的八大争议问题》,载《中国法律评论》2021年第4期。

知易行难,"如果企业只要具有完善的合规制度,就可以对其业务活动中出现的违法犯罪行为不担责的话,人们则难免会担心,合规会成为犯罪企业为自己开脱罪责的挡箭牌"①。实践中,如何有效防范纸面合规、虚假合规,避免合规改革沦为企业的"免死金牌",出现"盆景化改革"的局面?事实上,企业合规并不仅是建章立制、振臂一呼,更重要的是要实际落实、行胜于言。判断企业合规整改是否有效的实质标准就是看涉案企业有无实现"去犯罪化"改造,针对刑事风险点进行专项合规、彻底去除犯罪基因。

检察官虽然在证据审查、法律适用方面更有专业优势,但对于建立合规体系所要求的特定领域专业知识不甚了解,相关行政机关、行业从业人员等无疑更具有专业性。例如,海关缉私部门对于走私案件、税务机关对于涉税案件、证监会对于证券类犯罪等更加富有执法和监管经验,在审查合规计划、确定考察标准、进行合规考察时无疑更具有先天优势。从笔者现场旁听的深圳首场合规整改验收公开听证会来看,邀请到的 5 名听证员均是相关领域的专家里手,通过他们的参与,充分保证了听证会的质效,防止了"外行验收内行"情形的发生。

(三) 第三方监督评估机制的相关问题

试点工作开展以来,如何确保第三方监控人的客观公允,有效防范涉案企业与第三方监控人之间的权力寻租、利益输送等问题一直引发理论界与实务界的热议。可以说,在企业合规制度构建中,第三方监督评估机制是关涉改革成败的关键一环。"第三方监管机制对于保持检察机关的中立性、公正性、廉洁性和权威性具有重要的保障作用。第三方监管机制不仅能够调动各方面的专业力量和监督力量参与企业工作,而且给检察机关设立了一道'防火墙'。"② 这也是最高人民检察院把第三方监督评估机制放在制度建设首位的一个重要原因。

---

① 黎宏:《企业合规不起诉:误解及纠正》,载《中国法律评论》2021 年第 3 期。
② 刘金林:《企业合规改革试点:从国情出发,在借鉴中发展——2021 企业合规国际论坛述要》,载《人民检察》2021 年第 15 期。

2021年6月3日，最高人民检察院等九部门联合印发《指导意见》，为建立健全第三方监督评估机制提供了基本遵循。2021年11月，又下发《涉案企业合规第三方监督评估机制专业人员选任管理办法（试行）》（以下简称《选任管理办法（试行）》）等配套规定。可以预见，第三方监督评估机制的组建与管理工作是下一步试点工作重点。深圳市人民检察院在试点过程中，也存在如下困惑亟待解决：

1. 第三方机制专业人员名录库是采用机构入库标准还是个人入库标准

对此，《选任管理办法（试行）》中采用的是个人入库标准。陈瑞华教授也旗帜鲜明地主张"合规监管人不能由单位担任，因为单位担任合规监管人会带来很大弊端"，理由是："某律师事务所可能因为拥有著名的专业合规律师而入选，但是该律师事务所的其他律师并不一定具有合规监管的能力和经验，因此，应当建立以著名的合规律师、会计师、税务师、特定领域专家领衔担任合规监管人、组建合规监管人团队的制度。"[①]

但深圳市人民检察院考虑到，如果采用个人入库标准，加之该名录库中还要涵盖各领域专家，一旦面向全国范围公开选任，极有可能申报人数大大超过拟入库人数。而如果采取机构入库标准，则可使更多有志于从事合规建设的专业人士都可最大限度被纳入名录库。故深圳市人民检察院与市司法局会商后，初步拟采用机构入库标准，面向全国范围公开选任第三方机制专业人员名录库成员。当然，在实操层面，可以要求入库机构合理圈定一定范围内的真正具有合规经验从业人员，尽力避免上述机构入库的弊端。

2. 合规整改费用专门账户的设立问题

《选任管理办法（试行）》对该问题采取了立法留白，在第27条中规定"试点地方可以结合本地实际，探索多种经费保障模式"。虽然深检《工作实施办法》中明晰了相关合规整改费用应由涉案企业承担的大方向，但在制度具体落地过程中，关于该费用专门账户应设在哪个单位却成了困扰决策者的一大难题。市工商联和市司法局均以开立专门账户需经市财政局批准、审批

---

① 陈瑞华：《企业合规不起诉改革的八大争议问题》，载《中国法律评论》2021年第4期。

程序严格等理由委婉拒绝将该账户设立在其单位。该问题虽小，但却实实在在影响试点工作的进一步推进，亟待寻求下一步解决方案。

3. 合规互认的问题

实践中，涉企犯罪案件往往呈现出跨地域性特点，如甲地企业向乙地单位实施非国家工作人员行受贿犯罪等，这就涉及合规互认的问题。对检察系统内部而言，既存在试点单位与试点单位之间的合规互认问题，也存在试点单位与非试点单位之间的合规互认问题。如在某试点地区作出的合规评价结果，在非试点地区是否发生相应效力以及如何发生效力也是下一步实践中需要考虑的现实问题。还有行刑衔接的问题，即检察机关作出的合规评价结果，是否必然地对其他行政主管机关发生约束力、使得涉案企业可以据此减免行政处罚，也值得思考。目前，深圳宝安区已经建立起全国首家区级合规委员会（宝安区合规委），成员单位达35家。2021年上半年，深圳市人民检察院委托宝安检察院对宝安辖区某水果龙头企业的合规整改进行评估验收和回访考察，最终考察意见通过合规互认的方式，作为海关执法机关对涉案企业作出处理决定的重要参考。该做法或可为今后的探索开拓一条新思路。

（四）合规激励不足

1. 对涉案企业的合规激励不足

正如某位省院副检察长在一次专题调研座谈会上提出的困惑："既然企业本身犯罪情节轻微，符合相对不起诉的条件，又何必大费周章、耗时耗力搞合规呢？刑事激励不足，造成了不少企业合规热情不高、合规动力不足的局面。"[1]

2. 对独立监控人的激励不足

试点改革初期，宝安检察院在全国首创独立监控人制度，由涉案企业向独立监控人支付费用，独立监控人协助检察机关督促涉案企业合规整改。独立监控人需定期走访考察涉案企业，并按阶段提交书面评估考察报告，工作

---

[1]《企业合规改革试点一年情况如何？最高检调研组赴张家港调研》，载最高人民检察院微信公众号，2021年5月16日。

内容繁杂。据笔者了解，宝安区独立监控人协助办理一起合规案件所得酬劳大约是人民币 5 万元，这与其工作付出明显不成正比。长此以往，会造成对独立监控人的激励不足，"难以保证监管人尽职尽责提供监管服务，使合规监管流于形式"[1]。

3. 对办案检察官的激励不足

开展企业合规监督考察过程烦琐，专业性极强，且个案差异性极大，需要承办检察官倾注大量心血与精力，让不少检察人员视为畏途，以致试点改革一定程度上存在"上热中温下冷"的现象，如何有效调动广大检察人员的工作积极性也是实践中需要思考的问题。

五、深化检察机关企业合规改革试点工作的可行路径

（一）提高思想认识

理念是行为的先导。广大检察人员要进一步提高政治站位，将企业合规改革放在推进国家治理体系和治理能力现代化建设的全局中谋篇布局，将推进企业合规改革作为促进深圳经济特区、深圳先行示范区发展，服务保障粤港澳大湾区建设，营造国际一流法治化营商环境的重要内容。

（二）强化顶层设计

制度是智慧与机遇相结合的产物。建议深圳市检察机关更加注重及时总结试点经验，及时向上级党委、领导部门请示汇报，抓住中央全面依法治国委员会《关于支持深圳建设中国特色社会主义先行示范城市的意见》中所赋予的"支持深圳探索完善附条件不起诉适用范围"的历史机遇，积极寻求上级部门对深圳市企业合规改革试点工作的支持指导，用足用好特区立法权，争取在全国率先探索企业犯罪附条件不起诉制度，将顶层制度设计与基层实践创新结合起来，为今后在国家层面推动立法完善积累"深圳经验"、贡献

---

[1] 陈瑞华：《企业合规不起诉的八大争议问题》，载《中国法律评论》2021 年第 4 期。

"深圳智慧"。

（三）突出办案效果

一方面，深圳市人民检察院要切实担负起统筹指导全市企业合规建设的重任，注意选取真正有合规价值的案例，办理一批办案效果好、社会反响大的合规典型案例，以实实在在的司法质效推进改革试点工作，真正让合规创造价值。

另一方面，要注意运用诉讼经济原则、比例原则灵活选取合规整改模式。对于基层院办理的3年有期徒刑以下轻刑案件，多采用"相对不起诉＋检察建议"的简易合规模式，而对于大型单位犯罪，则尝试引入"合规整改＋第三方监督评估机制＋公开听证组织验收＋不起诉＋回访检查"的完整合规模式，以此充分发挥企业合规的制度优势和效能。正如有观点认为："合规考察制度应针对更为重要的单位犯罪，只有对重大犯罪的涉案企业才需要耗费大量司法资源改变其经营模式和商业模式，对其进行'去犯罪化'改造。"[①]

（四）增强办案合力

实践中，一定程度上存在基层院可选案例有限而市检察院案例众多、精力不足的双重困境。2021年上半年，深圳两级检察机关充分发挥检察一体化的制度优势，上下联动，将本由市检察院承办的某走私普通货物案，委托宝安检察院开展司法辖区内涉案企业回访考察，取得了非常好的社会效果。下一步，深圳市两级检察机关可借鉴该成功经验，继续上下联动、协同配合、资源共享、凝聚力量，共同在深圳打造一批合规典型精品案例。

（五）完善配套制度

深圳目前已经在两级院层面制定了深检《工作实施方案》和《企业合规第三方监督评估机制管理委员会及第三方监控人管理暂行规定》，一定程度上解决了实践中不敢启动、不会开展的难题。接下来，深圳市检察院还要会同

---

① 陈瑞华：《企业合规不起诉的八大争议问题》，载《中国法律评论》2021年第4期。

各有关单位进一步细化、完善第三方监督评估机制管委会、第三方机制和第三方组织的相关规定，尽快完成第三方监控人名录库的选任和管理工作，使得今后工作开展有章可循。

（六）赋予检察建议刚性

检察建议一贯属于"柔性监督"。但在试点过程中，我们欣喜地看到，浙江等地已经通过在检察建议中增设整改期限、不利后果等内容，赋予检察建议一定的制度刚性。实践中，我们还可进一步采取事后回访考察等方式，增强检察建议对涉案企业的约束力，使检察建议的价值功能得到最大发挥。

（七）引入检察听证

检察听证是新时代检察机关主动转变司法办案理念、改进办案方式、广泛听取意见、接受外部监督的一项制度创新。试点过程中，为防止"外行验收内行"的情形发生，深圳检察机关打出"检察听证＋合规建设"的组合拳，通过向专家外脑借智借力，以确保合规验收环节的质效，取得了非常好的办案效果和社会效果。今后，我们要继续用好检察听证制度，必要时还可将听证程序前置到合规计划确认环节，以保障企业合规工作办优、做实。

（八）善用激励机制

合规建设作为一项系统工程，离不开各方的积极参与，需要调动涉案企业、第三方监控人和广大办案检察官的合规积极性。对涉案企业来说，争取早日将合规情况作为量刑从宽情节和适用不起诉的"出罪"依据，实现合规激励效应。对第三方监控人而言，则可通过尊重合规整改费用的市场化属性和荣誉激励等手段，促使第三方勤勉尽职履职。对办案检察官而言，不妨考虑将合规案件办理纳入检察官业绩考评体系，以此激发检察官推动企业合规改革的内生动力。

（九）建立容错机制

"经验表明，唯有给予各地检察机关更多、更长和更为从容的改革空间，合规不起诉制度的改革探索才能真正发挥试错功能，使得不合理的制度设计受到自然淘汰，使那些真正富有生命力的制度脱颖而出，并逐渐被上升为正式的法律制度。这其实是一种重要的'法律发现'过程，有助于改革者发现一种适合中国国情的企业合规不起诉制度。"[1] 试点工作中，我们应建立容错机制，鼓励各单位、各部门在改革探索中寻求依法有序与敢闯敢试的"最大公约数"。

（十）引导事前合规

"犯罪治理的理想状态是在犯罪发生之前，刑法和刑罚就能显著地发生作用，切实预防犯罪的发生。"[2] 深圳市检察机关可依托"企业合规讲师团"的平台，通过改革实际成效和典型案例宣讲等活动，对全市企业进行合规宣讲，大力开展企业事前合规，全面提升企业合规意识。

正如习近平总书记所说，越是伟大的事业，越是充满挑战，越需要知重负重。任何一项改革都是对既有法律秩序的颠覆，也会带来司法理念的重大革新。在亲历两期试点工作的过程中，问题层出不穷，有理论准备的不足，也有法律依据的阙如，更有实务操作的困惑。但这在任何一个制度孕育、试行初期都是正常的现象，正是在一个又一个矛盾的消解过程中、在反复的探讨与论证过程中、在不同观点的博弈过程中，该制度的价值与生命力才得以最大化彰显。

---

[1] 陈瑞华：《企业合规不起诉的八大争议问题》，载《中国法律评论》2021年第4期。
[2] 石磊：《刑事合规：最优企业犯罪预防方法》，载《检察日报》2019年1月26日，第3版。

涉民企犯罪审前羁押制度的反思与重构

——以涉案企业合规为切入

刘 倩 胡聿琦[*]

摘 要 民营经济平等保护问题在刑事司法领域的表现之一就是涉民企犯罪案件审前羁押的适用问题，"少捕""慎押"等慎重适用羁押性强制措施是处理该问题的基本司法理念。近年来随着企业涉案企业合规理论的引入和兴起，如何将涉案企业合规切入涉民企犯罪案件审前羁押的适用，成为理论和实务界高度关注的问题。本文以深圳市宝安区人民检察院的办案数据和涉案企业合规试点工作为分析基础，发现问题、分析原因、探索路径。

关键词 民营经济 审前羁押 涉案企业合规

民营经济是我国经济的重要组成部分，支持民营经济发展是党中央的一贯方针，必须"毫不动摇鼓励、支持、引导非公有制经济发展"。为加强对民营企业的刑事司法保护，着力为民营经济发展贡献检察力量，最高人民检察院先后出台了《关于充分履行检察职能加强产权司法保护的意见》《关于充分发挥检察职能服务保障"六稳""六保"的意见》等文件，明确了"慎重使用逮捕等强制性措施"等刑事司法理念，从而明确了检察机关对涉企业犯罪案件审前羁押的慎重态度。审前羁押因涉及对公民人身自由这一基本人权的

---

[*] 刘倩，广东省深圳市人民检察院第九检察部（筹）一级检察官；胡聿琦，广东省深圳市宝安区人民检察院四级主任科员。

暂时剥夺，历来为国内外刑事司法所广泛关注。涉民企犯罪审前羁押又关系到可能影响企业正常生产经营的问题，因此具有一定特殊性。随着近年来企业合规问题开始获得理论界和实务界的关注和讨论，如何将涉案企业合规切入涉民企犯罪审前羁押问题，成为当前司法活动中亟须厘清的理论和实务问题。

一、问题提出——涉民企犯罪审前羁押的实践问题

我国刑法中涉及单位犯罪的罪名占刑法罪名总数的 40% 以上。司法实践中涉民企犯罪多集中在涉税类犯罪、重大责任事故罪、知识产权犯罪、合同诈骗罪等罪名。涉民企犯罪审前羁押问题，既具有普通犯罪审前羁押的共性，也具有其特殊性。

（一）普遍性问题

在普遍性问题方面，综合全国检察机关的办案数据，可以看出刑事案件的审前羁押问题主要集中在：逮捕率和审前羁押率持续下降但仍然较高；逮捕后相对不诉率较高；逮捕后判处轻缓刑比率过高；逮捕后变更非羁押强制措施率较低。

（二）特殊性问题

涉民企犯罪案件在审前羁押方面除了具有一般犯罪案件审前羁押的普遍性问题，还具有其特殊性，主要表现在以下方面：

1. 企业经营倚重于涉案责任人

涉民企犯罪案件的犯罪嫌疑人或被告人多为涉案企业的经营管理人员或者实际控制人，对该类人员采取羁押性强制措施，往往会很大程度上影响到企业的正常生产经营，尤其对于中小民营企业是一个严峻的挑战。我国现行法律没有对托管制度作出规定，当企业因涉及刑事犯罪而面临重大经营困难时，无法通过委托其他企业或者委派职业经理人对涉案企业进行管理，导致涉案企业缺乏外部救济机制。

2. 认定单位犯罪案件较少

关于企业犯罪责任范围，我国刑法理论与实践的通说采取的是企业决策责任论，认为只有企业员工按照企业决策实施的犯罪才能够由企业承担刑事责任。[①] 然而该理论导致企业承担刑事责任的范围过窄，有学者称"其本质上与单位犯罪否定论也相差无几"[②]。因此在司法实务中，审查逮捕阶段认定单位犯罪的案件较少。以宝安区人民检察院（以下简称宝安区院）2019—2021年虚开增值税专用发票犯罪案件为例，在审查办理的共计66件案件中，仅5件认定为单位犯罪，占比仅为7.6%。传统办案理念往往重惩罚企业直接责任人，而轻追诉涉案企业，侦查机关主动认定企业涉嫌单位犯罪的情况较少，检察人员主动追加单位犯罪的情况也不多，导致司法实践中单位犯罪案件较少。无法认定单位犯罪，就无法通过适用强制措施的激励机制推动企业实施合规计划，从而改善公司治理结构。

二、原因分析——司法实务中高羁押率的成因

司法实务中普遍存在的高审前羁押率主要源于以下因素：

（一）陈旧司法观念带来"以捕代罚"等功能异化

传统思维定式往往将犯罪嫌疑人当作犯罪分子，将逮捕视为惩罚措施，以批准逮捕来证明打击犯罪的力度，不批准逮捕则是放纵犯罪、打击不力。此观念使得逮捕的适用异化为定罪的前奏，逮捕所引发的审前羁押异化为刑罚的预支。除了"以捕代罚"外，逮捕功能的异化还体现在"以捕代侦"、震慑犯罪、促进刑事和解等方面。在涉民企犯罪案件办理中，如果缺乏服务大局的司法理念，不加区别地"一捕了之"，就背离了服务保障经济社会发展的检察职能。

---

① 参见欧阳本祺：《我国建立企业犯罪附条件不起诉制度的探讨》，载《中国刑事法杂志》2020年第3期。

② 黎宏：《组织体刑事责任论及其应用》，载《法学研究》2020年第2期。

（二）捕后羁押必要性审查形式化引发"捕难变更"

虽然刑事诉讼法规定了取保候审、监视居住等逮捕的替代性措施，但在实践中监视居住很少适用，取保候审又存在脱逃风险，因此逮捕成为司法机关的常用强制措施。为了减少"构罪即捕""一捕了之"的情况，2012年刑事诉讼法的修改赋予了检察机关捕后羁押必要性审查和监督职能，但是实践中该项职能的行使效果并未达到预期，往往流于形式，从而导致"捕难变更"。

（三）暂住人口较多致使"构罪即捕"

随着我国经济的高速发展，经济较为发达地区人口流动性大，暂住人口占比甚至超过了常住户籍人口，增加了采取取保候审强制措施的诉讼风险。

以深圳市宝安区为例，宝安区实有管理人口573万余人，户籍人口仅68万余人。暂住人口过多，说明人口流动性大，适用取保候审强制措施风险较高。此外，暂住人口多为来深务工者，其自身的知识水平和知识结构致使其对法律知识不甚了解，不熟悉刑事诉讼程序，很容易形成取保候审的"无意识脱逃"情形。近年来，受宝安区刑事案件犯罪嫌疑人户籍比例因素影响，被审前羁押的犯罪嫌疑人、被告人中暂住人口比例高达96%以上。

基于上述因素，司法实践中，检察机关在审查逮捕时，考虑到诉讼风险的问题，对于暂住人口往往"构罪即捕"。

三、制度重构——构建涉民企犯罪非羁押诉讼模式的再思考

"一人羁于囚，十人奔于途，百人忧于心。"审前羁押制度不仅关系到被羁押人的个体权益，同时也涉及被羁押人的亲属、辩护人、所在组织等，对于涉民企犯罪而言还关系到涉案企业的存亡。在涉民企案件的司法实务中，探索符合司法需求的非羁押诉讼模式，重构我国审前羁押制度的格局定位，可以从以下方面探索解决路径。

(一) 重塑谦抑慎刑司法理念

针对司法实践中存在的固化思维,需要树立谦抑慎刑理念。谦抑慎刑理念意味着司法工作者在审查羁押必要性时,应当保持谦抑、克制,慎用羁押强制措施,应当根据案件性质、社会危险性等不同情况,将审前羁押适用在"应当羁押""迫不得已"等情况下,在取得同等法律效果和社会效果的情况下,"可捕可不捕的不捕",尽量选择非羁押强制措施。

最高人民检察院《关于充分履行检察职能加强产权司法保护的意见》规定:"对于涉嫌犯罪的各类产权主体主动配合调查,认罪态度好,犯罪情节较轻,且没有社会危险性的,一律不采取拘留、逮捕、指定居所监视居住等强制措施。"最高人民检察院《关于充分发挥检察职能服务保障"六稳""六保"的意见》中明确了落实"少捕""少押"的司法理念,充分体现了检察机关慎重采取羁押性强制措施的理念。

(二) 推动企业刑事责任理论发展

认定单位犯罪是涉案企业合规得以实行的前提,鉴于我国单位犯罪刑事责任范围过度狭窄,有学者提出企业犯罪刑事责任的"组织体刑事责任论",企业承担刑事责任的根据不再是企业员工的犯罪行为,而是单位的结构、制度、宗旨、单位高级管理人员的决定乃至单位的政策等客观因素,企业与企业员工之间可以构成共同犯罪。[1] 据此,企业承担刑事责任的根据不是企业领导的错误决策,而是企业组织体本身的缺陷。组织体责任论能够促使企业采用有效的合规计划,健全企业管理结构,提升企业文化,最终达到预防企业犯罪的目的。[2]

扩张企业犯罪的刑事责任不应从"狂热追诉"的角度理解为要多追究企业的刑事犯罪,而应当理解为这是企业犯罪刑事责任理论的发展需要,也是

---

[1] 参见黎宏:《组织体刑事责任论及其应用》,载《法学研究》2020年第2期。
[2] 参见欧阳本祺:《我国建立企业犯罪附条件不起诉制度的探讨》,载《中国刑事法杂志》2020年第3期。

推动企业治理能力优化升级的实践需要。随着由"企业决策责任论"到"企业组织体责任论"的转变,企业犯罪的刑事责任一定程度地扩张,涉案企业合规是判断是否追究企业刑事责任的根据,监督企业实施有效合规计划,最终目的在于推动改善企业组织体结构,预防企业犯罪,从而更好地服务保障企业长远发展。

(三) 明确企业合规的刑事激励机制

自20世纪90年代美国率先引入企业合规机制以来,合规计划就不单纯属于公司治理的一种方式,而更属于一种刑法激励机制。[①] 由于西方国家尤其是英美法系存在宪法性权利的保释制度,因此在强制措施方面对企业合规的激励作用不明显。我国的审前羁押率普遍偏高,取保候审的适用率较低,因此存在人身强制措施对涉案企业合规激励的较大空间。在我国以企业合规或以企业合规达成和解为前提条件降低强制性措施的适用对企业和企业负责人均具有很大的激励作用。[②]

《刑事诉讼法》第81条将"认罪认罚"的情况作为是否可能发生社会危险性的考虑因素之一,条件成熟时应当考虑将企业合规作为审查逮捕时应当考虑的因素及其具体优惠,如果涉案企业采取了有效的合规措施,可以对企业涉案人员采取非羁押强制措施。也有质疑的声音认为民营企业、民营企业家犯罪为何可以获得比普通人犯罪更为优越的待遇,会不会出现民营企业刑事司法平等保护的异化问题。应当认为,如果涉案企业已经采取或者计划采取合规措施可以保障刑事诉讼顺利进行,说明其不具有社会危险性,就不需要采取羁押性强制措施;民营企业犯罪与普通犯罪不同的是,企业承担着一定的社会责任,根据罪刑法定原则和适用刑法人人平等原则,企业犯罪当然应当承担相应的刑事责任,但对企业进行惩罚不是目的,通过刑罚的特殊预防功能,促使企业合法规范经营,承担起应有的社会责任才是最终目的。[③]

[①] 参见陈瑞华:《企业合规基本理论》,法律出版社2020年版,第17页。
[②] 参见李玉华:《我国企业合规的刑事诉讼激励》,载《比较法研究》2020年第1期。
[③] 参见李玉华:《我国企业合规的刑事诉讼激励》,载《比较法研究》2020年第1期。

涉案企业合规改革试点工作开展以来，宝安区院作为首批全国六家试点检察院之一，适用企业合规程序办理了一批涉民企犯罪的虚开增值税专用发票案、重大责任事故案、假冒注册商标案等案件，对涉案犯罪嫌疑人均适用取保候审非羁押强制措施，以此激励涉案企业积极开展涉案企业合规计划。在一宗企业虚开增值税专用发票的试点案件中，涉案企业承诺针对涉案风险点开展企业合规整改，制定并积极执行合规整改计划，由独立监控人针对执行情况进行监督考察，为检察机关作出处理决定提供参考。最终涉案企业合规整改合格，宝安区院依法对涉案企业及责任人作不起诉处理。

（四）优化绩效考核与办案指引

在"侦查中心主义"的背景下，"批捕率"是公安机关绩效考核的重要指标，检察机关作为侦查阶段审查逮捕案件的办案机关，难免会受到侦查机关传导的考核压力，增加了审前非羁押化的难度。因此，在"以审判为中心"的背景下，科学合理地完善检察官业绩考评机制对于促进检察监督能力现代化、落实司法责任制和员额制改革、推进国家治理体系和治理能力现代化具有重要意义。

完善检察官业绩考评机制是检察机关落实党的十九届四中全会精神的一项重点工作，根据最高人民检察院的要求，应建立以办案质量、效率和效果为基本内容的业绩评价指标体系和考评机制，促进每一名检察官把服务大局、司法为民的政治要求转化为办案的自觉追求。实践中，可以采取量化打分的方式，设置正向和负向评价指标，在审前羁押检察业务方面，将"涉民营企业平等保护不捕案件""涉企业涉案企业合规不捕案件"等相关事项列为业绩考评加分项，将"审核、决定案件结论错误、明显不当"等指标列为扣分项，提高检察人员科学合理降低审前羁押率的自觉性和主动性。

改革指标考核体系只是解决了"应该怎样"的问题，研究制定类案不捕指引才能解决"怎么做"的问题。为了更好地规范审前羁押必要性审查司法行为，统一司法办案标准，将审前羁押率调试到合理水平，需要制定类案不捕指引，明确规定"可捕可不捕的不捕"等政策原则，细化社会危险性、羁押必要性以及捕后羁押必要性的实务内容，同时以刑法分则的章节、重要或常见罪名为单位,进一步细化不同类型罪名的具体审查内容,必要时通过发布典型案例来指导司法实践。

(五)探索羁押必要性公开听证程序

《人民检察院刑事诉讼规则》第281条规定,对于有重大影响的案件,可以采取当面听取侦查人员、犯罪嫌疑人及其辩护人等意见的方式进行羁押必要性的公开审查。2021年8月17日,最高人民检察院印发《人民检察院羁押听证办法》,规定了人民检察院办理审查逮捕、审查延长侦查羁押期限、羁押必要性审查案件,以组织召开听证会的形式,就是否决定逮捕、是否批准延长侦查羁押期限、是否继续羁押听取各方意见。

实践中,通过羁押必要性公开听证,当面听取犯罪嫌疑人及其家属、辩护律师、侦查人员、被害人、人大代表、人民监督员、特约检察员等各方听证参与人意见的方式,综合考量犯罪嫌疑人的羁押必要性,确保审查逮捕、审查延长侦查羁押期限、羁押必要性审查的司法属性。

(六)借力科技刷新释放监管机制

只有有效控制审前释放的诉讼风险,保证诉讼程序顺利进行,才能消除审前非羁押化的后顾之忧。随着时代的发展,高新科技也被应用到刑事司法领域,通过电子监控系统实现对被取保候审、监视居住犯罪嫌疑人、被告人的实时监控,科技手段成为有效控制审前非羁押风险的方式之一。电子脚镣或电子跟踪仪已经被很多国家的法律所确认。如荷兰、葡萄牙、罗马尼亚、法国、德国、爱尔兰等国家都将佩戴电子跟踪仪作为羁押性强制措施的替代措施使用。[1]

借力高新技术手段实现电子监控是国际刑事司法领域的发展趋势,2019年9月,宝安区院率先在深圳市检察系统投入使用"非羁押人员动态监管系统",对非羁押人员佩戴"电子手表",通过GPS与北斗定位,实现对非羁押人员实时监控,以控制非羁押强制措施的风险,确保刑事诉讼程序顺利进行。

---

[1] 参见蓝向东:《我国审前羁押制度问题研究》,人民法院出版社2015年版,第265页。

"互联网+信息化+检察"的工作模式,通过引入科技手段加强对非羁押人员监管,从而减少检察官对适用非羁押强制措施的顾虑,对于降低审前羁押率,推进司法文明建设提供了助力。

  涉民企审前羁押问题不仅关系到民营经济的刑事司法保护,关系到发挥检察职能服务保障"六稳""六保",还关系到企业合规制度构建以及国际司法文明的发展趋势问题,是具有时代必然性的理论和实践问题。在适用企业合规程序的涉民企案件的办理过程中,检察机关充分能动履职,最终是为了预防企业再次犯罪,从而更好地服务保障企业长远发展。

论涉案企业合规中检察机关的主导作用

向心悦[*]

摘　要　本文在以合作性司法理念为基础的刑事司法制度大背景下，分析检察机关不断转变检察职能，积极参与社会综合治理，探索开展涉案企业合规的法律基础，并结合域外检察官裁量权与限制，以及国内在开展涉案企业合规中出现的问题，强调发挥检察主导作用的重要性，提出发挥检察职能推动涉案企业合规制度构建的建议。

关键词　涉案企业合规　企业合规　合规计划　检察职能　检察主导

随着世界经济全球化进程不断加快，企业合规已经成为大型跨国企业核心竞争力的赛道之一。对于新时代检察机关而言，如何深刻理解把握新时代刑事司法政策，保障督促企业完善合规建设，从而发挥检察权在国家治理体系和治理能力现代化中的作用，值得研究探索。

一、涉案企业合规改革的合作司法理念

企业涉案企业合规的理念基础分为两个层次：一是实体法的积极一般预防理论，主要是因为现代风险刑法旨在提前预防并避免刑事违法和刑事责任，

---

[*] 广东省深圳市福田区人民检察院第三检察部副主任，一级检察官。

属于刑罚理论的范畴;① 二是程序法的合作性司法理念，其主要源于恢复性司法运动。

（一）恢复性司法运动

传统的刑事诉讼理论建立在国家追诉主义基础之上，强调国家对犯罪者的有效治罪和刑罚权的统一行使，将国家公诉机构与被告人置于完全对立的地位，要求法院作为"中立的裁判者"，在控辩双方之间维持公正的审判和公平。传统刑事司法模式是国家垄断的刑罚与犯罪行为的二元对立模式。随着刑罚理念逐渐从报应性正义向恢复性正义转变，刑事司法具有了更为显著的协商性特征，即将犯罪看作一种社会疾病，由司法机关、涉罪方、受害方等共同协商出合理的治疗和恢复方案。西方国家20世纪70年代兴起的"恢复性司法"运动，着眼于修复因犯罪行为而遭受破坏的社会关系，国家对被害人与被告人之间的谅解、合作予以认可和鼓励，这种认可和鼓励直接体现为刑罚上的从宽。所谓恢复性司法理念，概指刑事制裁不止是惩罚犯罪，还需尊重和保护被害人利益、公共利益，通过各种方式弥补受损的被害人权益，由此恢复被犯罪行为破坏的社会关系。该司法理念是与对抗性司法理念相对应的一种司法理念形态，通常在辩方自愿作出有罪供述的前提下，追诉机构一般会采取诸如终止刑事追诉、运用轻缓追诉措施或者请求法院判处轻刑等带有某种激励性的举措。②

（二）刑事和解制度改革

刑事和解在西方被称为"加害人与被害人的和解"，伴随恢复性司法兴起而产生，是西方三十多年来刑事司法领域的一种改革尝试。有学者认为刑事和解最早产生于我国，源于中国博大精深的和合思想。刑事和解一改传统刑事司法中强调国家对犯罪人行使刑罚来对犯罪人进行矫正的刑事司法理论，

---

① 参见孙国祥：《刑事合规的理念、机能和中国的构建》，载《中国刑事法杂志》2019年第2期。

② 参见陈瑞华：《司法过程中的对抗与合作——一种新的刑事诉讼模式理论》，载《法学研究》2007年第3期。

主张对受害人权利的关注，为刑事司法的理论研究和实践注入了一种全新的理念。通过主动与受害人进行沟通，加害人以向受害人赔礼道歉、赔偿损失等方式赢得受害人的谅解，达成刑事和解协议并予以认真履行。我国在2001年开始试点刑事和解，2012年刑事诉讼法修改时正式立法，是一种全新的合作刑事司法模式。

与刑事和解相似的是刑事协商程序，受英美法系辩诉交易的影响，大陆法系国家相继推出认罪协商程序，被告人认罪以获得从宽处罚的处遇。

(三) 国家监管责任的转移

国家有义务治理公司犯罪，塑造健康的市场秩序。但单一的政府规制，产生了规制效率低下等系列问题，距离犯罪较远、治理能力的专业化限制等因素决定了单一的国家规制难以有效治理企业犯罪。加上公司制度逐渐被强化，公司的自我管理理念得到越来越多的重视。一些国家开始将一部分的司法监管责任转移给企业。因此，国家与企业的合作治理也是必然选择。[1] 这种合作型刑事司法模式已成为一种世界性潮流。

涉案企业合规中，合规承诺、合规计划是合作型司法模式变化中的一环，通过企业的自我管理来代为履行国家的犯罪预防职责，配合国家的司法调查，获得从宽处罚的处遇，与认罪认罚一样也是一种合作模式。这种面向未来的合作整改方案实际上赋予了涉案企业更多的预防犯罪义务，承担了部分国家责任，刑法模式由"对抗模式"走向"合作模式"。[2]

二、域外企业合规中检察职能

随着对抗型司法模式逐渐向合作型司法模式转变，域外检察官在参与企业合规时职权由传统的公诉和侦查向参与社会综合治理发展扩大。检察官职

---

[1] 参见高秦伟：《社会自我规制与行政法的任务》，载《中国法学》2015年第5期。
[2] 参见[德]托马斯·罗什：《合规与刑法：问题、内涵与展望——对所谓的"刑事合规"理论的介绍》，李本灿译，载《刑法论丛》2016年第4卷。

权的转变也促进合作型司法模式向纵深发展。

以检察权受到限制多少为标准分为两种情形：第一种，检察官享有极大的裁量权，基本上不受其他因素的拘束，以美国为典型。是否对涉嫌犯罪的企业适用暂缓起诉协议或者不起诉协议，完全由联邦检察官自行决定，而法官对暂缓起诉协议的审查批准，经常是形式上的，不具有实质性的意义。[①] 在美国，暂缓起诉协议（DPA）和不起诉协议（NPA）制度的推行，改变了检察官的传统角色，促使其从事后追求刑事处罚转化为督促涉案企业遵守法律法规。通过协议设立一定的考验期，如果考验期内企业能够完成协议约定的支付罚款、构建或完善合规计划、定期向协议履行监管者报告等义务，则检察机关将放弃后续的追诉程序，企业实现出罪。联邦检察官的权力包括但不限于通过企业合规协议促使企业建立或者完善团队，推动公司治理的变革，包括解散董事会、撤销管理团队、督促企业发布商业行为准则、派驻独立的合规监督官甚至一个合规团队。检察官主导决定案件处理方式、协议条款，尤其是认罪答辩者的履行义务、履行期限等内容，以及主导决定认罪答辩者的履行情况是否符合法定标准（比如有效性、合法性），在约定期限结束后，通过评估审查确定审前分流（不起诉、暂缓起诉）抑或刑罚减轻。[②] 检察官在考量合规计划有效性、决定处罚方式和处罚内容方面获得广泛的裁量权力，并在合规计划中发挥主导作用。但是美国检察官权力集中，整个暂缓起诉缺乏有效的监督。有观点认为造成的后果是检察官权力被滥用，多宗暂缓起诉的案件处罚严重不均，甚至出现"too big to jail"的潜规则。[③]

第二种，检察官虽然享有一定裁量权，但是实施的行为需要经过法院的审查。以英国、法国为例。英国的暂缓起诉协议（DPA）的显著特征是司法双重审查。法官审理起到了重要作用。法官可以审核协议的启动谈判、谈判结果初步同意、最终公开、协议违反判定、协议到期的终止或延期以及协议条款等具体事项，法官认为暂缓起诉协议（DPA）不符合司法利益时，法官

---

① 参见陈瑞华：《美国暂缓起诉协议制度与刑事合规》，载《中国律师》2019年第4期。
② 参见陈瑞华：《美国暂缓起诉协议制度与刑事合规》，载《中国律师》2019年第4期。
③ 参见杨帆：《企业合规中附条件不起诉立法研究》，载《中国刑事法杂志》2020年第3期。

有权审核不通过协议。按照英国的法律规定,在暂缓起诉协议(DPA)履行全程,司法机关承担实质监督的职责。① 值得借鉴的是,英国《DPA检察官守则》督促检察官保障公共利益,确认了求刑权本体及其价值追求,即检察官享有充足的、实体的起诉裁量权,同时检察官应当衡量公共利益,确定案件要素是否达到起诉或不起诉的标准,决定诉与不诉、诉的具体方式等问题。② 2007年全球金融危机时期,加拿大、新加坡、法国等国引入涉罪企业签署暂缓起诉协议或不起诉协议。不过,这些国家只选择引入暂缓起诉协议,排除不起诉协议,并要求法院对暂缓起诉协议的应用进行实质性司法审查,以避免检察机关在处理企业犯罪案件上过大的裁量权,从而更加符合这些国家的司法传统。加拿大的暂缓起诉强调法官对协议内容的司法审查;澳大利亚的暂缓起诉强调公众的监督;新加坡则重视暂缓起诉协议必须符合公平公正的原则,整个协议履行过程必须要得到新加坡高等法院持续不断的动态监督。③ 在这些国家,检察官虽然享有一定裁量权,但其实施的若干行为需要经过法官的核实确认。

目前来看,多数国家只是采纳合规计划的精神内核,拒绝允许检察官享有较大的裁断权。实际上,提升企业暂缓起诉决定的司法审查强度,正逐渐成为一个普遍趋势。④

三、涉案企业合规改革中检察职能的发挥及其不足

(一)涉案企业合规改革中检察机关主导作用的法律基础

我国涉案企业合规中的检察职能,指检察机关对于办理的涉企刑事案件,

---

① 参见杨宇冠、张沈锲:《英国DPA在处理公司刑事合规案件中的适用及借鉴》,载《经贸法律评论》2021年第2期。
② 参见徐鹤喃:《英国皇家检控准则评介——兼谈中国刑事公诉政策的制定》,载《中国法学》2001年第6期。
③ 参见陈瑞华:《企业合规制度的三个维度——比较法视野下的分析》,载《比较法研究》2019年第3期。
④ 参见赵恒:《认罪答辩视域下的刑事合规计划》,载《法学论坛》2020年第4期。

在依法作出不批准逮捕、不起诉决定或者根据认罪认罚从宽制度提出轻缓量刑建议的同时，针对企业涉嫌具体犯罪，结合办案实际，督促涉案企业作出合规承诺并积极整改落实，促进企业合规守法经营的检查、评估、考察、监督等权利，以及依法作出是否批准逮捕、是否起诉、采用何种强制措施等职权。该职能包括联合其他行政机关、行业组织制定合规指引和标准，规范第三方监管机制，决定企业是否启动刑事合规程序，采取何种模式实现企业合规，对企业自查报告、合规计划等报告的审查。其属于检察机关自由裁量权。

首先，宪法赋予检察机关的法律监督职能为其完成刑事合规提供了法理依据。其次，合规计划的引入将会使检察机关预防企业犯罪职能和功效实现"升级换代"，不仅是对涉罪企业的特殊预防，更重要的意义在于对非涉罪企业的积极的一般预防，推动企业治理结构和企业文化的转型升级。刑事合规是一种全新的预防企业犯罪模式，也是最优企业犯罪预防方法。① 最后，认罪认罚制度的供给。启动刑事合规的不诉或者附条件不诉试点，都以涉案企业的积极自愿和或认罪认罚为前提。以合规为核心的企业认罪认罚从宽制度有利于企业改过自新，合规经营，更好地承担社会责任。同时，认罪认罚案件中检察机关具有主导地位，具体包括主动开展认罪认罚教育、积极开展与辩护人及犯罪嫌疑人量刑协商、与被害人量刑沟通、向法官提出量刑建议，视情形对案件进行程序分流把关。

因此，法律监督职责和认罪认罚制度为检察官的主导作用提供法律理论基础。这是刑事诉讼活动中合作型司法模式的基本特征，由检察官主导协商结果、确定程序类型、提交刑罚建议，不仅有利于通过刑罚激励机制推动司法资源的合理配置，而且有利于通过适度妥协实现各方利益的最大化。②

（二）我国刑事合规中检察职能的探索实践

2020年3月，最高人民检察院启动涉案企业合规改革试点工作，履行民

---

① 参见石磊：《刑事合规：最优企业犯罪预防方法》，载《检察日报》2019年1月26日，第3版。

② 参见陈瑞华：《刑事诉讼的公力合作模式——量刑协商制度在中国的兴起》，载《法学论坛》2019年第4期。

营企业"老娘舅"严管厚爱的责任。2020年12月，最高人民检察院强调要严格依法推进试点，要落实好认罪认罚从宽制度，对于不捕、不诉的企业，可以敦促其作出合规承诺，要把合规承诺与"挂案"清理工作结合起来，给涉案企业一个明确的整改方向，刑事处罚和行政处罚要衔接好，督促涉案企业把合规承诺落实到位。2021年6月，最高人民检察院等九部委印发《关于建立涉案企业合规第三方监督评估机制的指导意见（试行）》（以下简称九部委《指导意见》），标志着在依法推进企业合规改革试点工作中建立"检察主导、各方参与、客观中立、强化监督"的第三方监督评估机制自此有了"国家队"。

综观试点改革，各有特色。一种是检察官监督考察模式。检察机关可以自行考察、评估、检查和验收涉案企业合规情况。这种适合企业经营范围单一、企业架构简单、案情不复杂的企业合规。另一种是启动第三方监管，进而视情作出不起诉处理或提起公诉。大部分典型案例均设立第三方监管。但是这些制度和模式的设计，有的存在以下问题：

1. 检察机关主导地位不明确

九部委《指导意见》明确，第三方监督评估机制管理委员会（以下简称第三方机制管委会）选任组成的第三方组织，对涉案企业的合规承诺进行调查、评估、监督和考察。考察结果作为人民检察院依法处理案件的重要参考。第三方组织要求涉案企业提交合规计划；组织企业合规计划的可行性、有效性与全面性进行审查，提出修改完善的意见建议，确定合规考察期限。检察机关的主要职责，除了办理案件中的职责，还包括对第三方组织组成人员名单进行备案审查，对涉案企业合规计划、定期书面报告进行审查，向第三方组织提出意见建议；依法办理参与人员的申诉、控告或者有关申请、要求等。

企业合规不是检察机关一家职责所在，需要社会参与，企业管理相关的组织如国资委、工商联、企业行业协会等都有推动参与企业合规的使命。同时，企业合规的生动实践尤其需要强有力的监督执行。第三方机制保持检察机关的中立性、公正性、廉洁性和权威性，为检察机关设置了"防火墙"。另外，域外对刑事合规审查注重司法审查，由法院对检察权进行限制；而我国是通过第三方机制对刑事合规进行审查，由第三方机制的权力对检察权予以限制。域外检察官可以与企业达成和解，罚款，进驻企业，解散董事会，指派合规监督员。而第三方机制下，由第三方机制管委会决定第三方组织，检察机关只进行备案审查，同时不对合规计划进行调查、考察，而是委托第三方组织调查、考察，仅审查第三方组织书面提交的合规计划、定期报告、考察报告；但是检察机关可以发出检察意见给行政机关要求其行政处罚。

笔者认为，上述机制没有明确检察机关的主导地位以下问题。第三方组织是在第三方机制管委会管理下成立的临时性组织，而非固定的法人（如律师事务所、会计师事务所、合规事务所）。虽然管委会规定了如何对第三方组织及名录库专业人员考核和管理，但是第三方组织人员的组织、互相协助、由谁指挥以及薪酬都没有明确；工商联是一个行业组织，对这些人员的管理性没有强制力，全靠自我约束，管理形式自由松散。如何能在刑事诉讼有限法定期限短时间内，形成合力推进企业合规，值得各地方在实施细则中研究思考。

首先，第三方组织开展合规需要检察机关司法强制力的威慑。实践中，涉案企业即使私下不配合企业合规中的尽调或者怠慢第三方组织调取资料，考察场地，信息通报、披露等，第三方组织出于报酬的考虑（如果是由涉案企业支付报酬，第三方组织成员如何保证客观、中立立场也值得思考），也不会轻易对合规考察给予不通过的评价。毕竟，第三方组织成员跟涉案企业的工作联系更紧密，以后可能成为第三方组织成员合作对象。所以，需要检察官出面干预、责令涉案企业按照要求配合，提供所需材料，尽快加以整改。

其次，合规计划时间表的执行，需要检察机关指引、督促、鞭策。考察期一般为6个月或者1年，每个阶段完成情况如何，是否需要进行下一阶段，是否需要进行涉案企业下一个项目的合规，需要由检察机关指挥进度和节奏，保证合规计划按时保质完成。

最后，检察机关发挥主导作用和第三方组织可以互相监督。第三方组织设立的目的之一是以其专业性为检察机关提供智力支持。检察机关统筹、协调合规的进展，可以避免企业"虚假合规"。同时，第三方组织的存在保证了检察官在主导地位中的廉洁性和中立性。因此，双方有互相监督的效果。

如前所述，为了避免合规"走过场""纸面合规"，检察机关不能完全把合规计划的调查、考察都交给第三方组织，合规计划的调查、考察需要检察机关，检察机关应当有责任担当。

2. 检察机关过度干预涉案企业自治

企业合规由检察机关发挥主导作用，但是并不意味着检察机关要大包大揽，过度干预企业正常生产经营、企业管理决策等。合规建设本质上仍然属于企业的内部治理活动，而不是检察机关等执法司法机关直接参与。主导作用和过度干预之间，问题就在于如何把握这个度。探索刑事合规好比是"摸着石头过河"，对于有的小微企业，没有合规必要性。因为人员结构简单，经营模式单一，如果启动合规程序，进行包括自查报告、合规计划、合规考察验收等环节，需要大量人力物力，反而影响了企业正常经营。检察机关决定独立监控人，在没有其他行政机关、行业组织参与的情况下，廉政存在风险。另外，企业是否有真实的合规意愿，也需要认真审查和考察。有的企业经营管理混乱，股东之间有很多矛盾，进行合规如同犯罪嫌疑人表达认罪认罚一样，要出于自愿，先要由企业自己理顺思路，才能保障后续合规工作推进不受障碍。检企双方只有各守边界、各尽己责，在"亲清"这一坐标轴的指引下，才能推动涉案企业合规探索行稳致远。

3. 涉案企业合规行政化的问题

依赖行政机关，未充分发挥检察职责。比如某省人民检察院与市场监督管理局、地方金融监管局、生态环境厅、自然资源厅、税务局、海关等十余家行政监管机关联合制定了《关于建立涉罪企业合规考察制度的意见》，该文件规定由检察机关就涉罪企业在合规建设中存在的问题，与行政监管机关进行会商，由行政监管机关向检察机关提出考察建议。根据执行合规计划对专业能力的要求，在合规考察期内，涉罪企业应当聘请律师、会计师、税务师等专业人员参与合规计划的执行与评估。检察机关可以委托政府行政部门担任考察机关，考察机关根据考察情况，向检察机关出具涉案企业合规考察评估报告，并提出是否提起公诉的意见，检察机关将此作为决定是否提起公诉的参考。笔者认为，该模式的优势在于行政机关更了解行业监管和企业内部情况，具有天然优势地位。但是行政机关只是对行政执法领域熟悉，在发现预防犯罪、堵塞涉及刑法领域的管理制度漏洞这方面没有优势，因此其对涉案企业合规考察评价不能满足刑事合规要求，这种做法实际上是让行政机关代替检察机关对是否达到合规计划、合规目的审查，行政执法和企业刑事合规不分。而且行政机关的日常工作繁多，合规工作牵涉方方面面，需要大量时间和人力，行政人员参与合规推进还会产生部门之间推诿、效率低下、积极性不高等问题。

四、以检察机关主导作用保障涉案企业合规规范运行

就涉案企业合规而言，由检察官主导协商结果、确定程序类型、提交刑罚建议，不仅有利于通过刑罚激励机制推动司法资源的合理配置，而且有利于通过适度妥协实现各方利益的最大化。① 刑事合规的实施依赖企业和检察机关两端，企业的内控措施与检察机关的主导作用二者缺一不可；二者也反过来，促进了企业治理结构的变革和检察机关预防犯罪角色重大变革。笔者结合上述中外刑事合规中的实践经验，提出一些个人建议。

（一）强化检察主导作用，确保刑事合规正确方向

域外的检察官拥有强大的自由裁量权和侦查权，而我国无论是刑法还是刑事诉讼法，暂时还没有从实体处置和程序设计上确立企业合规的刑事激励机制，因此检察机关的权力范围也是在不断探索和经验总结阶段。现阶段，检察机关要以法律监督职责为目标，以刑事办案为出发点，确保刑事合规的正确方向。检察机关主导、统筹作用应当贯穿于企业合规建设的始终。对符合条件的企业犯罪案件，都要求检察机关及时介入、认真评估、积极适用，全程参与合规协议签订、第三方监控人选任、监督考察报告审核等工作，确保司法办案公开公正、刑事合规开展规范有序、刑事诉讼参与人权益保障充分，实现司法办案政治效果、社会效果、法律效果的统一。另外，检察机关应该有担当，第三方组织或者独立监控人对于合规考察的评估是刑事案件处

---

① 参见陈瑞华：《刑事诉讼的公力合作模式——量刑协商制度在中国的兴起》，载《法学论坛》2019 年第 4 期。

理的参考意见，检察官要结合这些意见，科学论证，作出决策。实践中，对于大型的企业进行合规，较好的模式仍然是要求企业自行委托合规律师，以保证第三方组织或者独立监控人的中立性。在监督考察期限的设置、合规进展和步骤、培养参与各方主体之间与涉案企业的信任度、促进各方参与人形成合力、共同推动合规进程方面，需要检察机关的督导、统筹、协调和指挥。

（二）强化提前介入指导侦查，确保刑事合规准备充分

现有典型案例多是在审查起诉阶段启动刑事合规程序，有的是在不起诉决定之后。然而从发案到检察机关审查起诉期间，公安机关侦查期限长，公安机关可能对涉案企业采取查封、扣押、冻结等强制性措施，行政部门可能已经作出了取消特许经营资格、取消上市资格、吊销营业执照等行政处罚，使得有的企业生产经营困难，后续"可塑性"差。再经历6个月到1年的合规整改考验期，企业的活力和竞争力会受到极大影响。同时，对民营企业负责人现在大多数采取非羁押的强制措施，故通常不需要经历批准逮捕环节。因此，建议检察官自始介入案件调查，与侦查人员密切合作，事前准备满足启动刑事合规程序的证据条件和事实条件，为后续进行刑事合规打下基础。人民检察院发现涉案企业存在制度、管理不善的，违法犯罪隐患需要及时消除的，可以提出检察建议。检察建议在任何阶段都可以发出，因此，建议从侦查阶段开始，由检察机关提前介入，通过检察建议或者其他方式，提前启动引入第三方监管，对一些财产进行分类处分，为企业正常生产、经营争取必要的资金、人力、物力，避免水波效应。①

（三）强化监督制约，确保刑事合规检察裁量权规范

结合实际，建议加强对检察权规范：一是参考英国检察官对公共利益的审查，在决定不起诉或者起诉时，应当建立一套科学的评估办法，从国家和社会利益、社会治理效果出发进行综合考量，比如公司一旦破产，员工和债

---

① 参见叶良芳：《美国法人审前转处协议制度的发展》，载《中国刑事法杂志》2014年第3期。

权人是否受到影响、影响的大小。公共利益不再是模糊的法律价值，而是具体要参考的因素。这些指标应当进行明确和细化，为裁量指明方向。二是第三方监控人应当由检察机关或者第三方机制支付报酬，保障其独立性。如果是考虑工作积极性和达到较高的标准，企业可以自行委托合规律师、会计师等专业人士完成合规计划，双方产生民事的委托关系，检察机关不予干预。三是建立公开审查听证、网上发布公示公告、设置异议期等制度，主动接受外部监督，听取不同声音，允许不同意见，社会各界都可以对企业合规进行全方位监督。四是通过逐案开展质量评查、检委会审查等方式，加强内部监督，确保案件的公平公正。

涉案企业合规从宽制度之初构

——以涉案企业合规制度的深圳探索为蓝本

孙 正[*]

摘 要 最高人民检察院从 2020 年 3 月起启动企业合规改革试点工作。在试点过程中，深圳两级检察机关结合深圳企业实地情况积极实践，探索多种模式。笔者结合最高人民检察院的工作要求，提出"刑事合规从宽制度"的概念，在梳理总结有代表性的刑事合规试验模式的基础上，针对监管模式的选择困境和现行法律制度的局限，从启动方式和时间、合规考察模式、公开听证程序的设置、从宽制度的适用等方面构建涉案企业合规从宽制度的雏形。

关键词 涉案企业合规从宽制度 合规考察 刑事合规专员监管 第三方机制管委会 第三方监控人

一、重要概念的引入

涉案企业合规一般指企业为了规避法律风险，实现可持续发展，所采取的一系列以刑事法律规范为指导的规范性建设。它通常包含两层含义：其一，遵守法律规定及监管规定；其二，遵守企业伦理和内部规章以及社会规范、

---

[*] 广东省深圳市龙岗区人民检察院第四检察部副主任。

诚信和道德行为准则。① 但上述对涉案企业合规概念的界定，明显宽于目前在我国各地试点运行的涉案企业合规。学界倡导设立的"企业合规不起诉制度"，是指检察机关对于那些涉嫌犯罪的企业，发现其具有建立合规体系意愿的，可以责令其针对违法犯罪事实，提出专项合规计划，督促其推进企业合规管理体系的建设，然后作出相对不起诉决定的制度。② 最高人民检察院在其发布的《开展企业合规改革试点工作方案》中明确开展企业合规改革试点工作的基本内涵是，检察机关对于办理的涉企刑事案件，在依法作出不批准逮捕、不起诉决定或者根据认罪认罚从宽制度提出轻缓量刑建议等的同时，针对企业涉嫌具体犯罪，结合办案实际，督促涉案企业作出合规承诺并积极整改落实，促进企业合规守法经营，减少和预防企业犯罪，实现司法办案政治效果、社会效果、法律效果的有机统一。最高人民检察院明确了开展涉案企业合规的后果不仅有不起诉，还包括了强制措施的非羁押性、量刑建议的从轻和适用缓刑，明显丰富了涉案企业开展刑事合规的激励方式。

由此，笔者认为最高人民检察院在各地试验的企业合规工作，可以概括称为"涉案企业合规从宽制度"，即企业实施单位犯罪或者企业的主管人员、直接责任人员、关键技术人员等实施了与生产经营活动密切相关的犯罪时，检察机关督促企业针对刑事风险防控方面的漏洞进行积极整改，经过考察，对达到合规承诺要求和行业规定要求、法律法规要求的涉罪企业及涉罪人员，可以依法作出不逮捕、不起诉、不判实刑的量刑建议等宽缓处理的决定，以促进企业合规守法经营，减少和预防企业犯罪。试点的"涉案企业合规从宽制度"一诞生就被赋予了深刻的时代使命，蕴含着丰富的制度内涵，具体有：

（一）适用主体有双重性

适用刑事合规的主体必然是涉案企业或者与涉案企业相关联的企业，而适用从宽结果的主体则不仅是企业还包括与企业相关的自然人。具体而言，

---

① 参见王志乐：《合规——企业的首要责任》，中国经济出版社2010年版，第58—66页。
② 参见陈瑞华：《企业合规不起诉制度研究》，载《中国刑事法杂志》2021年第1期。

一是涉嫌单位犯罪的企业,二是实施了以企业名义或者为企业利益实施违反刑法规定的危害社会行为但法律未规定追究单位刑事责任的犯罪之自然人,三是证据不足以证明企业构成单位犯罪时实施了与生产经营活动密切相关的犯罪的主管人员、直接责任人员、关键技术人员等自然人。

(二) 适用情形有多样性

理论界主流认识认为刑事合规仅适用于企业犯罪即构成单位犯罪的情况。[①] 根据深圳试行情况,适用涉案企业合规从宽制度的情形有:一是企业构成单位犯罪的情形;二是相关人员实施了以企业名义或者为企业利益实施违反刑法规定的危害社会行为但法律未规定追究单位刑事责任的犯罪情形;三是相关人员实施了与生产经营活动密切相关的犯罪,但实际证据不足以证明企业构成单位犯罪的情形。上述三种情况,只要发现企业经营存在合规漏洞,均可以启动刑事合规程序。

(三) 合规考察是核心内容

整个涉案企业合规从宽制度的最核心之处就在于合规考察。一是合规考察的具体内容由合规计划书确定,且会因企业个体存在的合规漏洞不同而迥然不同。二是合规的考察主体和考察模式,各试点单位呈现百花齐放、百家争鸣的状况。三是必须经过一定时期的考察期方能验收合规整改是否达标。四是合规验收环节,企业必须经过验收合格的确认,企业和相关人员才能获得激励回报。

(四) 程序从宽是当有之义

涉案企业合规从宽制度不仅含有讨论较多的"企业合规不起诉制度",该制度还给予企业和相关人员丰富的激励回报,包括不批捕、不判实刑的量刑

[①] 陈瑞华教授认为,对于企业没有被列为犯罪嫌疑人而企业内部法定代表人或者高级管理人员涉嫌犯罪的案件,检察机关不能直接对企业本身适用合规考察、合规监管等方面的制度。参见陈瑞华:《企业合规不起诉制度研究》,载《中国刑事法杂志》2021年第1期。

建议。涉案企业开展合规建设、通过合规考察验收，除了可以适用不起诉制度外，对于一些应当起诉的情况，检察机关可以建议法院适用缓刑。在强制措施的适用上，企业明确表达合规意愿的，检察机关经审查认为符合企业合规条件的，可以不批捕相关人员或者建议公安机关适用非羁押的强制措施。

（五）预防犯罪是终极目标

刑事合规从宽制度的目的就是要对涉案企业的规章制度、管理模式和治理结构进行实质性改造，并在公司内部建立长效内控机制，产生抑制犯罪发生的"疫苗"，净化规范公司管理环境，防止再次发生犯罪，此为刑事合规从宽制度的特殊预防作用。同时，获得刑事合规从宽的企业又能带动其分公司、子公司、关联公司、客户公司等一系列商事主体进行刑事合规建设，主动降低违法犯罪风险，进一步发挥刑事合规从宽制度的一般预防作用。

二、涉案企业合规的深圳探索

（一）适用对象和罪名上的探索

适用对象上大中小微型企业均有涉及，罪名除了经济犯罪、职务犯罪，还探索了环境资源类犯罪。南山区人民检察院从2020年开展试点截至2021年6月已办理企业合规监管案件8件23人，包括单位犯罪和自然人犯罪，涉及的罪名有非法经营罪、非国家工作人员行贿罪、虚开增值税专用发票罪等。涉及的企业类型多为中大型高新技术企业，有的拥有多项软件著作权及注册商标；有的是国家高新技术企业和南山区重点扶持的民营高新技术企业，参与过多项市级、国家级重点研发项目，正在上市筹备中；有的是深圳市政府重点扶持企业、深圳市高新技术企业，具有多项儿童药品发明专利，正在上市辅导期。龙岗区人民检察院从2021年3月开展试点工作，目前已向9家企业启动企业合规监管，涉及的罪名有传播淫秽物品牟利罪、假冒注册商标罪、非法占用农用地罪、环境污染罪，涉及的企业有小微型企业也有中大型企业。

（二）启动方式上的探索

南山区人民检察院出台的《企业犯罪相对不起诉适用机制试行办法》明确了企业合规监督考察程序可依职权或依申请启动。但由于企业合规工作刚刚开始试点，除南山、宝安两家基层院已经出台明确的试行办法外，其他检察机关的相关工作规定或尚在草拟中或刚刚出台，群众普遍不清楚该项制度的具体情况，故实践中均是依职权筛选符合合规条件的企业进行考察。企业如何申请启动企业合规考察程序从而获得从宽回报，尚需进一步探索。

（三）考察模式上的探索

1. "检察建议"模式

南山区人民检察院、龙岗区人民检察院均曾对涉案企业和相关人员作出相对不起诉处理后，再通过发检察建议的模式进行企业合规考察。龙岗区人民检察院在一宗非国家工作人员行贿罪中，就是先对企业作出相对不起诉，再经过调查了解涉案企业的性质、经营情况、合规制度漏洞后出具调查终结报告，向企业送达社会治理检察建议，限期要求企业整改。这种模式下，检察机关在审查起诉过程中，发现涉案企业的投资、经营、生产、销售等环节存在制度漏洞，在预防犯罪方面存在重大隐患，主要管理人员、关键技术人员、关联企业、合作伙伴等可能实施违法犯罪的，都可以通过检察建议督促其采取相关整改措施，加强内部控制体系，及时整改消除犯罪隐患。

2. "刑事合规专员监管+第三方监管"模式

南山区人民检察院设立刑事合规专员，由2名检委会专职委员担任，全流程参与企业合规监督考察。刑事合规专员对内指导检察官办案并进行流程把控，对外加强对第三方监管人的监督制约，防范出现风险隐患。同时，经特邀或商请南山区司法局、审计局、财政局、税务局、工商联及市场监管局等机关单位推荐，遴选了包括律师事务所、会计师事务所、税务师事务所、深圳大学合规研究院等20家专业机构和14名机关单位在职人员组成第三方监管人库，协助检察官开展合规培训、进行监督考察、出具评定意见，提升检察机关监督效率。第三方监管人协助检察机关对企业及其合规律师的合规计划、整改落实进行监督，第三方监管人费用均由财政预算拨款，进一步保障第三方监管人履职的独立性与客观性。

3. "独立监控人"模式

宝安区人民检察院联合区司法局出台《独立监控人选任及管理规定》，甄选若干家有企业合规经验的律师事务所，建立独立监控人名录库，协助开展企业合规监管。独立监控人在充分介入企业生产经营管理各个环节的基础上，为企业"量身定制"刑事合规计划，并通过将专项机制嵌入业务流程的方式为企业添加"防火墙"，在建章立制的过程中强化法律宣传贯彻以及协助企业培育自己的内部合规力量，为企业的健康发展输送充沛动力。独立监控人配合检察机关对企业的刑事合规情况进行监督考察，既能克服检察机关"以外行指导外行"的弊端，又能促进企业有效执行刑事合规计划，防止"纸面合规""形式合规"。

4. "第三方机制管委会＋第三方监控人"模式

深圳市人民检察院出台《企业合规第三方监督评估机制管理委员会及第三方监控人管理暂行规定》（以下简称《暂行规定》）。深圳市人民检察院会同多家行政机关、工商联、贸促会成立合规第三方监督评估机制管理委员会（以下简称第三方机制管委会），建立本地区第三方监控人名录库，根据各方意见建议和工作实际进行动态管理。第三方机制管委会负责第三方监控人的日常选任、培训、考核工作，确保其依法依规履行职责，对第三监控人开展日常监督和巡回检查。第三方机制管委会的日常工作由市检察院负责。第三方监控人实际负责对企业的合规考察。

在深圳市人民检察院出台《暂行规定》前，宝安区人民检察院已先行利用类似工作机制实践了一宗涉走私罪的企业合规案的整改考察评估工作。宝安区人民检察院联合司法、行政等部门，成立了宝安区促进企业合规建设委员会（以下简称宝安区合规委）。受深圳市人民检察院委托，宝安区人民检察院向宝安区合规委提出申请，宝安区合规委组织成立了企业合规第三方监督评估工作组，由企业合规专家、检察机关（非办案检察机关人员）和深圳海关（非侦查人员）业务专家7人，通过听取企业整改汇报、现场提问、现场访谈、现场考察、调查问卷、查阅相关资料等考察方式，对涉案公司前期的合规整改工作和合规体系建设进行考察评估，经研究讨论形成考察意见。

（四）合规激励上的探索

目前各试点单位探索比较多的激励方式以不批捕（含建议变更强制措施）、不起诉为主。例如，南山区人民检察院办理的深圳 A 科技有限公司（以下简称 A 公司）、商某、肖某非法经营案，A 公司在未取得中国人民银行批准从事资金支付结算业务的情况下，经肖某介绍用公司对公账户和法定代表人商某等的个人账户为其他公司层层转账，收取提成非法资金结算金额达 1700 万余元，A 公司获利近 45 万元，肖某获利 72 万余元。商某认罪认罚，并承诺 A 公司将根据审计结果退回全部违法所得，南山区人民检察院建议公安机关变更商某的强制措施为取保候审。经过对 A 公司进行了 6 个月的企业合规监管考察验收合格后，南山区人民检察院对 A 公司和商某作出相对不起诉决定。

三、深圳探索的难点与困境

（一）被侦查措施所困的企业经营

涉案企业一旦被公安机关立案侦查，就会遭遇查封企业场所、扣押生产资料、冻结涉案账户的侦查措施，大部分企业陷入运营困难、人员流失、合同履行不能、上市计划搁浅等困境。千疮百孔的企业等到审查起诉阶段检察机关启动企业合规亦难以挽救，合规措施难以见效。既要确保公安机关侦破案件，顺利取证，又要保障涉案企业的合法权益不被侵犯，能够在"生命体征"完备的情况下接受企业合规改造获得新生，成为有"免疫力"的市场主体，如何在二者之间找到平衡支点，如何实现侦查取证和企业利益保障的"双赢"是需要解决的首要难题。

（二）监管模式的选择困境

如前所述，目前探索的四种模式各有利弊，需要扬长避短整合出符合实际需要的监管模式。

"检察建议"模式是检察机关参与社会治理的传统方式，检察人员运用熟练，操作流程简单。检察人员通过实地调查涉案企业的经营状况、管理制度运行情况、财务状况等，对涉案企业和相关人员的涉罪原因进行分析研判，找到制度漏洞和违法犯罪的体制根源，调查核实后撰写调查终结报告，提出检察建议。被建议单位要在收到建议书之日起 2 个月内作出相应处理，并书面回复检察机关。检察机关可以采取询问、走访、不定期回访、召开联席会议等方式督促、支持和配合被建议单位落实检察建议。"检察建议"模式可以运用在一些小微型企业的案件中，小微型企业的运营模式相对单一，法律风险较为明显，不需要涉及过多的专业知识，普通检察人员通过调查核实就能找准问题所在。但对于管理系统较为复杂、专业较强的企业合规问题，普通检察人员则难以胜任。如果检察建议是在作出相对不起诉后才发出，那么对涉案企业的刚性约束力明显不足，对于企业是否真正落实检察建议无法评估，即使不落实也没有惩戒措施。

"刑事合规专员监管＋第三方监管"模式优势在于检察机关充分发挥检察职能，刑事合规从启动到监督考察再到验收均由检察机关主导，第三方监管人以其专业知识和丰富的合规经验为检察机关提供智力支持。而困境在于检察机关主导模式势必需要在内部设立专门的合规监管机构，但目前条件尚不成熟，人力、物力、司法资源均有限，而合规监管却是一项专业性极强的公司治理工作，合规专员作为检察机关的内部专业人才，合规监管力量有限。而且由财政预算来支付第三方监管的经费，不符合市场经济规律。企业开展合规是由其自身犯罪引起，合规是帮助其完善公司治理模式抵御法律风险，最终获利者是企业，合规产生的监管费用由企业自行承担才合情合理。

"独立监控人"模式能够很好地解决合规监管专业性问题，但在目前司法环境下引入的律师事务所、会计师事务所、税务师事务所等专业机构是否能够真正发挥"独立"作用，不受被监督对象的拉拢，大众还是普遍心存疑虑，尤其在企业给予或者承诺给予较大经济利益时，独立监管人能否保持合规监管的独立性，遵守基本的执业行为准则，不能不令人担忧。[①]

"第三方机制管委会＋第三方监控人"监管模式能够保证第三方监控人在

---

① 参见陈瑞华：《企业合规不起诉制度研究》，载《中国刑事法杂志》2021 年第 1 期。

权威性和专业性的前提下，独立对企业合规行使监控职责，通过对第三方监控人的职责、义务和考核的明确规定，避免第三方监控人与被监管企业发生利益牵连，防止出现合规监管中的舞弊和不诚信问题，最大程度发挥第三方监控人的监管效力。但实际上负责日常工作的检察机关仍需要发挥主导作用，这对检察机关的人力、物力、司法资源的配置能力同样提出了很大挑战，检察机关内部绝不是仅一两个相对专业的人员就能胜任这项工作，需要有相应的合规内设机构对接。目前深圳市人民检察院新设企业合规办公室，但该机构的人员组成情况、具体工作职责、工作内容等情况尚不清楚，是否能够协调企业合规考察工作，还有待观察。同时这个模式下第三方监控人考察费用问题仍不清楚如何解决。

（三）现行法律制度的局限

企业合规势必与刑事诉讼法的相关制度配套使用才能发挥最大的制度优势。由于审查起诉的办案期有限，而企业合规一定要经过较长的考察期才能判断是否达到整改要求，二者在时间上存在冲突。在不突破现行法律的情况下，解决办案期与考察期之间的矛盾，实践中有两种做法。一是先相对不起诉涉案企业和相关人员，后发出检察建议进行企业合规整改，或者在企业表示合规整改承诺后检察机关就对其适用相对不起诉，但之后的企业合规整改效果缺乏制度保障，缺乏刚性约束力。二是对相关人员改变强制措施为取保候审，获取最长时间的审查起诉办案期，将企业合规的考察期确定为最长12个月，在合规整改结束时再决定是否适用相对不起诉。学界对适用附条件不起诉的呼声很高，但刑事诉讼法明确规定附条件不起诉制度只能适用于未成年人犯罪，现行法律的局限给涉案企业合规从宽制度的实践设置了束缚。

四、涉案企业合规从宽制度之初构

（一）启动方式和时间

涉案企业合规从宽制度的启动应当有两种方式。一是依职权启动，检察机关在审查案件时发现涉案企业有制度管理漏洞和违法犯罪隐患的情况，调查核实清楚涉案企业能够正常生产经营,且企业愿意建立或者完善企业合规制度的,检察机关可以依职权启动涉案企业合规从宽制度。二是依申请启动,涉及刑事犯罪的企业或者相关人员被刑事立案后,企业的法定代表人或者实际负责人可以申请检察机关启动涉案企业合规从宽制度,检察机关可以根据申请依法受理并进行审查,经审查符合条件的可以启动涉案企业合规从宽制度。

为最大限度保护企业合法权益以及最大程度发挥企业合规的制度建设效果,检察机关启动涉案企业合规从宽制度的时间应当尽量提前,适时介入侦查了解涉案企业的状况,初步评估对涉案企业是否有开展合规监督考察的必要性。检察机关可以充分发挥侦查监督职能,及时指引规范侦查行为,引导公安机关适度运用侦查措施,禁止超标、超范围采取查封、扣押、冻结等侦查措施,最大限度减少司法活动对涉案企业正常生产经营活动的不利影响。

检察机关在公安机关立案侦查、报请审查逮捕、继续侦查以及移送检察机关起诉阶段均可视情况适时启动涉案企业合规从宽制度的程序。

(二) 合规考察模式

合规考察模式可以根据企业规模和管理制度漏洞大小以及公司治理难易程度来区别选择适用。

对于小微型、管理制度漏洞较小较少、较易治理的公司,可以选择适用"刑事合规专员+检察建议"模式。检察官发现有适宜开展合规考察的企业时,提交检察长决定,在案件管理系统中生成一宗涉案企业合规案件,再将该案交由刑事合规专员来审查。刑事合规专员经调查核实收集相关证据后,向涉案企业出具检察建议,并通过合规承诺书来确定考察期和验收时间。企业根据检察建议可以自行聘请合规人员出具合规计划书,对公司进行合规整改和制度完善,定期向刑事合规专员汇报整改情况,刑事合规专员定期检查,到考察期满,刑事合规专员对合规整改情况进行验收,出具刑事合规考察报告作为刑事案件是否从宽处理的依据。

对于中大型、管理制度漏洞较大较多、较难治理、专业性强的公司,可以选择适用"第三方机制管委会+第三方监控人"模式。检察机关将涉案企业合规案件交由第三方机制管委会，由该管委会选任组成的第三方监控人来对涉案企业的合规承诺进行调查、评估、监督和考察。合规计划的修改和完善、合规考察期限的确定、合规考察的具体方式均由第三方监控人决定。合规考察期满，第三方监控人应对合规计划的完成情况进行全面检查、评估和考核，出具合规考察书面报告，报送第三方机制管委会和负责办理案件的检察机关。第三方监控人的合规考察书面报告、涉案企业的合规计划、定期报告等合规材料，作为检察机关是否适用从宽制度的重要依据。各地也可以参照深圳模式在检察机关内部设立专门的企业合规办公室，尝试负责第三方机制管委会的日常工作。

关于合规考察经费问题，被考察的企业需要交纳一定数额的资金作为合规考察费用，此费用类似于法院收取的"诉讼费"。小微企业案件的合规考察费交检察机关，中大企业案件的合规考察费交第三方机制管委会。对于交纳合规考察费有困难的企业可以申请减免考察费。合规考察费的具体交纳标准由国家第三方机制管委会确定。

为了保证企业能够自觉履行合规义务，充分配合合规专员以及第三方监控人的合规整改要求，最终能将合规整改措施落实到位，建议规定被考察企业应缴纳一定数量的合规保证金，在合规考察评估合格的情况下，经过一段时间没有发现被考察企业与第三方监控人有利益勾连等负面情况的，退还全部保证金，否则，没收全部保证金。合规保证金交由第三方机制管委会保管，具体缴纳标准由国家第三方机制管委会确定。

（三）公开听证程序的设置

为了体现涉案企业合规从宽制度的公开透明性，企业合规成果验收时，由检察机关或者第三方机制管委会举行公开听证会。听证会可以邀请人大代表、政协委员、合规专家（含该领域的学者、教授及取得执业认证资格的企业合规师等）组成5人以上的听证团，对企业进行合规整改的情况和考察方的验收情况进行听证，听证结果将作为合规考察报告的一部分，一起交由检察官作为刑事案件是否从宽处理的依据。

（四）从宽制度的适用

涉案企业合规从宽制度的落脚点和合规企业最终的诉求就是"从宽"。从宽的具体内涵应当包括：不羁押的强制措施、获得不起诉或者宽缓的量刑建议。

不羁押的强制措施包括不批准逮捕或者建议变更强制措施，不再赘述。

不起诉包括相对不起诉和附条件不起诉。对于考察期限较短，又有条件较早启动企业合规考察的案件，合规整改效果好，公司治理成效显著，顺利完成合规计划，及时堵住制度漏洞，构建了有效合规组织体系的企业，检察机关可以直接适用相对不起诉。

对于企业合规意愿强烈且配合程度较高但合规考察期较长，或者在办案期限①到来之前，合规考察结果一时未通过验收需要延长考察期的，可以适用附条件不起诉制度，同时设定6个月至1年的考验期，与刑事诉讼法适用于未成年人的附条件不起诉的考验期时间一致。

对于法定刑在3年以上10年以下或者10年以上有期徒刑的犯罪，企业进行合规整改，且合规考察验收合格，但确实不宜适用不起诉需要提起公诉的，笔者建议法律规定将涉案企业合规作为一个从轻或者减轻处罚的情节，检察机关可以根据合规考察情况出具从宽的量刑建议，减轻处罚或者适用缓刑等。

---

① 比较理想的状况是，公安机关立案侦查后对企业相关人员采取取保候审的强制措施，移送检察机关审查起诉继续采取取保候审的强制措施，检察机关或者第三方监控人在侦查阶段企业相关人员被取保候审时启动企业合规考察，那么到检察机关办案期限到期时，最长的合规考察期可以接近2年。

浅论涉案企业合规不起诉

张仕东　冉凌初[*]

摘　要　最高人民检察院大力推行的涉案企业合规改革试点为检视我国刑法中单位犯罪理论及其实践提供了一个契机。我国现行刑法关于单位犯罪的规定与企业合规的融合主要存在着刑法原则上的抵触、对单位独立人格的忽视及其他困境。因此，从刑事诉讼规范入手，完成相应的改造，加入企业合规不起诉的相关内容，成为当前改革试点亟须解决的问题。

关键词　单位犯罪　刑事合规　合规不起诉

一、单位犯罪的合规制度实践

（一）近年来单位犯罪预防和惩治态势

单位犯罪的数量和比例的逐年上升是经济全球化的大环境和国内"风险社会"的小气候共同决定的。风险社会是社会学名词，贝克是风险社会的首要创立者。国内刑法学界对风险社会的理论愈加推崇，一些学者呼吁加大对风险社会倡导下"风险刑法"的推进力度。为积极回应学界和舆论的"风险焦虑"，刑法在修订过程中对极容易发生风险的行为及时进行了规制，主要有两条路径：（1）传统惩罚性立法。贝克提出"风险社会"的概念后，在风险

---

[*] 张仕东，广东省深圳市龙华区人民检察院副检察长；冉凌初，广东省深圳市坪山区人民检察院第二检察部主任。

社会的浸淫下，积极预防一般性风险似乎成了刑法体系的首要任务。① 在这样的背景下，"风险主义的刑法"应运而生，通过增加大量的未遂可罚性，扩大具体危险犯、抽象危险犯以及过失危险犯的范围来实现对法益的保护。对一些社会关切的热点事件，如"高空抛物""12 岁男童杀人案"等，刑法都进行了立法上的回应。（2）预防性立法。对某一类犯罪进行预防性管理和规制，如单位犯罪。单位犯罪不光涉及企业相关主体，还关系到经济社会发展以及就业民生等诸多社会和政治问题，对于此类犯罪必须未雨绸缪，积极推动预防和提前规制犯罪的发生。② 对于单位犯罪，一方面需要通过扩大犯罪圈、严密法网的方式惩治犯罪行为；另一方面，需要通过推动企业合规制度的建设，提前化解单位犯罪的风险。但是二者的治理效果具有明显的理论和实践差距。

1. 单位犯罪的严峻形势和惩治

企业的刑事风险贯穿于企业成立和消亡的始终。企业刑事风险包括设立时的虚报注册资本、虚假出资、抽逃出资等；企业运行中的强迫劳动、拒不支付劳动报酬等；另外还包括逃税、抗税、骗取出口退税等刑事风险。单位犯罪率逐年升高显示出许多企业法律风险意识以及责任意识的淡薄，缺乏基本的法律遵守意识和防范措施。我国目前的单位犯罪理论不足以预防单位犯罪的发生，随着经济全球化和国内市场经济形势的快速变化和发展，我国单位犯罪也呈现出全球化、高风险性和不确定性的特点。单位犯罪研究不仅是一个法律问题，也成为发展中国特色社会主义经济的重大经济、民生问题。③

通过增设新罪或者严格刑事责任的方式规制单位犯罪猖獗的态势，或许有悖刑法谦抑性的精神，也无法达成预想的法律治理效果。目前我国大量采用增设"轻罪"，即通过严密法网的方式回应社会关切的热点问题。化解单位

---

① 参见高铭暄、孙道萃：《预防性刑法观及其教义学思考》，载《中国法学》2018 年第 1 期。

② 参见张志军：《中国涉案企业合规风险的基本样态及其防控基准——基于 2439 份生效裁判文书的实证研究》，载《法治论坛》2019 年第 4 期。

③ 参见潘璐：《我国刑事合规视域下单位犯罪制度的重塑》，载《青少年犯罪问题》2021 年第 3 期。

犯罪风险更多的是靠事前的疏导和预防,通过设立轻罪进行威慑恐怕收效甚微,其弊病有二:(1)造成立法和司法实践的对立,在司法领域法官会积极主动控制刑罚资源的过量投入,通过抑制重刑主义实现刑罚轻缓化的效果,"轻"和"重"之间产生一对"矛盾"。(2)企业合规单位犯罪中,大多数犯罪人在40—60岁之间,犯罪人标签效应不利于他们复归社会。必须摆脱"刑法至上"①"刑罚万能"②的思维误区。单纯通过刑法规制并不能实现理想的法律效果和社会效果。

2. 企业合规预防犯罪的有效形势初现

企业合规对企业单位犯罪具有更加积极的预防作用。"预防论"认为传统的刑法惩罚功能应该向预防犯罪功能进行转变,我国近几年认罪认罚从宽、刑事和解等制度的创造都体现着该理论前所未有的影响。刑事企业合规旨在降低犯罪风险,体现了刑法向积极预防理论的转变。

自2015年以来,随着国务院国资委中央企业法制工作新五年规划的启动,我国企业合规在中央企业中开始试点。2017年,中国证券监督管理委员会就陆续发布了《证券公司和证券投资基金管理公司合规管理办法》等相关文件。2018年,国家发改委联合其他部委印发了《企业境外经营合规管理指引》。2020年,国务院反垄断委员会印发《经营者反垄断合规指南》。企业合规最初来源于西方企业的某种内部治理模式,随着犯罪治理预防化的转变,刑事合规逐渐成为刑事实体法、程序法的重要组成部分。自2020年最高人民检察院将"督促涉案企业合规管理"纳入司法改革进程之后,企业犯罪率已经明显降低。③ 国内的实践与西方国家的实践都证明了涉案企业合规对于单位犯罪的预防和规制具有较大的改善作用。

---

① "刑法至上"主要表现为在社会行为的调整过程中,当某种越轨行为出现时,并不是寻求其他社会行为规范体系或者其他法律规范体系进行规制,而是直接诉诸刑法。

② "刑罚万能"是一种对刑罚功能的迷恋,虽然刑罚万能的虚幻性早已被世界各国早期的酷刑史所证明失败,但人们对"刑罚万能"的迷恋并未衰减。

③ 参见杨帆:《涉案企业合规的程序应对》,载《法学杂志》2022年第1期。

（二）涉案企业合规的内涵界定和机能

1. 涉案企业合规的内涵界定

法律意义上的涉案企业合规的概念源于1991年美国《联邦量刑指南》，该指南规定了有关单位犯罪的量刑规定，将企业合规建设作为单位是否减免刑罚的重要考量因素，从而使企业合规成为单位犯罪不起诉或者暂缓起诉的重要依据。[①]

学界归纳出三种合规的含义：一是指企业在运营管理中必须遵守法律法规的要求；二是符合相关行业的行为或者行业规定及企业道德的要求；三是指遵守企业规章制度的要求。目前，我国对"企业合规"的概念没有统一的定义。本文认为可以借鉴1991年美国《联邦量刑指南》中对于刑事合规内涵的界定——一个有效的预防、发现和举报犯罪的内在机制，能够实现对企业的足够震慑和有效激励，将企业合规的内涵界定为：在现有法律框架内，企业通过遵守刑事法律规范，构建犯罪风险内部控制，采取提前预防、判断隐含的犯罪风险，实体上把公司运营所有业务工作与刑事责任的轻重程度相关联，程序上建构出刑事责任的预防和审核机制。

对于企业合规立法，域外法律具有不同的模式：（1）以美国的立法模式为例，美国企业合规立法强调严格责任。美国联邦法院的判例表明，企业应承担严格责任。基于企业在经济交往中具有强势的地位优势，通过引入侵权责任法中的替代责任原理，广泛追究企业的刑事责任。美国联邦法院重视追究企业责任的刑事政策必要性，只要是企业活动中发生的侵害行为，就能够通过替代责任要求企业承担。不过此种归责方法仍有不少欠妥之处，不仅违反了责任原则的规定，也没有客观反映出犯罪的实际情况，在1991年《联邦量刑指南》中纠正了这样的责任替代的倾向，在企业犯罪中，应该注意代理人行为是否是企业自身意志的体现，只有企业代理人的行为的确反映了企业意志的时候，才能够认定企业应当承担刑事责任。（2）以1995年澳大利亚

[①] 参见陈瑞华：《企业合规制度的三个维度——比较法视野下的分析》，载《比较法研究》2019年第3期。

《联邦刑法典》为例,企业对因其原因而发生的企业代理人犯罪承担故意过失的罪责。此种立法模式完全遵从了企业犯罪与自然人犯罪没有区别。该法典明确规定,企业可以实施任何犯罪,包括应当处以监禁的犯罪,企业的犯罪范围与自然人一致,适用原理也与自然人犯罪相同。①

2. 涉案企业合规的机能

(1) 预防企业及其人员犯罪。单位犯罪形势逐年严峻,进入审判程序的单位犯罪增加,我国企业犯罪日益呈现全球性、开放性的特点。刑事合规的首要目的就是防范刑事风险,企业有效的刑事合规可以主动预防、发现企业刑事风险,凡企业对于企业合规落实到位,即使发生某种刑事犯罪,也可以对企业的刑事责任予以从宽从轻。当然,有效的企业合规,完全能够遏制绝大多数企业内部犯罪的产生。刑事合规不光是对于犯罪进行预防治理的一种路径,也是保护企业、企业员工等相关主体的一种措施。在合规调查以及认罪认罚协商过程中,能够充分保障企业相关主体获得法律辩护等法律权利,例如在合规调查中,对于非法调查手段的排除,能够最大程度地减少对企业法益的滥用。(2) 完善企业治理结构。涉案企业合规试图建构风险预防、风险控制及化解的多方面多层次的企业治理结构。在我国,无论国有企业还是民营企业,都面临着刑事合规建设薄弱的问题,通过规范制度的建立,提高企业的法律防范能力,能够进一步增强企业的核心竞争力,实现企业的长远健康发展。(3) 推动单位犯罪制度建设改革。从刑事实体和程序的角度,能够优化犯罪治理的进路。《刑法修正案(九)》增设了拒不履行信息网络安全管理义务罪,倒逼网络平台配合政府履行网络安全监管义务,实现网络平台内部治理与国家法律网络监督的"公治"。对于上述罪名的规定,体现了国家对于刑事合规纳入刑法规范考察的趋势,虽然"大厦"尚未建立,但也为企业合规影响刑事责任提供了合理论证的依据和空间;在刑事程序方面,刑事合规制度的建立对单位犯罪阻却或者减轻刑事责任的司法运作提供了较大空间。有未成年人附条件不起诉的立法先例为引导,我国司法机关就很有可能

---

① 参见《澳大利亚联邦刑法典》,张旭、李海滢、李綦通、蔡一军译,北京大学出版社2006年版,第16—18页。

接受企业合规的单位不起诉或者暂缓起诉制度的改革。

我国国有企业已经全面开启了建立合规机制的试点,进一步建立完整的合规体系、引导企业通过履行合规换取刑事处罚的从宽处理的机制,可以进一步避免企业刑事风险。这样一来,企业不再只是处于刑事程序中的被动角色,企业能够充分发挥能动作用,加强对自身合规建设的发展,最终达到提高司法效率、实现单位犯罪平等治理的目的。

二、单位犯罪语境下涉案企业合规适用困境

域外企业犯罪与我国单位犯罪貌似,但不能直接同一。引入涉案企业合规的预设语境下,单位犯罪是与之契合的首要领域,但由于二者的产生土壤和理论构建不同,二者的衔接和适用具有不小的差异。域外企业合规的对象是以企业犯罪为对象的,与我国的单位犯罪并非"紧密黏合",其理论适用具有如下的困境和难题:

(一) 与我国刑法原则的抵触

根据罪刑法定原则和罪责刑相适应原则,在没有法律规定的情况下,不能将企业合规作为单位犯罪免责或者无责的事由。企业合规制度构建尚在起步阶段,刑事实体法和程序法对于涉案企业合规的引入尚属空白,如果仅仅依靠理论引入企业合规,无疑会被认为是曲解刑法、放纵犯罪、违背罪刑法定原则和罪责刑相适应原则,这是目前刑事合规所面临的最大难题。[①]

(二) 单位独立人格的忽视

单位犯罪的核心问题是单位刑事责任归责问题,将域外法律概念"刑事合规"引入"家门"之前,"打扫"本土理论是绕不开的关键问题。因为涉案企业合规的理论前提是将单位作为独立人格的范畴,其行为和责任承担具

---

① 参见高铭暄、孙道萃:《刑事合规的立法考察与中国应对》,载《湖湘法学评论》2021年第1期。

有独立性，需要区分审视。

单位犯罪归责理论与自然人犯罪归责理论无原则区分，背离了《刑法》第30条的立法目的，单位犯罪本身的模糊将导致企业合规的未来立法定位颇为困难。《刑法》第30条虽然规定了单位是犯罪主体，① 但是并没有厘清单位犯罪的基本含义。2014年《关于〈中华人民共和国刑法〉第三十条的解释》规定，公司、企业、事业单位、机关、团体等单位实施刑法规定的危害社会的行为，刑法分则和其他法律未规定追究单位的刑事责任的，对组织、策划、实施该危害社会行为的人依法追究刑事责任。换言之，无法以单位犯罪刑事责任归责时，则以自然人犯罪处理之。② 这样的处理方法有混淆单位犯罪和单位内部自然人犯罪之嫌。总而言之，单位犯罪在实体上对单位主体性缺少规范上的独立评价；在程序上，缺乏对单位作为独立刑事主体的关注，缺少适用于单位犯罪的程序和规范。③

（三）企业合规适用的其他困境

我国刑法对严格责任归责颇为谨慎，刑法理论坚持主客观相一致的原则，行为人要构成犯罪，既要有客观上的危害行为，也要有主观上的罪过。域外的刑事合规制度适用成效显著的重要原因是承认或者默认严格责任，激励机制能够直接作用于涉罪企业，我国单位犯罪的刑事责任并未引入严格责任的理论，刑事合规的无责性证成缺少理论依据，无法成为企业合规不起诉、暂缓起诉等免责、无责事由的依据。严格责任与无罪抗辩是一个问题的两个方面，没有严格责任的刑法引入导致我国很难确立"商业组织预防腐败失职罪"那样的罪名，严格责任的确立在"严密法网"的同时，也赋予企业能够通过企业合规加强自身的合规执行力度。在强调主客观相一致原则的刑法中，企业合规难以成为无罪抗辩的理由。

---

① 《刑法》第30条规定："公司、企业、事业单位、机关、团体实施的危害社会的行为，法律规定为单位犯罪的，应当负刑事责任。"
② 参见刘宪权：《刑法学名师讲演录（总论）》，上海人民出版社2016年版，第181页。
③ 参见王志远、邹玉祥：《刑事合规视域下单位犯罪刑事治理的检视与完善》，载《甘肃社会科学》2020年第5期。

三、企业合规纳入单位犯罪理论的合理解决进路

(一) 制定和完善刑事合规诉讼规范——确保涉案企业合规合法地位

制定和完善刑事合规相关刑事实体法规范:(1)自然人犯罪与单位犯罪在定罪上区别开来,建立行之有效的具体规定、专门立法、刑罚措施等。① 只有区分立法,才能够使得企业合规计划对涉案企业的激励成为现实。(2)建构激励性立法内容。由于单位犯罪与自然人犯罪有诸多不同,在治理和定罪处罚上也不尽相同,立法应当作差异化处理。例如,对于企业判处罚金,可以在罚金上予以酌情减免,发挥激励机制的作用。(3)企业合规义务法定化。刑事合规的推动主要依赖于企业内部的自我管理、自我监督、自我完善,必须建立相关的法律法规,将企业内部的自我管理义务化,如果不遵守该义务,可能导致单位犯罪,以此倒逼企业内部严格执行企业合规的相关规范。(4)立法确保刑事合规的合法性。作为成文法国家,"名不正,则言不顺"。通过立法最终将刑事企业合规完全纳入刑事法律规范,是最为重要的任务。不仅可以强化刑事企业合规的合法性和权威性,还能够丰富刑事法律规范,使得相关单位犯罪的可操作性进一步增强。

另外,还需要在程序法领域下功夫。可以借鉴域外法律规范,引入不起诉或者暂缓起诉的程序奖励机制,这样一来可以对刑事程序进行分流,阻断某些符合刑事合规规定的企业进入审判程序。除此之外,合规计划的有效性和判断规则也应该具体规定,对于司法机关如何审查、审查期限如何、审查申诉机制如何等问题作出细致的规定。

(二) 重塑单位独立人格理论构建——以涉案企业合规为改革契机

传统理论对单位犯罪的教义学解释过分强调自然人的理论框架,这种"等价性"和"可互换性"思维使得单位需要具有同自然人一样的构成要件

---

① 我国单位犯罪刑罚类型较单一,通常只规定了"单位判处罚金"。

要素才能够成立犯罪，缺乏对单位自身主体性的评价。

实际上，单位犯罪的独立性在我国刑法有明确的规范依据。（1）《刑法》第 30 条中的表述是将单位行为视为单位意志的某种表现，是单位意志而不是简单的单位内部的某些人的意志。单位意志在司法实务中常被认为是单位的法定代表人、主要负责人以及有关部门责任人员个人意志的集合体，并非如此简单，特定自然人的意志是否能够上升为单位意志，必须考虑单位规模与单位形式，参考单位实际的决策流程才能够决定。[①]（2）单位能够和自然人构成共同犯罪印证了单位具有独立性。虽然单位不具有实体的人格因素，但是其内部的意志决策并非完全是背后的自然人的简单出口，有着单位形成之后客观的、必然的、稳定的、不以人的意志为转移的决定机制。

涉案企业合规的本质决定了法人独立意志的必要性，可以借助刑事合规规范化改革的浪潮，进一步完善我国单位犯罪内部规范体系。在美国，早期的自然人意志和单位意志等价的"同一性规则"发展为如今承认并且重视法人独立性意志的"组织责任理论"。即使"以企业名义"并"为企业利益"而计划实施的犯罪作为划分标准，仍然不足以区分单位责任还是自然人责任。必须对单位的整体意志进行独立认定，[②] 建立"企业独立意志理论"的研究，才能够契合刑事合规制度的制度属性。

（三）明确单位特定义务——确立企业合规具体规范内容

涉案企业合规制度的纳入，必然将成为单位犯罪罪过与否及性质的重要考量因素。在刑事合规视角下，可以利用合规来评价单位是否存在过失，将刑事合规计划的落实作为考量因素，用以判断是否履行了自己的义务。理论界对刑事合规作为罪过判断的提出具有合理性和可操作性，同样标志着合规立法规范建立的紧迫性，特别是涉案企业合规义务规范体系的建立。说到底，合规是对单位的注意义务进行规定，提出高于一般行为义务的要求和标准。

---

① 参见万志尧：《单位犯罪宜更审慎认定——从"单位意志"与"责任人"入手》，载《法律适用（司法案例）》2019 年第 4 期。

② 参见陈瑞华：《合规视野下的企业刑事责任问题》，载《环球法律评论》2020 年第 1 期。

明确单位特定法律义务要求建构一套完整的义务规范体系，现阶段，我国刑法中针对单位义务的规定并未具体化和体系化。在未来的涉案企业合规建构中，必须制定体系化的、具体化的规范，而非概括性、政策性的口号。

四、涉案企业合规规范构建——以合规不起诉的制度构想为展开

合规归根到底是一种作为独立审视单位犯罪的罪刑参考，是一种免责制度。最高人民检察院启动的企业合规制度探索，一定程度上是我国构建刑事企业合规不起诉的"前哨站"。启动刑事合规旨在通过立法防范企业犯罪风险，降低企业刑事责任，这体现了积极的一般预防刑法理念。

（一）建立涉案企业合规不起诉的必然性

1. 积极预防观的立法要求

刑事合规不起诉是对企业犯罪风险预防的激励机制，体现了积极的预防主义刑法观念。刑事合规不起诉与预防性立法的法治观念相契合，能够丰富预防性立法的实践，能够成为预防立法观的又一典型制度构建。

2. 社会市场经济建设的内生性需求

开展涉案企业合规改革能够进一步加强和规范企业内部管理控制，促进企业依法依规从事民商事活动。随着国家大力开展涉案企业合规改革，必然从内部推动企业治理模式的改革，二者形成合力，实现市场经济持续健康发展。

3. 认罪认罚制度发展的制度要求

认罪认罚的法定化是刑事合规制度化的规范依托，是认罪认罚制度扩展到新领域的必然要求决定的。认罪认罚制度包括单位的认罪认罚，这意味着可以激励企业通过认罪认罚的方式获得从宽处罚的结果。我国检察机关开展的合规试点也是以认罪认罚从宽制度为基础的，合规从轻处罚与认罪认罚从

宽具有制度和刑事政策上的一致性。①

（二）涉案企业合规不起诉制度中国化的困境

涉案企业合规不起诉制度的构建是刑事合规制度的一部分，作为亟待发展的新兴事物，具有矛盾的普遍性，也具有矛盾的特殊性。其建构困境主要有以下几方面：

1. 刑事合规不起诉的单位独立责任的构建缺失

如前所述，我国单位独立犯罪人格的体系未建立，企业承担内部人员犯罪所引发的法律后果，刑事法依然较为排斥，也缺乏类似刑事合规制度等的法律程序。

2. 现行法律规范与企业合规不起诉改革的诸多冲突

依据现行法律规定，在试点过程中，检察机关只能够在审查起诉阶段开启刑事合规不起诉程序，没有办法弥补企业在侦查阶段因强制性措施被破坏的企业运行秩序。现行试点工作中，存在刑事合规监管人选聘及监管的多种模式，必须结合实际具体分析各种模式的优劣之处，才能确定最终符合现行司法体制的监管模式。

3. 企业合规有效的认定标准不一

对于合规计划的实施，最重要的就是确立企业合规的认定标准，判断企业合规如何才算有效。试点地区的检察机关有不同的判断标准，合规计划的标准确立事关单位注意义务的判定，最终影响企业的罪过判断。②

（三）涉案企业合规不起诉具体制度构建考量

1. 全面确立双罚制，企业合规适用对象包括企业和自然人

对于刑事合规不起诉的适用对象是企业还是企业内部人员的问题，域外法例大多规定仅适用于企业主体。但在我国，公司人格混同、不具有内部决

---

① 参见曾磊、刘雪婵：《涉案企业合规不起诉的立法检视与路径考量》，载《政法学刊》2022年第2期。

② 参见叶秀雄、李小龙：《论涉案企业合规不起诉制度中国化困境之破除》，载《岭南学刊》2022年第1期。

策民主化的流程现象突出，若以单罚制处罚单位犯罪，会造成单位犯罪和非单位犯罪的混淆，阻碍刑事合规的实施。因此，全面确立双罚制更加契合我国刑事合规的内在行为价值。

2. 合规计划应当具体设立

体系性的合规计划重点是涉罪的大规模企业，从我国企业犯罪的涉案企业实践来看，大多数企业犯罪涉案主体是中小型企业，因此必须针对不同规模企业制定和设置不同的合规计划。针对性的合规计划能够避免成本过高、程度过深的缺陷，能够促进企业合规推进的积极性。故而，推动企业合规改革，不能脱离现有的检察职能，不能作企业内部的"法律顾问"。①

合规计划的考察评估内容、标准、期限应当合理科学地进行设置。根据《关于建立涉案企业合规第三方监督评估机制的指导意见（试行）》的规定，第三方监管人成为独立使用该指导意见的涉案合规审查主体，成立第三方专业人员名单录，从名录中抽取专业人员组成第三方组织，承担对企业合规整改进行检查、考核的职责。本文赞同组成成员范围应当扩大至包括税务师、法官、检察官等专业法律人士，增加专业面向的意见。对于刑事合规不起诉的考察期，本文认为企业合规考察期应当根据具体企业合规和涉罪情况的不同，区分设置考验期，制度只应作最高限期的规定。建议立法上可将涉罪企业考验期定在 1 年 6 个月以下，这样既可以督促企业在考验期内力争合规，也能够避免考验期过长而导致的司法效率的浪费。

---

① 参见《推动企业合规当好称职"老娘舅"》，载《检察日报》2021 年 4 月 19 日，第 1 版。

涉案企业刑事合规立法研究[*]

深圳市南山区人民检察院课题组[**]

摘　要　随着近年来由最高人民检察院主导推进的涉案企业合规改革试点经验不断积累，以及相应配套制度与措施的不断完善，涉案企业刑事合规立法已具备必要性与可行性条件。对涉案企业刑事合规的立法基础进行评估，建议选择特别程序增订的立法模式，遵循惩处与保护相结合、责任主体分离追诉的原则进行具体条文设计。

关键词　涉案企业　刑事合规　立法

一、涉案企业刑事合规立法的必要性与可行性

近年来，随着中兴、华为等国内企业在走向国际市场的进程中遭到域外国家行政、司法机关制裁的事件频繁发生，合规问题愈发受到来自国家和企

---

[*]　本文系2022年度最高人民检察院检察理论研究课题"涉案企业合规刑事立法研究"（GJ2022D13）的阶段性研究成果。

[**]　课题组负责人：孙伟，法学博士，广东省深圳市南山区人民检察院副检察长，最高人民检察院法治前海研究基地兼职研究员。课题组成员：周新，法学博士，广东外语外贸大学法学院教授、博士生导师，最高人民检察院法治前海研究基地研究员；林婷，广东省深圳市南山区人民检察院第三检察部主任，一级检察官；廖庆南，广东省深圳市南山区人民检察院法律政策研究室负责人，一级主任科员；吴豫骁，广东省深圳市南山区人民检察院五级检察官助理；王凯，法学博士，广东省深圳市南山区人民检察院试用期公务员；杨易，中兴通讯股份有限公司法务合规经理；王菁菁，中兴通讯股份有限公司法务经理。

业的高度重视。所谓"合规",顾名思义即合乎一定的规则,既包括国家法律法规,也包括行业准则和企业内部管理规范。正是由于作为合规对象之"规"具有多样性,合规亦存在多方面内容,其中,企业对国家刑事法律规范的遵守可称为刑事合规。虽然刑事合规问题研究如火如荼,但这一概念在理论界和实务界尚未形成共识。本文认为,宜统一表述为"涉案企业刑事合规"或"刑事合规",将与作为其上位概念的"企业合规"区分开来。随着近年来由最高人民检察院(以下简称最高检)主导推进的涉案企业合规改革试点经验不断积累,以及相应配套制度与措施的不断完善,涉案企业刑事合规立法已具备必要性与可行性条件。

（一）涉案企业刑事合规立法必要性

1. 涉案企业刑事合规的价值

首先,涉案企业刑事合规有利于加强对企业的司法保护。为避免办理一个案件就搞垮一个企业,检察机关应当尽量对企业从宽处理,而涉案企业刑事合规制度的构建为此提供有效解决路径。以深圳市南山区人民检察院办理的深圳某科技公司、张某甲等人非法销售窃听专用器材案为例,企业合规程序挽救了该企业,2021年该企业营收、纳税金额均创下公司成立以来最高纪录,有效实现了涉案企业合规改革试点的初衷。其次,涉案企业刑事合规有利于实现刑事司法的社会效果。例如,在深圳市检察机关办理的"深圳钻石行业走私普通货物系列案"中,检察机关向深圳市黄金珠宝首饰行业协会制发检察建议,行业协会陆续提交制发《深圳市钻石行业合规整改指引》和《深圳市钻石行业反走私合规管理指引》,对深圳钻石行业的长远健康发展产生积极作用,实现在黄金珠宝行业的综合治理。最后,涉案企业刑事合规有利于促进社会经济效益最大化。通过涉案企业刑事合规,进一步厘清了政府和市场的关系,积极发挥企业主观能动性,对改善市场营商环境、促进经济平稳健康发展具有重要意义,涉案企业刑事合规是国家和企业之间的正和博弈。[1]

---

[1] 参见逄晓枫:《企业刑事合规的经济学分析》,载《法学论坛》2022年第3期。

2. 规制企业合法发展的现实需要

通过涉案企业刑事合规立法，赋予刑事合规体系一定的减免将来罪责的能力，可以有效地激起企业的合规动力，从而达到规制企业合法发展的目的。即使是对于那些事前尚未构建起刑事合规体系的企业，通过合规不起诉等形式，将合规从一种选择变为一项义务，同样有利于其后续的合法发展。

3. 涉案企业刑事合规法律存在空白

借鉴域外经验可以发现，虽然一些国家采取的刑事合规模式不尽相同，但基本都是通过立法发展起来的，其中较为典型的有英国的《反腐败法》和法国的《萨宾第二法案》等。相比之下，我国涉案企业刑事合规目前尚处于试点阶段，明确的规范性指引暂时缺位。严格来说，我国并非完全没有涉案企业刑事合规领域的立法。

（二）涉案企业刑事合规立法的可行性

1. 刑事司法理念的进步

其一，刑事政策更加宽平。其二，深入参与社会治理。刑事司法理念的以上两点转变可以归纳为一种矛盾式进步：一方面，它要求刑事司法在国家和社会治理中扮演更重要的角色，发挥更关键的作用；另一方面，又要适时地"削其利爪，磨其尖牙"。这与刑事合规的理念不谋而合。当前刑事司法理念的进步与涉案企业刑事合规立法之间是相辅相成的，前者为后者的开展提供了可行性背景，而后者则为前者提供了一条具体路径。

2. 既有规范制度的支撑

一是涉案企业刑事合规的立法离不开认罪认罚从宽制度的经验。二是相关制度如附条件不起诉和检察建议等制度的完善。此外，检察机关在依法直接作出相对不起诉决定的同时，发出检察建议责令涉案企业构建和实施合规管理体系，也可以发挥一定作用。

3. 涉案企业合规改革试点经验积累

涉案企业合规改革试点范围的不断扩大意味着涉案企业刑事合规的科学性和全面性，同时，不同地区检察机关所面临的合规试点工作存在差异，这些差异也为我国涉案企业刑事合规制度的设计打开了思路。由此也积累了相对丰富的经验：首先，在合规监管人制度的确立上适用第三方监督评估机制。其次，在监督考察制度的确立上，考察机制的实践经验也在不断增加。再次，逐步推进检察机关的合规工作贯穿合规改革的全流程。最后，采取宽严相济的刑事政策，将单位责任与个人责任区分。我国的试点经验还在不断地丰富，试点效果也在不断地完善和优化，让涉案企业刑事合规制度成为实质意义上的"合规"。

4. 相关配套法律法规日益完善

首先，随着刑事诉讼法的完善，涉案企业刑事合规有了嵌入现有制度的可能。其次，关于涉案企业刑事合规中合规监管人的规定，目前已有的制度依据包括全国工商联 2022 年出台的《涉案企业合规第三方监督评估机制专业人员选任管理办法（试行）》（以下简称《人员选任办法》），以及最高检等九部委出台的《关于建立涉案企业合规第三方监督评估机制的指导意见（试行）》（以下简称《评估试行意见》）等。最后，关于企业合规监督评估结果互认机制的制度依据主要是《刑事诉讼法》第 15 条以及《关于适用认罪认罚从宽制度的指导意见》中对于认罪认罚从宽制度的规定。

二、涉案企业刑事合规立法基础评估

（一）涉案企业刑事合规的理论基础

积极一般预防理论的兴起、协商性司法模式的转型、宽严相济刑事政策的贯彻，为涉案企业刑事合规试点提供了契机，成为涉案企业刑事合规改革试点的理论基础。

1. 刑罚理论的转向：积极一般预防理论的兴起

在风险社会的背景下，以指导、表彰公众遵守规范为核心的积极一般预防理论逐渐得到重视，2020 年最高检开始推行的涉案企业合规改革试点工作，被视为积极推进实现刑罚的积极一般预防效果的有益探索。[1] 涉案企业刑事合

---

[1] 参见蒋安杰：《企业合规：企业治理模式的司法探索》，载《法治日报》2021 年 3 月 17 日，第 9 版。

规制度改革可以使以建立合规体系的涉案企业在刑事追诉中获得宽大处理，不断激励广大企业建立合规体系，从而在社会层面形成合规守法之风，实现刑罚的积极一般预防目的。

2. 司法模式的转型：从对抗式司法到协商性司法

2018年10月，在总结试点工作经验的基础上，认罪认罚从宽制度作为一项基本原则写入了刑事诉讼法，标志着我国刑事诉讼类型的历史性转型。这种对传统刑事诉讼程序的突破与创新，代表着我国刑事诉讼部分由对抗性司法向协商性司法的转型。①涉案企业刑事合规改革的试点，扭转了协商性司法主要面向自然人犯罪的局面，通过释放现有检察权能所蕴含的从宽处理空间（不批准逮捕、不起诉、变更强制措施等决定），来激励组织体进行"以合规为中心"的结构修正类处理举措，既避免了起诉定罪给其贴上"犯罪标签"所引发的"水波效应"，也比单一的经济类制裁措施更有助于预防犯罪的再次发生。②

3. 刑事政策的催生：宽严相济刑事政策的贯彻

涉案企业刑事合规改革是新时代背景下检察机关对宽严相济刑事政策的坚决贯彻。企业刑事合规改革从社会治理出发，着力推动民营经济的健康发展，营造安商惠企法治化营商环境，力求满足社会需求，突出以"宽"为侧重点的宽严相济刑事政策，对涉案企业开展合规整改，而不是直接通过刑事制裁"毁掉一个企业"，体现了检察机关对社会治理的积极参与和对落实宽严相济刑事政策的全面贯彻。

（二）企业刑事合规的规范体系

总体来看，当前我国企业刑事合规形成了以刑法、刑事诉讼法为主，相关规范性文件为辅的规范体系。

---

① 参见王迎龙：《协商性刑事司法错误：问题、经验与应对》，载《政法论坛》2020年第5期。

② 参见李奋飞：《企业合规改革需及时修法》，载"法学学术前沿"公众号，2022年3月13日。

1. 涉案企业刑事合规的刑法体系

最高检《关于开展企业合规改革试点工作方案》（以下简称《试点工作方案》）明确企业范围包括各类市场主体，主要是指涉案企业以及与涉案企业相关联企业。单位犯罪的认定及其责任承担范围的厘清奠定了企业合规改革的正当性与合理性，更有学者论及，企业刑事合规全球考察清楚地表明，企业反腐与企业刑事合规法治建构当中尤其需要聚焦以单位主体刑事责任制度为焦点的核心制度，聚焦单位犯罪内涵构造的预防转型是我国企业刑事合规的核心要义。[1]

2. 涉案企业刑事合规的刑事诉讼法规定

在刑事诉讼法领域，域外国家广泛建立合规不起诉制度，或将合规作为签署暂缓起诉协议和撤销起诉的依据。我国刑事诉讼法对于检察机关检察建议和不起诉裁量权的一系列规定，为开展企业合规改革试点提供了程序法的激励空间。

3. 涉案企业刑事合规的其他规范性文件

最高检、司法部、财政部等九部委《〈关于建立涉案企业合规第三方监督评估机制的指导意见（试行）〉实施细则》和《人员选任办法》的通知，进一步细化了第三方机制管委会的组成和职责、第三方机制的启动及运行，确立了第三方机制管委会联席会议机制，要求建立第三方机制管委会办公室，对第三方机制专业人员的选任、日常管理和工作保障作出明确规定。2022年1月，《涉案企业合规第三方监督评估机制管理委员会2022年工作要点》（以下简称《工作要点》）和《涉案企业合规第三方监督评估机制管理委员会办公室工作细则》（以下简称《办公室工作细则》）印发。2022年4月，全国工商联、最高检、司法部等九部委印发《涉案企业合规建设、评估和审查办法（试行）》（以下简称《合规审查办法》），从涉案企业合规建设、合规评估、合规审查三个方面细化涉案企业合规改革的具体流程，为各地方开展企业合规试点提供了根本遵循。此外，2022年8月，国务院国有资产监督管理委员

---

[1] 参见赵赤：《企业刑事合规视野下的单位犯罪构造及出罪路径》，载《政法论坛》2022年第5期。

会发布《中央企业合规管理办法》。

(三) 涉案企业刑事合规的规范评析

涉案企业刑事合规制度存在综合性企业合规管理规范缺失、企业合规附条件不起诉空间不足以及涉案企业合规改革行刑衔接不畅的难题,未来需要立法进一步予以明确。

1. 综合性涉案企业刑事合规管理规范缺失

现行涉案企业刑事合规管理规范呈分散式特征,不利于企业合规改革试点的统筹推进。为应对企业合规改革试点过程中出现的众多问题,必须建立综合性的管理规范,具有以下三方面的意义:第一,明确责任义务,形成合力;第二,有利于统一全国企业合规适用尺度;第三,加快构建高效、公平的企业合规制度体系。

2. 涉案企业刑事合规附条件不起诉空间不足

为应对检察机关适用附条件不起诉存在的实践疑难,理论界也积极呼吁在刑事诉讼法内进行相应修改。[1] 未来,刑事诉讼法关于附条件不起诉的修改将成为企业合规改革试点任务中的重中之重,其决定着企业合规改革试点的成效与可持续发展。

3. 涉案企业刑事合规改革行刑衔接不畅

当前涉案企业刑事合规改革存在行刑衔接不畅的问题,例如检察机关责令涉案企业建立的专项合规管理体系能否进一步延伸至行政合规领域,尚且不明。[2] 涉案企业合规改革行刑衔接不畅的主要原因之一就在于规范层面并未就行刑衔接的相应问题作出规定,导致实践中各部门对处理这一问题出现不同做法,未来应当持续加强企业合规行刑衔接的理论研究,畅通行刑衔接的通道。

---

[1] 参见李勇:《企业附条件不起诉的立法建议》,载《中国刑事法杂志》2021年第2期。

[2] 参见陈瑞华:《企业合规不起诉改革的动向与挑战》,载《上海政法学院学报(法治论丛)》2022年第6期。

三、涉案企业刑事合规立法模式与基本原则

(一) 两种立法模式的选择

当前，主要有两种立法思路：一是认罪认罚从宽制度吸收模式；二是特别程序增订模式。

1. 认罪认罚从宽制度吸收模式

结合刑事诉讼法的相关规则，在其第182条之后增加相应条款对涉案企业合规附条件不起诉制度加以规定。采取认罪认罚从宽制度吸收模式可以最大限度节约立法资源，有利于最大限度保持法律的稳定性。[1] 对此，我们认为，认罪认罚从宽制度与涉案企业合规附条件不起诉制度的本质属性难以相融。一方面，认罪认罚的从宽处理很大程度上是刑事司法政策的结果，而不是合规激励的结果，并不能很好地实现涉案企业合规整改制度激励的目的。[2] 另一方面，将两种价值导向不同的制度融合可能会在一些特殊案件的办理过程中引发争议，诚然，将企业认罪认罚作为涉案企业合规不起诉的一个考量因素并无不妥，因为这在一定程度上可以反映企业合规整改的态度，但是否应将其作为决定性因素有待商榷。例如，实践中部分企业考虑到认罪认罚牵连无辜股东、损害商业信誉等问题，可能存在承认主要犯罪事实并愿意进行合规整改弥补损失但不认罪的情况；涉案企业合规刑事立法采取认罪认罚从宽制度吸收模式会将部分特殊的企业合规案件排除在改革实践之外，给改革的深入推进造成障碍。

2. 特别程序增订模式

特别程序的共同特点是只适用于特定类型的案件，涉案企业合规案件属于特定类型的案件。有研究者基于企业与未成年人相似的特别性，建议在刑

---

[1] 参见李勇：《企业附条件不起诉的立法建议》，载《中国刑事法杂志》2021年第2期。

[2] 参见李小东：《涉案企业合规建设"深圳模式"的探索与实践》，载《人民检察》2021年第20期。

事诉讼法中为企业合规制定"特别程序",以专章的形式将其作为特别程序体系中的第六种类型。① 笔者认为,采取在其中增加企业合规特别程序的立法模式更为合理。这样一方面可以在对企业合规刑事诉讼程序作出规定的同时不影响其他刑事程序的运行,另一方面也为将来可能需要的企业合规新立法提供充足空间和便利条件。但如果只确立"企业合规特别程序",不仅与刑法对单位犯罪的规定不一致,也难以适应未来合规改革的发展需要(合规改革有可能扩展至所有单位组织),同时也无法解决责任主体的双重性等带来的固有诉讼问题。②

3. 立法模式建议

我国在进行涉案企业合规刑事立法时也应当在《刑事诉讼法》第五编"特别程序"中新增一章,对单位刑事案件诉讼程序进行"全流程"规范,确立"单位刑事案件诉讼程序"。"单位刑事案件诉讼程序"的整体性规范应包含单位刑事案件的方针与原则、程序启动、监督考察、第三方监管人、法律后果、责任主体分离追诉等条款。只有这样的全面规范才有助于改变我国现行刑事法制存在的明显"自然人中心主义"的特点,③ 确保新的法律规则得以有效实施,真正实现制度激励的价值目标。

(二) 涉案企业刑事合规立法的基本原则

1. 惩处与保护相结合原则

执法司法机关在办理涉案企业刑事案件时要坚持依法惩处和平等保护相结合的原则。一方面要及时有效地惩治、预防企业违法犯罪,给企业以深刻警醒与教育;另一方面要充分利用法治手段和法治温度帮助涉案企业合规经营,要避免"案子办了、企业垮了"的困局。惩处不是目的,涉案企业合规改革本质在于探索一种新的企业犯罪治理模式,就是要通过制度建设,吸引、

---

① 参见杨宇冠:《企业合规与刑事诉讼法修改》,载《中国刑事法杂志》2021年第6期。
② 参见李奋飞:《"单位刑事案件诉讼程序"立法建议条文设计与论证》,载《中国刑事法杂志》2022年第2期。
③ 参见时延安:《单位刑事案件的附条件不起诉与企业治理理论探讨》,载《中国刑事法杂志》2020年第3期。

激励涉案企业根据监管要求主动进行合规整改，不仅要求企业在合规要求下运作，更要保证企业的活力得到释放，通过涉案企业合规案件办理真正将"严管"与"厚爱"相结合，推动企业开展合规整改，让涉案企业剔除经营和管理结构中的违法犯罪基因，实现对违法犯罪行为的自我监管、自我发现和自我预防，从而促进企业守法经营和可持续发展，以实现良好的治理效果。例如，深圳市南山区人民检察院办理的"王某某、林某某、刘某某对非国家工作人员行贿案"，涉案企业深圳Y科技有限公司（以下简称Y公司）属于深圳市南山区拟上市的重点企业，围绕与商业贿赂犯罪有密切关系的企业内部治理结构、规章制度、人员管理等方面存在的问题，制定可行的合规管理规范，构建有效的合规组织体系，健全合规风险防范报告机制，弥补企业制度建设和监督管理漏洞，防止再次发生相同或者类似的违法犯罪。Y公司对内部架构和人员进行了重整，着手制定企业内部反舞弊和防治商业贿赂指引等一系列规章制度，增加企业合规的专门人员。检察机关通过回访Y公司合规建设情况，针对企业可能涉及的知识产权等合规问题进一步提出指导意见，推动企业查漏补缺并重启了上市申报程序。本案中，检察机关积极推动企业合规与依法适用不起诉相结合，依法对涉案企业负责人作出不起诉决定，不是简单一放了之，而是通过对企业提出整改意见，推动企业合规建设，进行合规考察等后续工作，让涉案企业既为违法犯罪付出代价，又吸取教训建立健全防范再犯的合规制度，此举正体现了惩处与保护相结合的原则，保护了企业健康发展的同时也维护了正常经济秩序。

2. 责任主体分离追诉原则

在涉企业犯罪的场合，企业责任和企业成员责任应当是相互分离的。在立法上设立责任主体分离追诉原则可以解决单位和关联人员入罪、出罪一体化情况下，重大单位犯罪案件的关联责任人因企业合规整改而出罪所带来的明显有违刑罚正义性的问题，让单位真正摆脱为其组成人员的违法行为承担代位责任或者转嫁责任的命运，从而可以在更大范围内适用合规附条件不起诉制度，为涉案企业合规改革的持续深入探索提供充足制度空间。

四、涉案企业刑事合规具体立法条文设计

随着涉案企业合规改革的不断推进,法律支撑不足的瓶颈凸显。一些企业犯罪案件的合规激励有突破现行法律框架的实际需要,客观上形成了严格依法与改革突破的紧张关系。[①] 由此,通过立法修改进一步拓宽合规改革的空间已刻不容缓。

(一) 涉案企业合规刑法立法的基本框架

为给予涉案企业合规改革以刑事实体法的支撑,激发涉案企业合规改革的动力,明确刑事实体法的激励措施,进一步对单位和个人责任进行有效切割,本文尝试对涉案企业合规刑法立法的基本框架进行设计。

第三十条【单位犯罪】 公司、企业、事业单位、机关、团体实施的危害社会的行为,法律规定为单位犯罪的,应当负刑事责任。

单位有效制定并实行合规计划,犯罪较轻的,可以不负刑事责任。

第三十一条【单位犯罪的处罚】 单位犯罪的,对单位判处罚金,根据情况,禁止单位从事特定活动。

单位直接负责的主管人员和其他直接责任人员,根据刑法相关规定定罪处罚。

单位进行有效合规治理的,可以从轻、减轻或者免除处罚。

第六十五条第三款【单位累犯】 被判处刑罚的单位,刑罚执行完毕后,在五年内再犯应当判处刑之罪的,是累犯,应当从重处罚,但是过失犯罪除外。

第七十二条第四款【单位缓刑】 对被判处刑罚的单位,符合合规整改条件和第一款规定的,可以宣告缓刑。

[①] 参见孙国祥:《涉案企业合规改革与刑法修正》,载《中国刑事法杂志》2022年第3期。

(二) 涉案企业合规刑事诉讼法立法的基本框架

如上所述，课题组建议在刑事诉讼法"特别程序"一编中增加"涉案企业合规诉讼程序"作为第二章，参照"未成年人刑事案件诉讼程序"的立法体例并吸收、优化涉案企业合规改革试点经验和理论界相关研究成果设计条款如下：

第二百八十八条【适用原则】 办理企业犯罪案件，应当秉持客观公正立场，贯彻宽严相济刑事政策，落实认罪认罚从宽制度，坚持依法惩处、平等保护和标本兼治相结合的原则。

监察机关、人民法院、人民检察院和公安机关办理企业犯罪案件，应当维护国家利益和社会公共利益，依法保障当事人合法权益，审查是否符合本法第二百八十九条规定的附条件不起诉适用条件。

涉案企业及其辩护人可以向监察机关、人民法院、人民检察院和公安机关提出承诺合规整改的申请，请求从宽处罚。

第二百八十九条【适用条件】 对于涉企刑事案件，犯罪嫌疑人可能判处十年有期徒刑以下刑罚，符合起诉条件，但同时符合下列条件的，人民检察院可以对涉案企业作出附条件不起诉的决定。人民检察院在作出附条件不起诉的决定以前，应当听取监察机关或者公安机关、被害人的意见，必要时可以组织公开听证。

（一）涉案企业、个人认罪认罚；

（二）涉案企业能够正常生产经营，承诺建立或者完善企业合规管理制度，具备合规整改的意愿和条件；

（三）积极采取退赃、赔偿损失、补缴税款、修复环境等补救挽损措施；

（四）积极配合监察机关、司法机关的调查、侦查。

对附条件不起诉的决定，监察机关或者公安机关要求复议、提请复核或者被害人申诉的，适用本法第一百七十九条、第一百八十条的规定。

涉案企业对人民检察院决定附条件不起诉有异议的，人民检察院应当作出起诉的决定。

第二百九十条【不适用情形】 对于具有下列情形之一的涉企刑事案件，

不适用附条件不起诉：

（一）不构成单位犯罪的（属于自然人犯罪的）；

（二）涉嫌危害国家安全犯罪、恐怖活动犯罪的；

（三）其他不宜适用的情形。

第二百九十一条【监检/侦检衔接】 监察机关、公安机关办理涉企刑事案件，应当告知涉案企业适用附条件不起诉的诉讼权利义务。

监察机关在调查阶段、公安机关在侦查阶段经审查认为涉案企业符合本法第二百八十九条规定的适用条件，或者涉案企业提出承诺合规整改的申请，可以商请人民检察院提前介入，并可以在移送起诉时向人民检察院提出适用附条件不起诉的建议。

第二百九十二条【检法衔接】 人民法院在宣告判决前，经审查认为涉案企业符合本法第二百八十九条规定的适用条件，或者涉案企业提出承诺合规整改的申请，可以建议人民检察院撤回起诉并作出附条件不起诉的决定。

人民检察院在提起公诉后、宣告判决前，以需要对涉案企业作附条件不起诉为由申请撤回起诉的，人民法院应当进行审查，作出是否准许的裁定。

第二百九十三条【强制措施】 对被附条件不起诉的涉案企业，应当审慎采取查封、扣押、冻结等措施；已经采取措施的，人民检察院应当及时审查是否变更措施。

犯罪嫌疑人在押的，人民检察院应当启动羁押必要性审查程序，及时决定是否变更强制措施。

第二百九十四条【合规监督考察适用模式】 在附条件不起诉的考验期内，由人民检察院对被附条件不起诉的涉案企业开展合规监督考察。

人民检察院认为需要适用第三方监督评估机制的，由人民检察院商请第三方监督评估机制管委会启动第三方监督评估机制。

第三方监督评估机制由最高人民检察院会同国务院相关职能部门共同制定。

第二百九十五条【考验期限及考验要求】 附条件不起诉的考验期为六个月以上三年以下，从人民检察院作出附条件不起诉的决定之日起计算。考验期满以前，人民检察院应当对涉案企业的合规整改情况进行验收，必要时可以组织公开听证。

被附条件不起诉的涉案企业，应当遵守下列规定：

（一）遵守法律法规，接受合规监督考察；

（二）按照考察机关的要求制定并执行合规计划，履行合规承诺，报告合规整改进展情况；

（三）积极配合考察机关开展的调查、评估、监督和考察工作，如实提交相关文件材料，不得弄虚作假。

第二百九十六条【处理决定】 被附条件不起诉的涉案企业，在考验期内有下列情形之一的，人民检察院应当撤销附条件不起诉的决定，提起公诉：

（一）实施新的犯罪或者发现决定附条件不起诉以前还有其他犯罪需要追诉的；

（二）没有有效执行合规计划的；

（三）违反考察机关有关监督管理规定，情节严重的。

被附条件不起诉的涉案企业，在考验期内没有上述情形，考验期满并经验收合格的，人民检察院应当作出不起诉的决定。

第二百九十七条【刑行衔接】 对被不起诉企业需要给予行政处罚的，人民检察院应当提出从宽处罚的检察意见，移送有关主管机关处理。

第二百九十八条【其他规定】 办理涉企刑事案件，除本章已有规定的以外，按照本法的其他规定进行。